臺灣歷史與文化 研究輯刊

六　編

第 5 冊

日據臺灣時期警察制度研究

李　理　著

花木蘭文化出版社

國家圖書館出版品預行編目資料

日據臺灣時期警察制度研究／李理 著 -- 初版 -- 新北市：花木蘭文化出版社，2014〔民 103〕

序 8+ 目 6+252 面；19×26 公分

（臺灣歷史與文化研究輯刊 六編；第 5 冊）

ISBN 978-986-322-949-0（精裝）

1.警政史 2.日據時期 3.臺灣

733.08　　　　　　　　　　　　　　　103015083

臺灣歷史與文化研究輯刊

六　編　第五冊　　　　　　　　ISBN：978-986-322-949-0

日據臺灣時期警察制度研究

作　　者　李 理
總 編 輯　杜潔祥
副總編輯　楊嘉樂
編　　輯　許郁翎
出　　版　花木蘭文化出版社
社　　長　高小娟
聯絡地址　235 新北市中和區中安街七二號十三樓
　　　　　電話：02-2923-1455／傳眞：02-2923-1452
網　　址　http://www.huamulan.tw 信箱 hml810518@gmail.com
印　　刷　普羅文化出版廣告事業
初　　版　2014 年 9 月
定　　價　六編 21 冊（精裝）新台幣 42,000 元

日據臺灣時期警察制度研究

李　理　著

作者簡介

李理，歷史學博士。現任中國社會科學院近代史研究所臺灣史研究室副研究員、韓國鮮文大學教養學部客座教授。曾留學於日本中央大學，多次到臺灣各大學訪問。出版《日本近代對釣魚島的非法調查及竊取》、《日本各界人士對日本尖閣列島主張的反駁》、《日本館藏釣魚島文獻考纂 1885～1895》、《教育改造與改造教育——教育部審定高中臺灣史課程綱要及教科書研究》、《另一視角看臺灣史》等專著、譯著，並公開發表學術論文幾十篇。

提　　要

　　臺灣的歷史有其特殊性，特別是在近代，由於清政府的腐敗無能，臺灣被迫割讓給日本長達五十年之久。日本謀取臺灣爲殖民地，是爲其南進做跳板，實現其大東亞共榮美夢。其主旨一方面使臺灣成爲其原料的產地、商品的推銷地及過剩人口、資本的分散地；一方面也欲同化臺灣人爲日本皇民，實現其稱霸東亞的夢想。但日本一進入臺灣，各地人民反抗鬥爭風起雲涌。日本殖民者爲剿滅臺灣人民的抗日武裝鬥爭，依據所謂「生物學原理」建立起嚴密的、強有力的警察機構。日本殖民政府所執行的政策，都借助於完備的警察制度來完成。臺灣的警察制度即不同於其母國日本，更不同於後來建立的兩個殖民地朝鮮和滿洲。臺灣的警察制度呈現高度統一的一元化體系，其組織結構嚴密而完整，人員主要以日本人爲主，裝備十分精良先進，加之控制著嚴密的保甲組織，使警察對普通行政事務具有極強的干涉能力，形成了典型的「警察政治」。

序　言

張海鵬

　　中國是一個歷史悠久，又廣土眾民的國家。各個省作為它的組成單位在自己的歷史發展進程中各具特點。中原各地是如此，邊疆各省區也是如此。臺灣，作為中國東南海疆的門戶，1865 年正式建省的一個省份，在自己的歷史發展過程中，更是具有與別省不同的獨特之處。顯著的特點之一，臺灣與大陸有海峽相隔，又在明末清初被荷蘭人佔據 38 年，在晚清和民國年間被日本佔據 50 年，1949 年以後，又因國家內戰的原因，與大陸長期分離，未能完全統一。這個特點，是中國其它各省不能同時具備的。臺灣歷史是中國歷史的一個部分，臺灣歷史中含有中國歷史的共同的東西；但是臺灣歷史確有自己獨特的東西。因此，認為只要研究中國歷史就行了，不要研究臺灣歷史的觀點，是站不住的。認識臺灣歷史，研究臺灣歷史，不僅是中國歷史學學術上的需要，也是中國現實生活的需要。當然，研究臺灣歷史，如果不從中國歷史的大背景中來求得理解，不把臺灣歷史放到中國歷史的大背景中來理清來龍去脈，那可能要走偏方向。多年來，臺灣史研究成為一個具有高度政治敏感性的話題。在臺灣某些政治人物的嘴裏，如果說臺灣史是中國歷史的一部分，就會發生所謂「國家認同」問題。這在具有正常思維、有一些基本歷史知識的人們看來，是難以理解的。所謂「國家認同」，到底要認同哪一個國家呢？顯然那不是要認同中國，而是要把臺灣作為一個國家來認同。如果從這個角度來研究臺灣歷史，那麼，臺灣歷史就不是中國的臺灣歷史，而是那些主張「臺獨」的人心目中的臺灣史了。這樣的臺灣史，是不客觀的，是失去歷史真實性的，因而不是真實的臺灣史，不是科學的臺灣史。

　　最近三十年來，對臺灣這個中國特殊省份的歷史研究，才開始提上學術

日程。但是，在中國大陸，關注的人、投入的研究力量還是不夠多。中國社會科學院成立臺灣史研究中心，中國社會科學院近代史研究所成立臺灣史研究室，意在增強這個研究力量，爲臺灣史研究添磚加瓦、累積能量，求得對臺灣這個特殊省份眞實歷史的深入瞭解與理解。

摆在讀者面前的這本《日據時期臺灣警察制度研究》就是這個努力的一個初步成果。本書是李理博士在博士論文基礎上增補、修訂完成的。李理是我指導的第一個研究臺灣史的博士生。我是從中國歷史，特別是從中國近代史的角度觀察臺灣歷史的。如果從嚴格的學術立場言，我對於臺灣歷史，還是站在門外。從學術史的角度看，日據時期的臺灣歷史研究，顯得很不夠。從我個人的經驗而言，我對日據時期臺灣歷史的知識也很不夠。我希望我指導的臺灣史博士生研究日據時期的臺灣史。愚意在於，這樣一個研究過程，其實就是我學習和理解日據時期臺灣史的過程。恰巧，李理是學日語出身，對現代日語和侯體日語都有基礎，她的博士研究方向就這樣確定下來。李理選擇了日據時期臺灣警察制度作爲下手的方向。

日本在統治臺灣期間所實施的警察制度，是日據時期臺灣歷史的最大特點之一。日據時期臺灣的政治史，在一定程度上可以說是在臺灣總督府制定的警察制度下的警察政治史。臺灣總督府的政治，就是警察政治。日據時期臺灣社會的政治、經濟、文化生活都滲透著警察的活動，警察統治無孔不入，警察制度的設置，對臺灣歷史的發展形成嚴重的影響。研究臺灣歷史，特別是研究日據時期臺灣歷史，不能迴避日本統治者在臺灣設置的警察制度。早有日本學者認爲：「臺灣的警察制度，不論體或用，都與日本的警察制度不同，這實爲臺灣警察之一特色。如果不瞭解這種警察制度的特色，就不能理解臺灣殖民政策的性質。臺灣的警察，實爲臺灣殖民政策的重心所在。臺灣的警察，除其本身固有的事務以外，而幾乎輔助執行其它所有的行政；過去有所謂『警察國家』的理想，這一理想在臺灣已經成爲事實。臺灣殖民政策的成功，一部分不得不歸功於這一警察制度。」（持地六三郎著：《臺灣殖民政策》，南天書局，1998 年，第 67～68 頁。）當然這個估計還是顯得樂觀了些，終日本統治五十年，依靠警察政治，還是沒有把臺灣人民都改造成爲日本「皇民」。國內外臺灣史研究者對臺灣警察制度問題缺少專門研究。因此，對日據時期警察制度展開全面深入地研究，是有學術價值的。認識了臺灣的警察制度，對於認識日據時期的政治史，認識日據時期的經濟社會乃至文化教育狀況，都是有幫助的。

　　本書除緒論外，共分九章，分別對日據時期警察制度的起源、「兒玉、後藤」時代的警察政治、警察制度與原有保甲制度的結合、高等警察與經濟警察的設置、警察實際職務與日本警察的對比、警察對抗日運動和民族運動的鎮壓、警察對原住民的綏撫和鎮壓、警察制度對日本殖民臺灣的作用以及臺灣警察與中國東北和朝鮮警察制度的比較，逐一進行了研究，條理是清楚的，史實梳理與運用也較恰當，對臺灣警察制度和警察政治的作用的認識，也是建立在史實和分析基礎上的，有較強的說服力。

　　應該說，本書的研究還主要是在復原臺灣警察制度方面下的功夫多些，對這種警察制度下，臺灣警察政治的實際作為還有很大的研究空間，還值得繼續去挖掘史料，繼續對臺灣在日據時期的社會生活做出新的開拓，這樣做在學術上還是有意義的。這是對作者今後研究的建議，我想這個建議會對進一步加深日據時期臺灣歷史的研究有幫助。百尺竿頭，更進一步，李理博士其有意乎？

張海鵬

2007 年 10 月 8 日

北京東廠胡同一號

勉李理——序

王曉波

　　我的學術專業是中國哲學，後來撈過界會跨越到臺灣史的領域，其實是有一段因緣的。

　　在臺大哲學研究所念書的時期，和朋友們一起辦《大學雜誌》，有臺大政治研究所畢業的學長陳少廷，他是《大學雜誌》同仁中學識最廣博的一位，而且在學生時期就受到過「白色恐怖」的政治迫害。在他口裏經常轉述其父親一輩反抗日本殖民統治的事迹，原來其父是農民組合的成員，在上世紀二○年代臺灣社會運動中是屬於左派。這是我首先對臺灣史發生興趣的開始。

　　一九七○年，美日談判要將琉球的行政權交還日本，並且包括從來都屬於臺灣的釣魚臺列嶼在內，因而引起了國際爭執，於是我在十一月號的《中華雜誌》上發表〈保衛釣魚臺〉一文，文前引用了當年「五四運動宣言」的二句話——「中國的土地，可以征服，而不可以斷送。中國的人民，可以來殺，而不可以低頭。」

　　不意，「釣魚臺事件」引發了七一年一月二十九日和三十日，分別在美國東西兩岸臺灣留學生的示威抗議，而引發了當年周恩來總理所稱的「海外五四運動」——「保釣運動」。四月間，臺大《大學論壇》社學生錢永祥、盧正邦、黃道琳、鄭鴻生等亦在校園裏發起「保釣運動」。

　　「保釣運動」爆發後，民族主義意識高漲，大家不免反省，爲什麼戰敗後的日本又來侵佔我們的釣魚臺列嶼領土，而政府卻是這麼的軟弱，思想先進一些的同學就不免想到，是由於中國人的不團結，沒有力量對外，其結論自然的就歸結到中國必須統一。但是，七一年十月，中華民國政府代表竟被聯合國驅逐出來了。海外的釣運很快就轉向統運，爲了要「愛國」，還是要「反共」，而分裂成左右兩派。島內則有王杏慶（南方朔）發起的學生社會運動，諸如，「百萬小時奉獻」、「臺大社會服務團」。

被逐出聯合國後,「兩個中國」、「臺灣獨立」的思想在島內亦暗潮洶湧,而與保釣之後的民族主義思潮相衝突。到了七二年的下半年,《大學論壇》已交遞到一些臺獨傾向的學生手上。而於十二月四日開始,每周舉辦一次「民族主義座談會」,找一些所謂「自由派」的學者來打壓民族主義。我和陳鼓應被安排在第一場,作爲圍剿的對象。我們要如何迎戰,還頗費思量。

當時臺灣是戒嚴體制,思想言論的禁錮還很嚴厲。近代西方的民族主義運動就是民族國家(nation-state)的統一運動。但要講統一,豈不與海外統運相呼應,而「與匪唱和」、「爲匪統戰」?不講統一,又何民族主義之有?豈不亦成了臺獨同路人。所以,我選定演講的題目爲〈愛國才能反共〉,並主張「以三民主義統一中國」而堅持統一。

當天的座談會是在臺大森林館第一教室舉行,窗子口都站滿了聽講的同學,不意整個會場被陳鼓應和我的演講帶向高潮,「圍剿」的目的落空。於是,獨派的學生在校刊物中首先發難,而有兩派學生的論戰,「紅帽子」滿天飛。在論戰中的獨派學生還受到校方國民黨的嘉勉。這是戰後臺灣校園中的第一次統獨論戰。

論戰因學期結束而中斷,寒假回家過年後返校,警備總部開始逮捕錢永祥、黃道琳等學生,而終於逮捕到我和陳鼓應,後又陸續解聘陳鼓應和我並牽連到一些無辜的哲學系教員,是謂「臺大哲學繫事件」。此外,還牽連到《大學雜誌》因而被瓦解。十年後,一九八二年,由陳立夫提案,國民黨通過「三民主義統一中國」,全黨上下一體吆喝之。

被臺大解聘後,我只得到世界新聞專科學校兼課,世新沒有哲學系,只教一些通識課程,沒有研究出版的壓力,我開始思考,爲什麼在「民族主義座談會論戰」中會有一些同學「愛臺灣」而反對民族主義呢?「愛臺灣」我也從未後於人呀。要解答這個問題,於是我開始從臺灣的歷史中去探索。

《大學》瓦解後,一部分編輯開始投入黨外選舉,而使得臺灣黨外選舉運動注入知識分子的新血輪。

七○年代末,臺灣黨外運動逐漸崛起,而有左右統獨之爭,且各自要在國民黨之外,尋求新的臺灣定位的認同,於是,臺灣史的發掘遂成爲各派的兵家必爭之地。尤其是在日據臺灣史的領域內,存在著「皇民史觀」和「抗日史觀」的尖銳對立。一九八六年,我也追隨同好成立臺灣史研究會,而被推舉爲理事長。

臺灣開放大陸探親後，一九八八年夏，我率領臺灣史研究會的訪問團赴大陸，出席廈大臺研所的臺灣史學術研討會，又在北京參加社科院臺研所的臺灣史學術研討會。記得當時社科院副院長在研討會閉幕式上說，「有臺灣來的學者發表論文，我們才知道臺灣有這麼一段反帝反殖民轟轟烈烈的歷史，這是近代中國人民反帝反殖民歷史不可缺少的一環，應該列入國內的歷史教科書。」

九〇年，我再率臺史會學術訪問團赴大陸訪問，發現大陸的臺研機構多為「動態研究」，所依賴者惟臺灣的一些期刊報紙和廣播電視，而缺乏歷史領域的研究，廈大臺研所有些歷史研究，又停留在割臺前的清代臺灣史，與當前臺灣政治社會最密切的日據臺灣史亦闕如。

我是中國統一聯盟的創盟執行委員，當然也關心中國的和平統一，後來有機會見到北京的中央領導，我就坦言所見，並引用列寧的話──「沒有革命的理論，就沒有革命的行動」。同理，沒有統一的理論又何來統一的行動，而且馬克思主義的理論是從歷史出發的，臺研又豈可沒有歷史研究？

二〇〇一年，王津平主席率中國統一聯盟訪問團赴北京，會見江澤民主席，江主席點名要我講話，我就簡介了一下臺灣河洛人的淵源和臺灣日據抗日史，聽完了我的簡介，江主席當場交代在座的各位領導，對臺灣歷史和人物的背景應有深入的研究。

後來，有張海鵬教授主持的社科院近史所臺灣史研究室成立，接著又有張教授主持的臺灣史研究中心的成立。近年來，有關臺灣史的研究在大陸蓬勃發展，成果亦甚豐碩，較之臺灣島內有過之而無不及。

李理博士現任職於張海鵬教授主持的臺灣史研究中心，擔任助理研究員，從事日據臺灣史研究，她要把研究成果《日據臺灣時期警察制度研究》交海峽學術出版社出版，並要我作序。我喜見日據臺灣史研究「長江後浪推前浪」，也喜見李博士的研究揭露了日據殖民統治對臺灣人民嚴密監控的真相。為了鎮壓臺灣人民的反抗，當時臺灣警察人數之多，密度之高，曾被稱為「警察王國」，而絕非「皇民史觀」所謂之「現代化的奠基者」、「文明的傳播者」。

為了勉勵李博士的研究，我也借作序的機會，把自己對臺灣史研究的心路歷程作一表白，期望李博士的研究能夠更精進，成果能更豐碩。是為之序。

王曉波　二〇〇七年十月十日

目

次

序 言 　張海鵬

勉李理——序 　王曉波

緒 論‥‥‥‥‥‥‥‥‥‥‥‥‥‥‥‥‥‥‥‥‥‥‥ 1

　一、研究目的 ‥‥‥‥‥‥‥‥‥‥‥‥‥‥‥‥‥‥ 1

　二、相關研究之歷史回顧 ‥‥‥‥‥‥‥‥‥‥‥‥ 3

　三、研究方法 ‥‥‥‥‥‥‥‥‥‥‥‥‥‥‥‥‥ 7

第一章　臺灣警察制度的創始 ‥‥‥‥‥‥‥‥‥‥‥ 9

　一、日本近代警察制度的形成及特點 ‥‥‥‥‥‥ 9

　　（一）近代警察制度的萌起 ‥‥‥‥‥‥‥‥ 9

　　（二）近代警察制度的確立 ‥‥‥‥‥‥ 11

　　（三）日本警察制度的特點 ‥‥‥‥‥‥ 12

　二、日據臺灣時期警察制度的創始 ‥‥‥‥‥ 15

　　（一）憲兵執行警察職務期及警察的招募

　　　‥‥‥‥‥‥‥‥‥‥‥‥‥‥‥‥‥‥‥ 16

　　（二）「軍事警察」時期地方警察的草創‥ 18

　　（三）民政復歸後的憲兵警察關係‥‥‥‥ 20

　　（四）三段警備制的實施 ‥‥‥‥‥‥‥‥ 21

　三、初期警察組織的變遷‥‥‥‥‥‥‥‥‥‥ 23

　　（一）軍政時期警察制度的肇始 ‥‥‥‥ 23

　　（二）復歸民政後警察組織的變遷‥‥‥‥ 25

　　小結‥‥‥‥‥‥‥‥‥‥‥‥‥‥‥‥‥‥ 28

第二章 「兒玉——後藤」時代的警察政治 ………… 31

一、警察政治的準備階段 ……………… 33

（一）以警察力爲中心的「民政主義」
理念的確立 ………………… 33

（二）排除軍方勢力廢止「三段警備制」
……………………………………… 35

（三）進行行政整理、加強警察力量 …… 40

二、警察政治的形成 …………………… 44

（一）警察組織高度統一的實現 ………… 44

（二）通過支廳制度巧變「警察管區」
成爲「行政管區」 …………… 48

（三）警察對民政事務的廣泛參與 ……… 50

（四）利用支廳制度將地方行政警察化 … 51

三、警察政治的特點 …………………… 54

（一）行政官廳與警察官廳重合的警察
國家化 ………………………… 56

（二）警察執行事務上的行政與法律結合
的密切化 ……………………… 59

（三）警察人員的日本化 ………………… 60

（四）警察與保甲關係密切化 …………… 61

小結 ……………………………………… 62

第三章 保甲制度與壯丁團 …………………… 63

一、保甲制度實施的歷史軌迹 ……………… 63

（一）保甲制度的利用和改造 …………… 63

（二）保甲制度的強化——
兒玉、後藤的「土匪」對策 ……… 65

二、保甲制度的組織結構 …………………… 67

（一）保甲的編成 ………………………… 67

（二）保甲的職員 ………………………… 68

（三）保甲職員的監督及懲罰 …………… 70

（四）保甲的事務 ………………………… 70

（五）保甲民的責任 ……………………… 70

（六）過怠金處分 ………………………… 71

（七）保甲民的獎賞及救恤 ……………… 73

　　　（八）保甲會議 …………………………… 74

　　　（九）壯丁團 ……………………………… 75

　　　（十）保甲的經費 ………………………… 76

　　三、保甲制度的性質與職能 ………………… 76

　　四、保甲制度的作用 ………………………… 80

　　　（一）維持地方治安的作用 ……………… 80

　　　（二）保甲組織對警察系統的輔助作用 … 81

　　　（三）社會風氣的改善作用 ……………… 82

　　　（四）教育及道路等行政援助事務上的

　　　　　　作用 ………………………………… 83

　　　（五）戰時的作用 ………………………… 83

　　五、臺灣人民對保甲制度的態度 …………… 84

第四章　警察制度的規範化及高等、經濟警察 … 87

　　一、地方行政組織的改革及警察制度改革 … 88

　　　（一）地方行政組織及警察組織的大改革

　　　　　　……………………………………… 88

　　　（二）此時期警察組織的特點 …………… 93

　　二、高等警察 ………………………………… 97

　　　（一）高等警察初期的創始 ……………… 97

　　　（二）高等警察組織的完備 ……………… 99

　　　（三）高等警察對臺灣社會的全面監控 … 101

　　三、經濟警察的設置及後期警察之特點 …… 103

　　　（一）經濟警察的設置 …………………… 103

　　　（二）後期警察之特點 …………………… 109

第五章　臺灣警察實務與日本警察的對比 ……… 113

　　一、日本內地警察的實務 …………………… 113

　　二、臺灣警察實務 …………………………… 123

　　　（一）臺灣警察外勤的責任及分擔區

　　　　　　（巡、警視區）…………………… 123

　　　（二）臺灣警察外勤的簿冊類 …………… 125

　　　（三）臺灣警察的查察心得、執行及援助

　　　　　　事務 ………………………………… 129

　　　（四）最能體現警察對社會控制力量的

　　　　　　標誌——營業臨檢 ………………… 135

小結⋯⋯⋯⋯⋯⋯⋯⋯⋯⋯⋯⋯⋯⋯⋯⋯⋯ 139

第六章　警察對抗日運動及民族運動的鎮壓⋯⋯⋯ 141

一、警察對武裝抗日運動的鎮壓⋯⋯⋯⋯⋯⋯⋯ 141

（一）憲兵警察對武裝抗日的鎮壓⋯⋯ 141

（二）由憲兵轉向警察鎮壓階段⋯⋯ 144

（三）警察進行鎮壓時期⋯⋯⋯⋯⋯ 146

二、警察對民族運動的壓制⋯⋯⋯⋯⋯⋯⋯⋯⋯ 153

（一）臺灣議會設置請願運動⋯⋯⋯ 154

（二）臺灣文化協會⋯⋯⋯⋯⋯⋯⋯ 156

（三）臺灣共產黨⋯⋯⋯⋯⋯⋯⋯⋯ 159

（四）臺共的外圍組織農民組合⋯⋯ 162

（五）臺灣赤色救援會組織運動⋯⋯ 164

第七章　警察對原住民的綏撫與鎮壓⋯⋯⋯⋯⋯ 167

一、恩威並用時期（1895 年～1906 年）⋯⋯ 168

（一）從「綏撫」向警察「取締」政策的
　　　轉變⋯⋯⋯⋯⋯⋯⋯⋯⋯⋯⋯ 168

（二）將番地行政納歸到警察事務⋯⋯ 172

二、鎮壓時期（1906 年～1915 年）⋯⋯⋯ 174

（一）「隘勇線包圍」政策⋯⋯⋯⋯⋯ 174

（二）武力討伐前期⋯⋯⋯⋯⋯⋯⋯ 176

（三）武裝討伐後期⋯⋯⋯⋯⋯⋯⋯ 178

三、撫育同化時期（1915 年～945 年）⋯⋯ 183

（一）同化教育⋯⋯⋯⋯⋯⋯⋯⋯⋯ 184

（二）幫助授產⋯⋯⋯⋯⋯⋯⋯⋯⋯ 189

小結⋯⋯⋯⋯⋯⋯⋯⋯⋯⋯⋯⋯⋯⋯⋯⋯⋯ 190

第八章　警察制度對日本殖民臺灣的作用⋯⋯⋯ 193

一、警察在臺灣衛生行政及經濟方面的作用⋯ 194

（一）警察在衛生行政方面的作用⋯ 194

（二）警察在經濟方面的作用⋯⋯⋯ 201

二、從警察法理學上來分析評價⋯⋯⋯⋯⋯ 204

（一）權力論⋯⋯⋯⋯⋯⋯⋯⋯⋯⋯ 208

（二）環境論⋯⋯⋯⋯⋯⋯⋯⋯⋯⋯ 211

（三）人性弱點論（誘惑論）⋯⋯⋯ 212

三、從殖民統治者自己的評價來分析⋯⋯⋯ 213

　　四、綜合再評價……………………………………… 215
第九章　臺灣與朝鮮、滿州警察制度的對比……… 219
　　一、朝鮮的警察制度……………………………… 219
　　　　（一）憲兵警察階段………………………… 219
　　　　（二）完全警察制度的確立………………… 223
　　二、「滿州國」警察與臺灣警察的對比………… 229
　　　　（一）雄厚完備的警察基礎………………… 229
　　　　（二）軍警合一的一元化警察體系………… 233
　　　　（三）警政重點的差別……………………… 235

結束語………………………………………………… 241
參考書目……………………………………………… 243
表　次
　　時警部巡查配置……………………………………… 19
　　警察機關（支廳）統計表（1899～1904）………… 52
　　警察職員的種族表…………………………………… 61
　　經濟警察課定員事務分掌………………………… 108
　　經濟警察根據統治法令處理經濟案件相關件數及
　　　　波及人數……………………………………… 109
　　臺灣警察外勤的記錄簿的種類…………………… 125
　　臺灣警察外勤的編纂書類的種類………………… 126
　　警察必須檢查的行業……………………………… 136
　　文化協會講堂次數及解散中止處分統計表……… 157
　　1928 年臺灣共產黨成立後日本警察檢舉臺共
　　　　一覽表………………………………………… 160
　　1931 年臺灣共產黨員被判徒刑年限表…………… 161
　　時撫墾署名稱、位置及管轄區域………………… 169
　　1911 年～1912 年征討及隘勇線推進概況………… 179
　　討伐「奇那之」番時新竹、桃園兩廳出動警察員
　　　　額表…………………………………………… 181
　　太魯閣番討伐警察及工夫隊編成表……………… 182
　　各廳州教育所、公學校及人口就學比率表
　　　　（1931 年）…………………………………… 186
　　1931 年番地主要社會團體一覽表………………… 187

各州廳日語普及狀況（1931 年）⋯⋯⋯⋯⋯⋯⋯ 188

公課租稅成績表 ⋯⋯⋯⋯⋯⋯⋯⋯⋯⋯⋯⋯⋯⋯ 190

各州廳鴉片矯正成績表 ⋯⋯⋯⋯⋯⋯⋯⋯⋯⋯⋯ 200

臺灣民報 1～166 號所載警察濫用職權的報導要目 205

內鮮人定員數 ⋯⋯⋯⋯⋯⋯⋯⋯⋯⋯⋯⋯⋯⋯⋯ 225

當時警察職員定員表 ⋯⋯⋯⋯⋯⋯⋯⋯⋯⋯⋯⋯ 225

臺灣的警察官吏官員對比 ⋯⋯⋯⋯⋯⋯⋯⋯⋯⋯ 227

一個巡查所擔當的人員數量卻是臺灣方面遠遠低
　　於朝鮮 ⋯⋯⋯⋯⋯⋯⋯⋯⋯⋯⋯⋯⋯⋯⋯⋯ 228

臺灣的內地人與本島人別巡查數對比
　　（1944 年 3 月末）⋯⋯⋯⋯⋯⋯⋯⋯⋯⋯⋯ 228

警察在人數上，朝鮮人遠遠多於日本人 ⋯⋯⋯⋯ 229

各鐵路警察處及警察隊（1932 年 11 月）⋯⋯⋯ 237

特殊警察隊（1932 年 11 月）⋯⋯⋯⋯⋯⋯⋯⋯ 238

「滿洲國」警察職員一覽表（除興安河）
　　1932 年 11 月 ⋯⋯⋯⋯⋯⋯⋯⋯⋯⋯⋯⋯⋯ 239

圖　次

軍政下的總督府系統 ⋯⋯⋯⋯⋯⋯⋯⋯⋯⋯⋯⋯⋯ 24

臺灣總督機構 ⋯⋯⋯⋯⋯⋯⋯⋯⋯⋯⋯⋯⋯⋯⋯ 25

地方警察組織系統 ⋯⋯⋯⋯⋯⋯⋯⋯⋯⋯⋯⋯⋯ 27

總督府中央、地方警察指揮系統 ⋯⋯⋯⋯⋯⋯⋯ 28

總督府機關構成 ⋯⋯⋯⋯⋯⋯⋯⋯⋯⋯⋯⋯⋯⋯ 50

臺灣中期警察組織系統 ⋯⋯⋯⋯⋯⋯⋯⋯⋯⋯⋯ 95

朝鮮的警察組織一覽表 ⋯⋯⋯⋯⋯⋯⋯⋯⋯⋯⋯ 224

警察系統圖 ⋯⋯⋯⋯⋯⋯⋯⋯⋯⋯⋯⋯⋯⋯⋯⋯ 232

「滿州國」警察的一元化體系 ⋯⋯⋯⋯⋯⋯⋯⋯ 234

緒　論

一、研究目的

　　臺灣與大陸能否和平發展、互利共贏，是二十一世紀中華民族復興崛起的關鍵之所在。讓大陸人民瞭解臺灣人民在幾百年來曲折磨難的歷史，是大陸史學工作者的重要使命。臺灣的歷史非常有其特殊性，特別是在近代，臺灣被迫割讓給日本長達五十年之久。站在民族的立場上，五十年的日本殖民統治確實是一段陰影的歷史，但歷史的長流綿延不斷，無法割捨，也不能截斷。儘管日本的殖民統治未必是臺灣人民心甘情願的或愉快的經驗，然而，我們不能否認，經過半個世紀的日本殖民統治，臺灣的社會、經濟、文化已經產生相當程度的量變和質變；隨著日本殖民政權的退出，這些社會、經濟、文化的新內涵和特質已經成為並屬於臺灣的歷史遺產，對戰後臺灣的發展帶來重大影響。

　　日本謀取臺灣為殖民地，是為其南進做跳板，實現其大東亞共榮美夢。其主旨一方面使臺灣成為其原料的產地、商品的推銷地及過剩人口、資本的分散地；一方面也欲同化臺灣人為日本皇民，實現其稱霸東亞的夢想。但日本一進入臺灣，各地人民反抗鬥爭風起雲湧。日本殖民者為剿滅臺灣人民的抗日武裝鬥爭，依據所謂「生物學原理」，建立起嚴密的、強有力的警察機構。日本殖民政府所執行的政策：治安的維持、專賣制度的實施、公共衛生制度的建立、現代學校教育的引進、對原住民的馴化、經濟的開發等，都借助於完備的警察制度來完成。警察將總督的權力執行到人們日常生活中，將生活的一些細節合理化，使之成為對國家政權有用的規訓、教育工具。這一些工

具訓練了臺灣人民的肉體，增進了國家權力對肉體的控制，更重要的是，透過訓練肉體以控制心靈，使臺灣人民成為「柔軟身體」、「柔順心靈」的順民，以形塑新的社會認同，達到再塑造新臺灣社會的目的。在所謂的「剿匪」工作告一段落後，日本殖民者又將其警察機構轉變為行政手段，特別是後期經濟警察的設立，使警察的觸角深入到社會的各個層面。日本據臺五十年，以警察為強制手段，從心靈、外貌到生活，試圖改造臺灣人，一方面欲使臺灣人成為其民族性的翻版；另一方面又希望臺灣人成為一個帝國殖民下順服的被統治者。

日本據臺五十年的殖民統治，最顯著的特徵就是典型的「警察政治」。臺灣警察的使命及其運用，實際上超過了「警察目的」的界限，警察成為政治的代言人、經濟的推動者、文化的傳播人。這種更細膩、更緊密、更深入庶民生活的統治方式，透過對民族運動的鎮壓、理蕃政策的成功、現代教育制度的推廣、公共衛生醫療的進步及強制性經濟的拓展等，奠定了臺灣的近代化，也形塑了臺灣人民不同於清朝時期的被統治意識。日本學者持地六三郎認為：「臺灣的警察制度，不論體或用，都與日本的警察制度不同，這實為臺灣警察之一特色。如果不瞭解這種警察制度的特色，就不能理解臺灣殖民政策的性質。臺灣的警察，實為臺灣殖民政策的重心所在。臺灣的警察，除其本身固有的事務以外，而幾乎輔助執行其它所有的行政；過去有所謂「警察國家」的理想，這一理想在臺灣已經成為事實。臺灣殖民政策的成功，一部分不得不歸功於這一警察制度。」〔註1〕實現所謂「警察國家」是日據時期臺灣政治的特徵之一。

要把握國家的權力及實質，就必須探討權力機構的歷史變遷。瞭解軍事及警察機構的性格，是其最重要的組成部分。軍事及警察的權力，是國家權力存在終極保障的實力基礎，也是其權力本質的要素。而「國家警察的性格與性質是那個國家統治的精神與本質的試金石」。〔註2〕近代國家警察，主要分為英國型和大陸型（法國、德國），日本所接受的是大陸型警察制度。〔註3〕大陸型警察不是市民警察，也不是自治體警察，而是政府的警察。除了對市民的犯罪防禦外，主要防禦的是對「政府」的犯罪行為，是十分熱衷於「鎮

〔註1〕　（日）持地六三郎：《臺灣殖民政策》，南天書局，1998年，第67～68頁。
〔註2〕　（日）J・コートマン著，小掘憲助譯：《警察》，鳳舍，1969年，第4頁。
〔註3〕　（日）戒能通孝：《警察權》，岩波書店，1960年，第49頁。

歷」的警察。〔註4〕著名學者井上清及福島新吾等日本有識之士，都認爲日本天皇制警察的性質可以概括爲中央集權性、專制性、暴力性。〔註5〕

　　臺灣是近代日本謀取到的第一塊海外殖民地，日本政府對臺灣的經營自然十分重視，將其已經成型的警察形態自然移植到臺灣是理所當然。但由於臺灣的特殊情況，其警察在其建構的過程中，又完全超出日本警察所有的「警察境界」，它更多的是單方面表現統治者的政治意志，很少反映臺灣人民人權的要求。而日本統治臺灣時期其施政之主要手段就是透過分佈廣泛的警察。

　　日據臺灣時期的警察制度及警察政治，是研究日據臺灣時期政治、經濟、文化的最佳切入點。這一研究對理解日本對臺的殖民政策及實施，特別是對我們認識日本對臺的殖民統治性質有着深遠的學術意義和現實意義。客觀公正地認識及評價此課題，將對我們認識臺灣社會在近代的發展歷程、臺灣人意識的形成與發展、臺灣人今天的亞洲觀等都有所幫助。此課題也是中華民族臺灣觀的重要組成部分。戰後，儘管國民黨政府長期致力於「脫殖民地化」教育工作，但「殖民地傷痕」仍然存在。所以，研究日據時期臺灣政治最明顯的特徵──警察制度及警察政治，用以揭穿日本殖民統治者的本來面目，是本書的最終目的。

二、相關研究之歷史回顧

　　臺灣近代警察制度的建立，是伴隨著日本殖民統治的開始而產生的。它與保甲制度相配合，構成了日本殖民政權的基礎。關於此時期警察的資料是相當豐富的。資料大部是日本統治時期所遺留的檔案及歷史文獻。此兩類資料多藏於臺灣與日本。儘管資料十分豐富，但研究成果卻很少。

1、歷史文獻

　　在所有的歷史文獻中，與臺灣總督府警察制度最爲密切，且經常被引用的就是由臺灣總督府自己編撰的《臺灣總督府警察沿革誌》。此書是臺灣總督府鑒於「臺灣的警察組織非常特殊，且自身有很多的特點，有必要記錄且保存其沿革的歷程，作爲調查的資料，以備他日的參考，於 1897 年制定的各廳

〔註4〕　（日）大日方純夫：《日本近代國家の成立と警察》，校倉書房，1992 年，第
　　　　　10 頁。
〔註5〕　（日）井上清：《日本の警察》，《天皇制》，東京大學出版會，1953 年；福島
　　　　　新吾：《警察》，《岩波講座日本歷史》（近代4），岩波書房，1962 年。

警察處務細則中，規定各地方廳必須編撰警察沿革誌備存。」〔註6〕1904年9月，總督府又以內訓第 32 號發佈了《警察沿革誌編纂規程》，規定了警察沿革誌編纂記載的具體事項。實際上「沿革誌」的編纂，在 1932 年時才開始積極展開。主要編纂執筆者為原總督府警察官練習所的教官鷲巢敦哉。「沿革誌」主要參考了當時的《臺灣總督府府報》、《臺灣總督府事務成績提要》、《公文類纂》、《帝國議會速記錄》、《警察通報》、《警察協會雜誌》、《州廳警察沿革誌》等，以通史的編纂方式，收錄了大量的資料。1933 年開始以總督府官方文書形式陸續出版，內容主要是臺灣警察機構的編成、沿革及各項重要警政事績。

總督府出版《警察沿革誌》的目的，不是為學術研究者提供資料，而是為了供臺灣總督府當局瞭解和控制臺灣人運動，幫助日本官方及總督府當局施政參考之用，因而只有客觀的記載、準確地評價才能達成此目的，故此，此文獻較客觀地敘述了日本統治臺灣時期的警察、法律制度及警察、法律相關事務，其價值在於較忠實於歷史事件的演變。「本書全部是採取日本官方的原始資料，立場當然也是站在日本官方的。不過我們平心而言，不但其數據珍貴，就是敘述也是較為『客觀』，沒有謾罵。」〔註7〕但由於缺乏明確的目的性，其史料價值很高，但理論價值不高。

除此，鷲巢敦哉就當時臺灣的警察事務所寫的《警察生活的交流故事》、《臺灣警察四十年史話》、《臺灣保甲皇民化讀本》及《臺灣統治回顧談》等回憶錄性書目，在警察制度的研究上也很有參考價值。

除了以上文獻以外，臺灣總督府警務局在 1932 年還出版了一本《臺灣的警察》，該書可稱為簡明版的「警察沿革誌」。由於其出版年份與《臺灣總督府警察沿革誌》十分接近，同時也由於其編目上也較「沿革誌」清楚易於查閱，但由於共有 229 頁，受其篇幅所限，內容太過於簡略。

另外，臺灣總督府分別在警察本署及警務局階段，留下一些官方警察記錄。在法規部分，有警察本署及警務局編纂的《臺灣警察法規》、《臺灣行政警察法》、《臺灣總督府警察操典》、《甲乙種巡查採用考試的受考要決》；在統計書方面，警務局編纂的《臺灣警察概要》、《臺灣總督府警察統計書》、《臺

〔註6〕 （日）《地方警察沿革誌編纂規程を定む》，《臺灣總督府警察沿革誌》（第三編），南天書局，1995 年，第 208 頁。
〔註7〕 王詩琅：《臺灣社會運動史》，稻鄉出版，1988 年，第 12 頁。

灣警察及衛生統計書》等相關的記錄；在職員錄裏有《臺灣總督府及所屬官署職員錄》、《警察年代幹部職員錄》、《警察職員錄》、《臺灣警察遺芳錄》等，都是研究此時期警察制度的重要參考資料。另外由日本內地出版的《行政警察編》、《風俗警察的理論與實踐》、《警部、警部補、看守長受驗全書》、《司法警察特殊語百科詞典》等，也是研究日據臺灣時期警察制度的一個補充性資料。

在總督府出版物中，除了前述的一些重要文獻外，有三份定期官方刊物也與警察制度密切相關，分別是《臺灣警察時報》、《臺灣犯罪統計》、《臺法月報》。《臺灣警察時報》於 1917 年創刊，原名是《臺灣警察協會雜誌》，1930 年改爲《警察時報》。臺灣警察協會是以總督爲總裁，以民政長官爲會長的高層警察研究機構，其刊物之主旨在於教育全臺之警察職員，提升其素質及精神。從《臺灣警察時報》的文章，可以深入瞭解總督府警察體系內的各種職務指示及辦案經驗。《臺灣犯罪統計》則記錄了日本領臺以後每年的社會犯罪情況，對於治安問題之研究也相當實用。《臺法月報》是總督府法院所發行的刊物，其前身是 1907 年發行的《法院月報》，1911 年改稱爲《臺法月報》。對於警察體系之研究的另一個行政權方面就是警察與法律的關係，警察固然是執行法律的機關，但警察機關對法律意旨的詮釋很可能與法院見解不同，這樣警察機關執行職務就會受到一些外在約束。《臺灣警察時報》可以看到警察體系內部的各種批示與教導，那麼《臺法月報》則顯露警察體系外部而來的監督與約束。

以上書目均爲臺灣總督府自己的官方文獻，其中當然有非常值得參考的價值，但不能反映臺灣民眾對「警察政治」爲特點的殖民統治的評價。《臺灣民報》是當時最具有代表意義的、反映臺灣民眾心聲的民間中文報刊，它以觀察反映日據時期臺灣的社會現實爲重要特點，是唯一能夠反映臺灣人民對日本殖民統治的眞實態度的重要依據。其對警察惡劣行爲的批評與報導僅從題目上統計就將近上百篇，當然其中也有對良好警察行爲的表揚，所以它是研究日據臺灣時期警察制度的另一重要史料。

2、相關研究

臺灣光復以後，日據臺灣時期成爲一段令人永遠不能忘懷的歷史，殖民地臺灣的社會整個作爲一個完整的客體進入各國研究者的視野。但由於其特

殊的歷史性，各國學者都有自己的視角。日本殖民臺灣的「警察政治」特點可以說非常值得關注與研究的。但就此專題，最早觸及臺灣警察問題的研究者是旅美的學者陳清池。在其《帝國的警察與小區控制體系》〔註8〕一文中，比較了日本政府對於內地及殖民地不同統治政策，觸及到了警察與殖民地社會的矛盾鬥爭問題，但是此文主要專注於朝鮮的社會研究。

日本學界尚無人就此專題進行研究，雖然也有人在其著作中提及此制度。例如像黃文雄的《被捏造的昭和史》、《日本植民地的眞實》等書中，對日本據臺的警察制度進行了評價，此評價是建立在否認臺灣是日本殖民地的基礎上的，認爲日本的臺灣警察是臺灣的守護神。此評價只看到其「警察制度」給殖民社會帶來的益處，沒有看到其本質是奴役壓迫臺灣人民來爲殖民統治者服務的，其評價不夠客觀公正，顯示了日本右翼勢力否認戰爭，美化殖民地統治的不良居心。

臺灣方面就日據時期警察的研究著述相對較少，但也有一些成果值得後來的研究者重視和參考。戰後臺灣最早對日據警察的研究著作當數劉彙湘的《日據時期臺灣警察之研究》。此書是爲國民黨政權借鑒日據臺灣時期警察制度而編寫的，其篇幅較短，主要介紹了日據時期警察制度建設，對警政沿革、人事動作及後勤事務都有較爲簡明的陳述，仍不失爲一部有價值的數據書，但對警察制度沒有作具體的評價。另外一篇當數 1951 年元旦初版的，由林士賢纂寫的《臺灣的警政》一書。但此書並不是專門研究日據時期警政制度的，只是在其第二章「臺灣警政的回顧」中，就日據臺灣時期的警察建設及警察特點給予了評價，但沒有就警察與臺灣社會的互動和其在殖民統治中的作用加以論述。

相關論文研究主要集中在各大學的碩士論文中。第一篇關於日據臺灣時期警察制度研究的碩士論文，是國立臺灣大學法律學研究所的碩士李崇禧的論文《日本時代臺灣警察制度之研究》。此文從日本警察制度入手，對臺灣警察制度沿革、組織、權限的變遷等進行了論述，重點探討了警察制度與日本殖民統治政策的關係。由於受篇幅的影響，其論述只停留在大的表面階段分析上，沒有進行細化。同時對警察制度在日本殖民統治臺灣中的作用等並沒

〔註 8〕 Ching-Chih Chen, Police and Community Control Systems in the Empire, in Ramon H, Myers and Mark R, Peattie, ed.The Japanese Colomial Empire, 1895～1945. Princeton University Press, 1984.

有進行深入探討。〔註9〕另一篇碩士論文，是臺灣國立成功大學歷史研究所碩士陳煒欣的論文《日治時期臺灣「高等警察」之研究（1919～1945）》。此文從警察政治出發，探討臺灣警察制度的特徵後，較詳細地論述了高等警察制度的確立，並對高等警察進行了劃分。第三篇碩士論文，是臺灣中國文化大學蔡易達的《臺灣總督府基層統治組織之研究──保甲制與警察》。此文側重分析了警察與保甲制度的關係，特別是對其制度的變遷進行了闡述，但其注重點是制度層面，對警察與保甲的關係討論不足。另外還有一篇碩士論文，是國立成功大學建築學系的論文《臺灣日治時期都市之地方警察機關建築研究》。

　　除了上述專門著作之外，大部分的臺灣史或日據史著作中，也有相關章節涉及到日據臺灣時期警察及警察政治，在此就不一一列舉。

　　大陸方面對此專題的研究，目前只有廈門大學李文藝的碩士論文《日據時期臺灣的警察與警察政治》一篇。此文從警察政治的形成、警察的組織與行政、警察政治的特點等方面進行論述。但沒有進行深入細緻的對比性研究。值得一提的是，李文藝的論文在其第四章「警察與臺灣社會」中，以《臺灣民報》所載史料為依據，對日據臺灣時期的警察制度進行了評價，其結論認為「從日本殖民主義統治的本來面貌來看，臺灣的警察政治的作用是掠奪者而不是建設者，就連『歷史不自覺的工具』也沒有資格獲得」。〔註10〕此種評價不夠公正客觀。

三、研究方法

　　本書主要以原始資料考證法為主要研究方法，從日本國立國會圖書館所藏的有關日據臺灣時期的幾萬份檔案資料入手，找出相關原始文件千份左右，並結合最具有參考價值的《臺灣總督府警察沿革誌》等臺灣圖書館臺灣分館所藏相關資料，對日據臺灣時期的警察制度的創設過程，具體特點及作用進行了論述。同時，本書還採用了對比的方法，將日據臺灣時期的警察制度與日本警察制度，日本統治時期的朝鮮、滿洲的警察制度進行了對比，凸

〔註 9〕李崇禧：《日本時代臺灣警察制度之研究》，國立臺灣大學法律學研究所論文，1996 年。

〔註10〕李文藝：《日據時期臺灣的警察與警察政治》，廈門大學碩士學位論文，2004 年。

顯了日據臺灣時期的警察制度特點及對殖民統治的作用。本書還採用事實左證的方法，查閱了從第 1 號到 166 號的《臺灣民報》，找出大量的事實報導，來證明日據臺灣時期警察的性質。

第一章　臺灣警察制度的創始

　　臺灣是日本的第一塊殖民地，也是「日本殖民地統治的練習場」。〔註1〕
在日本人看來，據有臺灣，就等於控制了中國海和日本海的出入口，爲日本
將來攫取更大的領土目標打下了基礎，所以，臺灣統治能否成功，關係著日
本國未來的國運，故日本一經統治臺灣，總督府即傾全力於社會的安定與治
安的維持。從第一代總督樺山資紀開始，即著手警察制度的創建，到第四任
總督兒玉源太郎時期，建立起強大的警察政治體系。以後一直到1920年第八
代總督田健治郎時期才進行改革，但警察的力量並沒有縮小，所以，臺灣有
「警察王國」的稱譽。臺灣作爲日本的殖民地，其警察制度必然從其母國吸
取「營養」。「日本的警察是以犯罪的預防爲使命的。因此，警察全面介入民
眾的生活，隨著其在行政領域的不斷擴大，其權力不斷膨脹，各個領域都有
警察的身影，所有的場合，警察官都要登場。」〔註2〕是故要考查臺灣的警察
制度，必須從日本的警察制度開始。

一、日本近代警察制度的形成及特點

（一）近代警察制度的萌起

1、明治初期治安組織的結構

　　日本在明治維新以前，社會治安由兵部省、刑部省、彈正臺三個部門負

〔註1〕　（日）鶴見祐輔：《後藤新平伝》（第二卷），後藤新平伯傳記編纂會，昭和12
　　　　年，第31頁。
〔註2〕　（日）大日方純夫：《警察の社會史》，岩波書店，1993年，卷首語。

責。〔註3〕兵部省秉承太政官之命令，指揮監督東京、京都、大阪及其它府縣的藩兵或各府縣之兵，負責維持日常治安任務，類似行政警察。刑部省承擔著司法警察的任務，即負責偵查犯罪、逮捕罪犯等。彈正臺創建於 1869 年，專門負責偵查幕藩殘餘勢力及對新政府的反抗等政治性活動，類似政治警察。

　　1871 年明治新政府廢止了刑部省和彈正臺，設立了司法省，不再允許藩兵及府縣兵的存在，這樣兵部省也就失去了警察權。日本開始由「封建藩兵」的軍政警察時代，轉向司法省統轄的司法警察時代。同時，日本近代警察也開始孕育萌生。

2、近代警察制度的初創

　　1869 年 3 月，作為幕府特使訪問巴黎的栗本鋤雲，在他的見聞錄《曉窗追錄》中，最早向日本人民介紹了歐洲警察制度：「『警察』是市中巡邏的小官。他們從陸軍兵士中選拔。頭戴遠山形的帽子，穿著蟬翼樣的外套，腰間佩帶著鐵鞘刀。人們一眼就看出他們是警察。」〔註4〕而日本正式建立自己近代國家警察的開始，是在 1870 年底。是年 11 月，發生了「英人暗殺」〔註5〕事件。以此事件為契機，政府內部開始討論向西歐學習設置近代警察的問題。當時福澤諭吉翻譯了警察法相關部分，向政府提交了命名為《取締之法》的文書。12 月 23 日，東京府參照福澤的《取締之法》，向太政官遞交了申請書，提出了學習西歐的新式警察制度，創建首都治安機構的設想。〔註6〕

　　1871 年 7 月 14 日，日本實行廢藩置縣。8 月，政府以廢藩置縣後權力集中為前提，領導層開始討論警察設置的具體步驟。10 月 23 日，認定警察的名稱為「邏卒」，從鹿兒島縣招募 2000 人，其它府縣招募 1000 人，建立了以薩摩藩士為中心的「邏卒制度」。同年 11 月，日本確定全國分為三府七十三縣，實行縣治職制。各縣在中央政府的指令下，可自訂或變更「邏卒制度」。同時，在縣設置聽訟課，掌理警察事務和裁判事務。這樣日本的地方警察制度也開始啟動。

　　1872 年 7 月，由當時的司法卿江藤新平主導，制定了《地方邏卒兼逮部職制捕亡章程》，正式將邏卒納入司法省管理，由司法省的檢事統一指揮，同

〔註3〕（日）山元一雄：《日本警察史》，松華堂，1934 年，第 139 頁。
〔註4〕（日）《官僚制——警察》，岩波書店，1990 年，第 468 頁。
〔註5〕1870 年 11 月 23 日，大學南校（東京大學的前身）的英國人教師 C·H·達拉斯和 A·R·林古在神田街受到不平士族的襲擊負傷事件。
〔註6〕（日）《官僚制——警察》，第 469 頁。

年 8 月，在司法省設置了警保僚。「捕亡章程」之制定，意味著司法警察觀念的出現，而警保僚的設置，則是實現了中央對地方警察權的掌握。這樣近代日本警察制度開始出現其雛形。

（二）近代警察制度的確立

1872 年 10 月，日本政府派警保助理川路利良為首的司法制度調查團，到西歐各國進行警察制度的調查。翌年 9 月歸國，向政府提出了《警察制度的建議》一文，認為：「警察乃國家平常之治療之用也，有如人生之兼顧養生，以此保護平民，滋養國家之元氣。是故自古至今，如欲增強帝權、擅自版圖者，必先注意於茲也。拿破侖一世即是也。今普魯士能雄據四方，威武於世界，亦是善以警察治理內外，刺探外國之情報也。是故法蘭西之強國亦最終被其所破。所以，強盛國家，接觸海外，必須首先設置警察。」〔註7〕因此，他建議設立內務省，從而對行政警察與司法警察進行機構的分離。

此建議符合當時的政治勢力現實，大久保利通非常重視。於是政府接受其建議，以法國警察為樣本，於 1873 年設置內務省，由大久保利通任內務卿。這樣內務省實際掌握了警察的控制權。1874 年 1 月 14 日，制定了《警保僚事務章程》，將司法警察與行政警察分離開。1 月 15 日，又設置東京警視廳，由川路利良為警視總監、大警視。1 月 27 日，將以前的「邏卒」之名改為「巡查」。1875 年 3 月，制定了全國共通的警察組織法《行政警察規則》。此「規則」的制定，使警察制度在日本全國迅速確立起來。〔註8〕從 10 月到 12 月，警察費用的國庫支出額、警察官的等級、薪金、採用方法、警察分所的設置法等相關法律相繼出臺。

主管警察事務的「警保僚」，由司法省轉歸內務省管轄，標誌著警察已經逐漸脫離了「藩伐對付政敵」的性格，開始步入以「預防性質為主」的近代警察的行列，也表明警察事務之重點，由以前的抓捕事務轉向防範業務。

在地方上，於 1875 年設置警察分所和屯所。1877 年改稱警察署和警察分署。1886 年 7 月，明治政府制定了地方官官制，各府縣的知事秉承內務大臣的指揮，掌理管轄區域內的一切警察事務。各府縣設置警察本部，警部長作

〔註7〕　（日）信夫清三郎：《日本近代政治史》（第二卷），松華堂，1934 年，第 443 頁。

〔註8〕　（日）《行政諸法規／行政警察規則》，日本國立公文書館藏檔：B02130023 900。

為其長官。警察署原則上各個郡區設置一所，其下設置警察分署。〔註9〕

警察署管轄區內的高等警察、行政警察、司法警察，監督法律、衛生的實行。高等警察即是政治警察；司法警察負責犯罪搜查事宜；行政警察在與普通民眾日常生活密切相關的風俗、交通、衛生等領域，來行使警察署的權力。這樣配置在全國各個地域的基層警察組織「警察署」，就掌握了廣泛強大的權限，與各個地域居民的日常生活緊密相聯。警察署下轄最前線的警察組織是駐在所和派出所。根據1898年10月內務省訓令《警察官吏配置及勤務概則》，警察署的巡查分為內勤與外勤，在街村每1500～3000人配置一名外勤巡查。警察署將所管轄的街村劃分為數個區，每一個區由1名管片巡查常駐擔當區內，其住所稱之「駐在所」，巡查一個月要對所受持區進行十五回以上的巡邏查察。同時，根據地方的狀況，認為必要時也可設置派出所。〔註10〕

從1888年到1889年，全國範圍內設置了巡查駐在所。將以前巡查集中在警察署勤務、到分擔區巡邏的方式，轉變為直接將巡查分散到各個擔當區內。「像這樣，日本近代警察實質上是採用直接隸屬於內務大臣的知事指揮下的警察本部——警察署——駐在所這樣的機構配置，從而確立了高度中央集權的國家性格。」〔註11〕

（三）日本警察制度的特點

1、「文明開化」的強制尖兵

（1）「開化」的強制力

日本警察的創始正值明治維新的「文明開化」時期。明治新領導階層，基於「文明＝歐美」的價值標準，認為日本的舊習必須唾棄。所以，警察制度的創建之初，其權力就著重於社會風俗的強制及社會秩序的制度化。它強力介入民眾的日常生活，早在「邏卒」時期就規定：「不許喧嘩、吵架；不許在路上隨意大小便；不許牽著牛馬在市區通過；不許牛馬不拴隨意放置；臨街各商號必須對所對應道路進行清掃；不許將髒物倒在市中道路兩側溝渠的前面；各臨溝的家戶負責溝渠的疏濬；車載對象不能妨礙交通；不許裸體或露天洗澡；不許相信邪教；不許騎馬快馳；不許騎沒有口勒的馬匹；不許隨

〔註9〕 （日）大日方純夫：《警察の社會史》，第20頁。
〔註10〕 （日）大日方純夫：《警察の社會史》，第23頁。
〔註11〕 （日）大日方純夫：《警察の社會史》，第23頁。

意燃放煙火；買賣品擺在戶外造成流水污染時給予取締。」〔註12〕像這樣，日本近代警察一出現，就以「開化」的強制力出現在民眾面前。

（2）「陋習」的解體機能

警察的強制力量，是從街頭逐漸滲透到普通民眾日常生活中的，成為民眾「陋習」的解體強制監督機構。從1872年8月開始，日本開始禁止男女同浴、女性用布包頭髮、女性的剃眉染齒等。1872年10月，開始實行剪髮，由警察強制執行。此後，又對娛樂活動、學校、地券、墮胎、興行、防火、貧民救助、菊紋章的使用、國旗、火葬場、非常死者等，所有與開化政策相關之領域進行干涉。通過警察的強制力量，將日本民眾原有的「不文明」的習慣加以廢止，日本人原有的「陋習」不斷解體。

（3）「違法」的鎮壓系統

1873年後，日本各地開始制定「違式詿違條例」〔註13〕，作為公共秩序的維持法律，使警察行政有法可依。警察根據此「條例」，主要對諸如土地、山林地、河岸、燈塔、上下水及社會諸營業的檢查等，進行公的空間秩序上的維持。這樣，警察以權力作用為媒介，快速強制性地介入普通民眾生活內部。所以，與其說警察擔當著刑事犯罪的搜查和犯人的逮捕事務，不如說警察作為權力推進創造新秩序的強制力量的作用更顯著。日本近代警察的權力規定，是以對普通民眾日常生活的細則，作為具體實施力的物理保障開始登場的。

2、「行政警察」為中心

為了適應上述警察機能，於是產生了「行政警察」的概念。通過1872到1873年的準備，在1874年確定了「只有『行政警察』是警察的中心」的理念。其基本內容主要集中在：「權力」、「健康」、「風俗」、「國事」這四個領域。第二年制定了《行政警察規則》，其中第三條對上述四個領域給予具體化。〔註14〕

儘管在1874年確定了「行政警察」的概念，但行政中的何項屬於警察行政領域，行政警察與一般行政的關係尚未明確。為了確定行政警察的權限、

〔註12〕　（日）《日本庶民生活史料集成》（第21卷），三一書房，1979年，第56頁。

〔註13〕　「違式詿違條例」就是後來的「違警罪」及「警察犯處罰令」，它與其它處理犯罪不同，規定的是警察處罰的權限。參見：（日）大日方純夫：《警察の社會史》，第117頁。

〔註14〕　（日）《行政諸法規／行政警察規則》，公文書館藏檔：B02130023900。

對象領域，明治政府制定了一系列的法律法規來規定警察與民眾生活的相互關係。1885 年 6 月，警保局編寫了《警務要書》，對警察的職能進行了分類，具體劃分爲：安寧警察、宗教警察、衛生警察、風俗警察、營業警察、河港警察、道路警察、建築警察、田野警察、魚獵警察等十類。〔註15〕

明治政府從預防犯罪、確保安定的思想出發，使警察力介入到社會經濟的各個領域，對普通民眾的身體、生命的維持及再生產進行參與，以確保勞動力的安定和再生產順利進行，對反對國家、反對政府的動向進行預防、抑止和排除。警察此類機能所對應的不是事後處理，而是防患於未然。因此，要想眞正做到預防「完璧」，警察就必須廣泛地介入行政領域，這也不可避免地造成其權限的擴大、肥大化。

日本警察之父川路利良曾經說過：「警察就是人民的保姆……我國之民還是未開化之小孩，必須要由警察來看護。」〔註 16〕這樣，在日本近代國家的確立過程中，警察以國家「保姆」的身份，承擔着負責強制推行國家的秩序與價值，排除反對國家價值與秩序的民眾的價值與秩序這二重機能。它從外向內、從上向下地強行介入民眾生活之中，所發出的物理的強制力，使民眾順應、同化於國家的秩序，阻止其從國家的秩序中逸脫及反叛，使民眾秩序解體，將民眾生活重構，以形塑新的國家秩序。「日本絕對主義天皇制的政府，把以《治安維持法》爲首的眾多的治安立法賦予警察，警察以野蠻的彈壓行動將這些法律法規最大限度的詮釋，因此，完全剝奪了日本人民的自由與民主權力。」〔註17〕

3、「金字塔」型的「中央集權、政治優先」的警察體系

明治政府在 1886 年，以敕令 2 號發佈了《各省官制》，明確內務省對警察的絕對統轄權。其第一條規定：「內務省負責管理地方行政、警察、監獄、土木、衛生、地理、寺社、出版、版權、戶籍、扶貧、救濟等相關事項，監督中央衛生會、警視總監及地方官員。」〔註18〕

這樣內務省就成爲握有內部一切行政事務的國家機關。司法警察、行政警察自不必說，治山、治水、土木、建築、水火、消防、交通、道路、檢閱、

〔註15〕　（日）內務省警保局編：《警務要書》，博聞社出版，明治 18 年。
〔註16〕　（日）大日方純夫：《警察の社會史》，第 215 頁。
〔註17〕　（日）大野達三：《日本の警察》，新日本出版社，1995 年，第 40 頁。
〔註18〕　（日）《御署名原本・明治十九年・敕令第二號》，公文書館藏檔：A03020000600。

出版、著作權、選舉、勞動爭議、勞農爭議的調停、營業許可、傳染病預防、神社管理、社會福祉、保健、出入國管理等的事務，也是內務省的權限。內務省如此廣泛多樣的行政執行，大部分都以警察行政作為介入手段。

　　1880 年前後，行政警察已經初具規模，為了對抗日漸興起的自由民權運動，警察的集會監視、報紙的檢閱、秘密偵查活動等政治機能開始強化。所謂的「國事警察」這一政治警察領域，開始從行政警察脫離，得到特別的重視。「高等警察」成為政府直接領導的警察部門，支撐著大日本帝國憲法體制。同時，作為官僚勢力的「爪牙」，對政黨勢力的運動和社會運動進行管理取締。

　　通過以上分析可看出，以法國警察制度為藍本構建的日本近代天皇制警察制度，吸收了屬於大陸警察的普魯士警察的理念，也滲入了否定自治性格的地域警察機構之特點，其基本骨格為：中央集權、政治優先。此制度的結構為，以內務大臣為頂點，首都設置直屬的警視廳，地方各府縣的知事受內務大臣的指揮，形成警察本部──警察署──駐在所，從警察基層機構到中央集權的金字塔形構造。它的底層與地域社會內部相聯絡，權力裝置可以滲透到矛盾噴出的任何「毛穴」。「這一由內務大臣為最高統轄者的警察制度，是完全的、從上而下的、強力的國家警察，也是諸外國沒有的先例。本來，我國的警察制度主要是以法國、德國的國家警察制度為藍本的，但法國、德國也有一部分的自治警察，而我國是徹底的國家警察。」〔註19〕

　　從以上內容分析來看，日本近代警察的建立，是在近代國家遭受危機的背景下，作為社會開化的強制力、陋習的解體者、違法的鎮壓者而出現的。其一元化的「行政警察」性格特別明顯，這不能不對其第一塊殖民地臺灣的警察制度有很深影響。那麼臺灣初期的警察制度是怎樣建立的，它與日本的警察制度有何淵源呢？

二、日據臺灣時期警察制度的創始

　　1895 年 4 月 17 日，清政府被迫與日本簽訂了《馬關條約》。根據馬關條約，清政府將「臺灣全島及附屬島嶼澎湖列島，即格林威治東經 119 度起至 120 度止，北緯 23 度起至 24 度之間的島嶼」〔註20〕割讓給日本。5 月 10 日，

〔註19〕　（日）大霞會編：《內務省史》（第二卷），地方財務協會出版，1970 年，第
　　　　584 頁。
〔註20〕　（日）《講和條約・別約議定書・追加休戰定約・御批准書》，公文書館藏檔：
　　　　A03033009900。

日本政府任命海軍大將樺山資紀為第一任臺灣總督，兼任臺灣軍備司令官及臺灣接收全權委員。同時，發佈了《施政大綱》的訓令，規定了有關接收臺灣、接收政府財產及有關清政府撤軍的條款。「萬一彼方於期限內不簡派全權委員，或拒絕移交，或移交怠慢時，則條約上之割地，在批准換約之後，當然已在我主權之下，自應臨機處理。遇有不得已之情事，可用兵力強制執行。」〔註21〕5 月 29 日，北白川宮能久親王率領近衛師團在澳底登陸。6 月 6 日，攻破基隆；6 月 7 日，日軍先頭部隊佔領臺北；6 月 17 日，舉行始政式，日本正式開始統治臺灣。

日軍佔領臺北以後，原定「由近衛師團負責剿匪，執行行政事務，並逐步擴張管轄區域」，〔註22〕但由於臺灣人民的強烈反抗，加之征臺士兵水土不服，陸續感染瘧疾，導致兵員大減，僅憑一個師團的力量難以平定臺灣全島。樺山於 7 月派遣參謀前往大本營，要求軍方增援。7 月 18 日，伊藤博文批示：「將總督府改組為軍事組織。」〔註23〕8 月 6 日，大本營以陸達第 70 號發佈了《臺灣總督府條例》，臺灣全島開始實施軍政。

（一）憲兵執行警察職務期及警察的招募

日本進入臺灣以後，儘管在 1895 年 5 月 21 日發佈的《總督府臨時條例》中，對警察部門有所規定，但一直到 9 月份以後，臺灣才有正式的警察派出。這期間，臺灣的治安主要是由憲兵來維持的。最初進駐臺灣的憲兵，是 5 月 30 日由三貂灣登陸的近衛師團附屬憲兵大隊，共計 16 人，負責兵站司令部周圍的警戒。其後，又有 280 名憲兵隨樺山資紀入臺。這些憲兵的責任是：「僅止於總督府內的機關，對地方警戒並無獨立的職權，因此，其任務亦屬內地派遣憲兵之任務，並沒有轄區的限制，僅負責部分地區的治安維持。」〔註24〕

在日本，設置憲兵的目的，最初是專職的軍事警察。但單純執行軍事警察事宜，並不能充分發揮其效能，是故在憲兵設置之時，就將行政警察及司法警察的執行，作為其軍事警察執行上的附屬要件，同時臨機補助普通警察機關的業務。其設置目的規定：「作為軍事警察的附屬業務，臨機執掌普通行

〔註21〕 （日）井出季和太：《南進臺灣史考》，誠美書閣，1943 年，第 4 頁。
〔註22〕 （日）《臺灣始政四十年史》，日本殖民地批判社，1935 年，第 52 頁。
〔註23〕 （日）《民政を停め軍政を施行す》、《臺灣總督府警察沿革誌》（第一編），南天書局，1995 年，第 15 頁。
〔註24〕 （日）臺灣憲兵隊編：《臺灣憲兵隊史》，龍溪書舍，昭和 7 年，第 25～26 頁。

政警察及司法警察之職。」〔註 25〕鑒於此，臺灣總督府在兵馬戎空之時，採取使用憲兵這一軍事警察，臨時代替普通行政警察及司法警察，是理所當然的。

　　6 月 7 日，臺北縣廳正式運行，並於縣廳下設置憲兵主部，由鈴木少尉負責。同時第一批七十名憲兵也正式派駐臺北、艋舺、大稻埕，負責城市的巡邏查察工作。同時負責送還清兵俘虜、衛生檢查、搜索官有隱藏物、戶口調查、槍炮搜查、選定醫院及墓地位置等一系列憲兵本職的任務。〔註 26〕但當時義軍反抗強烈，臺北的治安始終沒有成效。臺北縣知事上書請示採用臺灣本島人作為警察來輔助憲兵工作。「現今一切警察上的事務均委以憲兵管理，因此應儘快設置如內地一樣執行警察事務的警察、巡查是當務之急，目前憲兵之人數亦嫌不足，導致執行業務時頗為困難。因此，建議暫時採用本島人為巡查，對其效果進行實驗。如果對警察事務的執行有所幫助，即應制訂臺北市區的警吏暫行條款並具體執行。」〔註 27〕從 6 月 25 日開始，為了協助憲兵執行相關事務，臺灣縣廳在臺北的仕紳巨賈推薦下，雇用了 31 名臺灣臨時雇員，以「警吏」之名分別派駐於城內、大稻埕、艋舺三地之分駐所，以協助憲兵進行巡邏查察、犯罪搜索、軍事偵查及擔任翻譯等。這 31 名雇員裏，有 3 名為「警吏長官」，其它 28 名則為「警吏」。這些「警吏」白天單獨行動以執行警察任務，夜間則為二人一組。〔註 28〕當時為了對「警吏」進行有效管理，臺北廳制定了《警吏臨時內規》〔註 29〕及《警吏工作心得》〔註 30〕。這是日本採用臺灣島人從事警察事務的開始，但實際上「警吏」只是憲兵的補助，總督府的警察機構還沒有創始。

　　為了儘快籌措執行勤務的警察人員，6 月 20 日，時任總督府內務部警察課課長的千千岩英一，向水野遵民政局長提交了《警察官設置意見》書，申

〔註 25〕　（日）田崎治久：《日本の憲兵》（全二卷），福山製版，昭和 46 年，第 3 頁。
〔註 26〕　（日）田崎治久：《日本の憲兵》，第 126 頁。
〔註 27〕　（日）《本島人を警察に採用せる創始》，《臺灣總督府警察沿革誌》（第一編），第 33 頁。
〔註 28〕　（日）《憲兵及警吏の治安維持に關する活動》，《臺灣總督府警察沿革誌》（第一編），第 30 頁。
〔註 29〕　（日）《本島人を警察に採用せる創始》，《臺灣總督府警察沿革誌》（第一編），第 33～34 頁。
〔註 30〕　（日）《本島人を警察に採用せる創始》，《臺灣總督府警察沿革誌》（第一編），第 34～35 頁。

明招募警察人員的必要：「始政典禮以來，諸行政事務已經逐步推進。於行政上論，警察爲不可一日或緩者，此乃毋庸贅言之事實。」〔註 31〕千千岩英一的意見書使設置臺灣警察被提到議事日程上。總督府接受了他的建議，並命令他回內地召募警察。

（二）「軍事警察」時期地方警察的草創

是時，臺灣各地反抗強烈，總督府被迫於 8 月開始實施軍政統治，即所謂的「軍事警察統治時期」。由於日本不斷派憲兵赴臺，當時全島 4 個區隊之下總計過 3400 人，臺灣憲兵迎來了其繁榮期。

由於軍政的實施，千千岩英一在國內招募警察一事也因此受阻。8 月 28 日，伊藤博文發電給臺灣總督府：「千千岩所提議之警官招募，已經達到了預定的人數，但由於總督府若改爲軍銜，就必須組織憲兵隊，故沒有必要再招募巡查，如果閣下認爲仍有必要，請立即回電表明理由所在。」〔註 32〕接電後，總督府立刻進行協商，回電表示：「憲兵執行巡查職務雖屬理所當然，但在臺灣全島平定以後，如想順利推行地方行政，必須設置巡查。……巡查與憲兵之職務並不相同，沒有業務重複之慮。」〔註 33〕

招募警察的問題就此解決。9 月 25 日，從日本各現職及前職中物色的警部 44 人及巡查 492 人，共計 536 人從基隆登陸，9 月 27 日抵達臺北。其後，又有警部 23 人，巡查 200 人，在 10 月 7 日抵達臺北。〔註 34〕在第二批警察抵臺的次日，臺灣總督府發佈了日令第 13 號《警察署分署設置及職員命免要件》，對新到警察進行配置。其內容如下：

> 一、民政局長得在各地區樞要之地設置警察署及警察分署。
>
> 二、民政局長爲統理民政支部警察事務得設警部長代理。
>
> 三、前二項設置或任免應獲得總督之認可。

〔註 31〕《有關徵募警察事宜》，《臺灣總督府檔案中譯本》（第三輯），臺灣省文獻委員會，1994 年，第 2 頁。

〔註 32〕（日）《本島地方警察の創始》，《臺灣總督府警察沿革誌》（第一編），第 37 頁。

〔註 33〕（日）《本島地方警察の創始》，《臺灣總督府警察沿革誌》（第一編），第 37 頁。

〔註 34〕（日）《本島地方警察の創始》，《臺灣總督府警察沿革誌》（第一編），第 37 頁。

　　四、民政局長得在警察署及警察分署設置署長代理。對屬於警察之職員警部心得或巡查心得得命令之，署長心得、警部心得或巡查心得之調配亦同。〔註35〕

時警部巡查配置如下表：〔註36〕

設置場所	警保課	臺北縣廳	宜蘭支廳	基隆支廳	新竹支廳	淡水支廳	臺灣支部	苗栗分所	澎湖島廳	合計
警部	5	18	9	5	4	3	17	3	3	67
巡查	4	197	90	70	45	30	170	36	50	692

　　由於當時處於軍政時期，這些警察官員的身份全部都是陸軍的雇員，警部稱為「警部心得」，巡查稱為「巡查心得」。〔註37〕為了對新招募的警察進行管理，總督府又陸續在 10 月 11 日發佈訓令第 9 號《警察臨時規程》〔註38〕，對民政支部、分所設置、警署及警察分署設置的手續、警察事務指揮監督的辦法、警察人事相關事項及巡查心得的賞罰等進行規定。10 月 13 日發佈訓令第 10 號《警察官吏服務心得》〔註39〕，對警察的執務及與憲兵的關係給予規定。10 月 15 日，總督府還發佈訓令第 12 號《警察官吏稱呼心得內規》。10 月 24 日發佈了訓令第 14 號《巡查懲罰令》，對警察的行為及罰則進行了規定。

　　由於當時處於軍政時期，另外還明文規定了警察的主要任務是執行憲兵的輔助業務，協助憲兵進行搜查、逮捕等。根據《警察官吏服務心得》的第19～22 條，「逮捕犯罪人時，要瞭解犯罪的詳細始末，向最近的憲兵引渡；確認有犯罪行為必須着手進行搜查，但逮捕犯罪人時有憲兵到場，必須交由憲兵處理；司法警查雖屬於憲兵主管事務，但警察必須協力完成搜查逮捕任務；

〔註35〕　（日）《本島地方警察の創始》，《臺灣總督府警察沿革誌》（第一編），第 39 頁。

〔註36〕　（日）《本島地方警察の創始》，《臺灣總督府警察沿革誌》（第一編），第 39 頁。

〔註37〕　（日）《本島地方警察の創始》，《臺灣總督府警察沿革誌》（第一編），第 38 頁。

〔註38〕　（日）《警察假規程》，《臺灣總督府警察沿革誌》（第一編），第 43～45 頁。

〔註39〕　（日）《警察官吏服務心得》，《臺灣總督府警察沿革誌》（第一編），第 44～45 頁。

必須與軍隊、憲兵部時常聯絡相互通氣，不得產生疏隔。」〔註40〕從以上內容可以看出，初創時期的警察主要任務是協助憲兵維持治安。

（三）民政復歸後的憲兵警察關係

1896 年 4 月，臺灣復歸民政，但各地抗日活動仍然十分頻繁激烈。5 月，日本政府以敕令第 232 號發佈《臺灣憲兵隊條例》〔註41〕，將臺灣憲兵隊從東京憲兵隊脫離，組成獨立的臺灣憲兵隊，由臺灣總督直接統轄。條例規定：「臺灣憲兵作為陸軍兵種之一，屬陸軍大臣管轄，臺灣總督對之有統率權，隸屬於臺灣總督府，執行有關軍事警察、行政警察及司法警察相關事務，其它必要事項之規程，由臺灣總督訂之」；「憲兵職掌軍事警察事務隸屬於臺灣總督府軍務局長，行政警察及司法警察事務隸屬於臺灣總督府民政局長」。〔註42〕

當時臺灣憲兵隊本部設置在總督府所在地臺北，由軍政時期設置的四個區隊變為三個區隊，分別設置在臺北、臺中、臺南，各守備管轄區稱之為「憲兵管區」。憲兵管區內的要地設置憲兵分隊，其管轄區域稱之為「憲兵警察區」。但視情形認為必要時，憲兵的一部也可派駐在當地，其管轄區域也稱為「憲兵警察區」。各憲兵警察區在必要的情況下設置數個巡察區，在各巡察區配置憲兵一隊或數隊，這就是所謂的「憲兵屯所」。〔註43〕

當時憲兵的執務範圍仍然包括行政警察、司法警察及軍事警察。其中有關行政警察、司法警察之部分，是由民政局長來管轄。在其轄區內，憲兵必須聽從縣知事、島司、支廳長及法院檢察官的命令。因此，憲兵所執行的業務中，除了包括警察所必須執行的衛生檢查、犯罪搜查及戶口調查外，還必須在征討匪徒時擔任先頭部隊，同時承擔著沒收兵器等項任務。

恢復民政以後，為了避免警察與憲兵在一般警察事務上的衝突，逐步將警察從以往輔助憲兵的角色中獨立出來，總督府開始對警察業務出臺更詳細的規

〔註40〕 （日）《警察官吏服務心得》，《臺灣總督府警察沿革誌》（第一編），第 44～45 頁。

〔註41〕 （日）《御署名原本・明治二十九年・勅令第二百三十二號・臺灣憲兵隊條例》，公文書館藏檔：A03020247299。

〔註42〕 （日）《御署名原本・明治二十九年・勅令第二百三十二號・臺灣憲兵隊條例》，公文書館藏檔：A03020247299。

〔註43〕 （日）《領臺當初に於ける憲兵の制度の概略》，《臺灣總督府警察沿革誌》（第一編），第 56 頁。

定。5 月，總督府以訓令第 18 號發佈了《警察規程》，其中有關強化警察行政能力的規定如下：警察官管理高等警察、行政警察及司法警察，負責保持管區內之社會安寧；警察官應悉審管轄區內之狀況，發生非常事變之時，當迅速向上官報告；警察官遇有正當職權者對有關警察事務有所要求時，必須立即應其所請。〔註44〕此「規程」還規定了設置警察課、警察分署及其職掌。

（四）三段警備制的實施

1896 年 10 月，乃木希典繼任臺灣第三任總督。當時臺灣各地的抗日運動風起雲湧，總督府內部也出現了文官與武官系統、警察與憲兵系統的矛盾。當時臺灣島內軍人氣焰囂張。而新任的乃木總督更是以「刷新臺政」為由，採取了一系列削弱民政局權力的措施。1897 年 10 月，以敕令第 362 號發佈了《臺灣總督府官制》〔註45〕，將原有的總督府條例與民政局官制融合為一，在總督之下有陸軍幕僚、海軍幕僚、總督官房、民政局長、財政局長五個系統。這是乃木刻意削弱民政局長權力的步驟。

同年 5 月，又發佈了《地方官官制》〔註46〕，將原來的三縣一廳改為六縣三廳。並且在各縣轄之下設置辦務署，作為最下級的行政單位，由總督直接指揮各縣廳及辦務署之動作。此規定將屬於民政局長的行政大權轉移到總督自己手上，這是武官出身的乃木對文官出身的民政局長不信任所致。〔註47〕

在乃木發佈的《地方官官制》中，在基層行政單位上設置辦務署，在各縣廳之下又設置警察署，兩署互不隸屬。辦務署負責行政，警察署負責治安。由於辦務署執行行政事務必須以警察署維持治安為前提，所以，警察人數又大幅增加。到 1897 年，全臺之警部人數已達 250 人，巡查則達到3028 人，另有補助用臺民警丁 400 人，隘勇 400 人，合計人數達 4000 人以上。〔註48〕當時「軍警憲」的編製與指揮十分混亂。憲兵受日本內地的司

〔註44〕（日）《警察規程制定》，《臺灣總督府警察沿革誌》（第一編），第 372～373頁。
〔註45〕（日）《臺灣總督府官制發佈》，《臺灣總督府警察沿革誌》（第一編），第 82頁。
〔註46〕（日）《地方官官制（六縣三廳に）改正》，《臺灣總督府警察沿革誌》（第一編），第 394 頁。
〔註47〕黃昭堂：《臺灣總督府》，教育社，1981 年，第 80 頁。
〔註48〕（日）《明治三十年末地方警察職員定員表》，《臺灣總督府警察沿革誌》（第一編），第 706 頁。

令部的指揮〔註 49〕，軍隊受臺灣守備隊司令部的指揮，警察則受總督府民
政局指揮。而以上三單位都在行使警察權力甚至司法處分權，這必然導致
政令百出，人民無所適從。軍隊的鎮壓手段與一般警察方式顯然不同，警
察是以恢復社會秩序爲最高目的，而軍隊卻是不惜殲滅「敵人」，在實際做
法上就會出現肆無忌憚的暴力行爲。當時日軍將抗日的臺民稱爲「匪徒」，
抗日臺民居住的村莊稱爲「土匪村」，日軍經常對「土匪村」採取殺光、燒
光政策。〔註 50〕另一方面，這三個系統經常出現彼此意見不合，守備隊與
憲兵執行職務時是站在軍方立場上，警察署則是站在文官系統的立場上。
尤其在 1897 年 7 月，總督府通令准許辦務署長與警察署長相互兼任後〔註
51〕，混亂情況更加嚴重。

　　爲了解決三個治安系統彼此間不協調的問題，楠瀨參謀向乃木遞交了《將
臺灣全島分爲數區制定適應各區之統治政策》的意見書，提出實施三段警備
制的構想。楠瀨認爲：「在本島有各種複雜的住民，更有各種特別的風俗習慣。
佔領臺灣後到今日的實踐證明，採取全部一貫的統治方針是不當的政策。對
於西部沿岸稍稍進化的純良住民的統治政策，不適於在蒙昧無知的生蕃之地
實施。因此，根據現在的各種情況，將臺灣依據其進化程度分爲數區，各區
實施適當的統治政策。」〔註 52〕

　　意見書的目的，是在維持現有三種治安系統的前提下，以明確劃分管轄區
的方式，避免原來的不協調，並同時兼顧各地方不同治安情況，適用不同鎮壓
部隊。此一構想並非突發奇想，是基於現實上各方勢力協調的必要而設計，也
適合乃木總督對不同地區採取不同強度鎮壓的軍人口味。乃木總督經過召集各
旅團長、參謀長、憲兵隊長、警察部課長進行咨詢，在 6 月 26 日，以民政局
長之名，向地方官發佈了「三段警備制度」的大綱，規定「憲兵隊暫時僅止於
在普通警察事務執行上輔助警察，專門傾全力掃蕩匪徒；警察除警防擊退外，

〔註49〕　（日）井出季和太：《臺灣治績誌》，臺灣日日新報社刊行，1937 年，第 275
　　　　頁。
〔註50〕　程大學編譯：《臺灣前期武裝抗日運動有關檔案》，臺灣省文獻會，1977 年，
　　　　第 192 頁。
〔註51〕　（日）《辦務署長と警察署長の相互兼務を認む》，《臺灣總督府警察沿革誌》
　　　　（第一編），第 418 頁。
〔註52〕　（日）《三段警備制の實施より廢止に至る經緯》，《臺灣總督府警察沿革誌》
　　　　（第一編），第 420 頁。

不從事直接的討伐工作，專門執行行政司法警察事務；為了達到前二項目的，應採取在島內平靜地方配置大量警察，由地方官與憲兵區隊長協議商定，」〔註53〕同時，軍務局長也發佈了《憲兵和警察的管轄區域及配置方法改定要旨》的通牒。10 月 31 日，以府令第 53 號，在臺北縣開始實施。

　　一般歷史書上記載的「三段警備制」是將臺灣各區分為三類，即是：一等地──危險地區：社會狀態、人心最不穩定的山間地區，變成游擊隊根據地的地方，由軍隊與憲兵負責防備。二等地──不穩定地區：抵抗較少的地區，由憲兵與警察共同防備。三等地──安全地區：指民情安定的村落和城市，此區域委任警察單位負責。〔註54〕但實際上臺灣全島的治安管轄區域不僅分為三類，變得更加複雜。除了分為三等地以外，二等地又分為憲兵與警察之管轄分界，另外又分為全島蕃地、憲兵管轄區、警察管轄區。因此，無法達到其所期待的相互協調之目的。

三、初期警察組織的變遷

（一）軍政時期警察制度的肇始

　　1895 年 5 月 21 日，首任臺灣總督樺山資紀來臺途中發佈了《臺灣總督府臨時條例》，作為日本治臺之初臺灣總督府組織的暫行規定。該條例第十五條規定，民政局內務部設警保課，掌管警察、監獄相關事項。〔註55〕據此，在臺灣總督府創設之時，警察事務由民政局內務部下設的警保課來掌理，這是摹仿日本內地的警察機構而來的，是普通的民政統治下的正常行政設置。

　　根據《臺灣總督府臨時條例》，樺山總督在是年 6 月 28 日發佈了《地方官臨時官制》，其中規定了臺灣全域設置臺北、臺灣、臺南三縣及澎湖島廳，縣內必要之地設置支廳。縣之首長稱為知事，為敕任官；支廳首長稱為支廳長，島廳首長稱為島司，兩者同為奏任官。各縣設置知事官房、內務部、警察部，其中警察部掌管高等警察、行政警察、監獄、衛生及刑事相關司法審判事務。〔註56〕

〔註53〕　（日）《三段警備制の實施より廢止に至る經緯》，《臺灣總督府警察沿革誌》（第一編），第 426～427 頁。
〔註54〕　黃昭堂著：《臺灣總督府》，第 78 頁。
〔註55〕　（日）《臺灣總督府假條例》，《臺灣總督府警察沿革誌》（第一編），第 3 頁。
〔註56〕　（日）《最初の地方官假官制》，《臺灣總督府警察沿革誌》（第一編），第 8～10 頁。

　　臺灣的警察機關雖然由《臺灣總督府臨時條例》及《地方官臨時官制》定下基本架構，但在事實上，當初由日本派遣來臺的官員當中，並沒有警部、巡查等警察官吏，執行治安維持工作的人員主要是憲兵。所以，所謂的警察組織的建立，只不過是紙上談兵，無法落實《地方官臨時官制》所規定的地方制度。當時的臺北縣基於《地方官臨時官制》制定了《臺北縣臨時分課規定》，規定在臺北縣設置知事官房、警察部來分管縣內事務，警察部設警務課、保安課、刑事課、監獄課及衛生課等五課。〔註57〕準確地說，《臺北縣臨時分課規定》，才真正使臺灣的警察制度落實到實際行動上。

　　1895 年 8 月 6 日，總督府實施軍政，但府內警察主管單位並未變動，同樣是由民政局內務部設置警保課，掌管警察、監獄相關事項。〔註58〕

　　軍政下的總督府系統如圖：

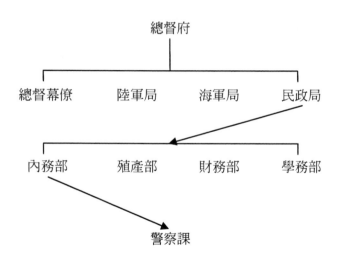

　　在地方制度方面，由於臺北縣未變，故警察組織還是按照舊制。其它地區則由同年 10 月 5 日制定了《臺灣民政支部處務細則》，將警察事務歸為第三課，而第三課類似於臺北縣的警察部，主要掌管：高等警察、司法、行政警察相關事務；民、刑事相關事務；衛生相關事務；監獄相關事務。〔註59〕

〔註57〕　（日）《臺北縣假分課規定》，《臺灣總督府警察沿革誌》（第一編），第 10 頁。

〔註58〕　（日）《民政を停め軍政を施行す》，《臺灣總督府警察沿革誌》（第一編），第 15～16 頁。

〔註59〕　（日）《臺灣民政支部處務細細則》，《臺灣總督府公文類纂》，明治二十八年甲種永久第三卷，件十九。

　　10 月 11 日，總督府民政局以第 9 號訓令發佈了《警察臨時規程》，其中規定支部長或分所長如果想設置警察署、警察分署時，必須上報民政局長，但分所長必須經由支部長上報。警部長心得指揮監督支部內部從事警察事務之所屬吏員，掌管警察事務。分所則是由所長指揮監督警察吏員和警察事務。警察署長心得、警察分署長心得以警部心得充任之，由民政局長負責其任免。警部心得、巡查心得之任免及警察署長心得、警察分署長心得之任免，必須由支部長或分所長上陳民政局長。支部長或分所長得調動各該管轄區域內的警部心得、巡查心得。警察署及警察分署巡查部長，以巡查心得充任之，其任免由支部長或分所長來決定。警察署長心得受警部長心得或分所長指揮監督，分署長心得受所屬警察署長心得指揮監督，執行該管轄警察事務，監督所屬署員。警部心得、巡查心得受上級長官指揮監督，從事警察事務。〔註60〕

（二）復歸民政後警察組織的變遷

　　1896 年 3 月 31 日，總督府復歸民政，發佈了《法律第六十三號》、《臺灣總督府條例》、《臺灣總督府民政局官制》、《臺灣總督府地方官官制》及其它與復行民政相關的法律法規。根據《臺灣總督府條例》，時臺灣總督機構如下：

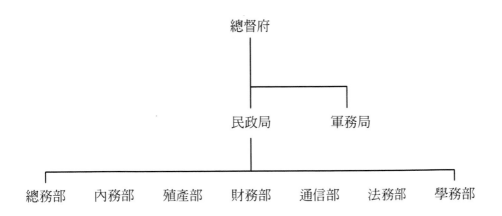

　　根據《臺灣總督府條例》，總督府再次把行政警察與司法警察權歸於內務部掌理，這明顯仍然採用日本內地的警察機構方式。而復行民政後的臺灣總督府中央警察主管單位的分課和職掌，則是規定在《臺灣總督府民政局各部分課規程》和《民政局內務部處務細則》中。

〔註60〕　（日）《警察假規程》，《臺灣總督府警察沿革誌》（第一編），第 43～44 頁。

　　「分課規程」第十條規定內務部設置庶務、警保、監獄三課；第二十條
規定了警保課的職權。其職權為：「戶口及民籍相關事項；行政及司法警察相
關事務；圖書出版相關事項；新聞報紙及雜誌檢閱相關事項。」〔註61〕而《內
務部處務細則》的第四條，則對警保課的事務分責作了進一步的細部規定，
即警保課設置高等警察掛、警務掛、保安掛、戶籍掛及主計掛。〔註62〕

　　復行民政之後，至 1901 年警察本署成立期間，總督府中央組織雖歷經
幾次調整，但警保課依然是總督府民政部警察業務的下屬單位，幾乎沒有大
的變動。不過，監獄事務於1897年10月《臺灣總督府官制》制定後，依同
年 11 月制定的《民政局處務細則》規定，復歸警保課主管，課內設置監獄
掛。〔註63〕

　　至於復行民政後的地方警察組織，主要是規定在新制定的《臺灣總督府
地方官官制》和《臺灣總督府地方廳分課規程準則》當中。根據地方官官制
的規定，地方三縣一廳的警察官吏為警部長、警部和巡查。警察機關方面，
根據1896年5月22日發佈的訓令第5號《臺灣總督府地方廳分課規程準則》
的規定，縣及島廳設置警察課，掌管：「行政及司法相關事項；高等警察相關
事項；監獄相關事項；出版及版權相關事項；報紙和雜誌相關事項；遇難船
隻及漂流物相關事項；衛生相關事項；病院、醫師、藥劑師及產婆相關事項；
停船檢疫相關事項；鴉片販賣及其它藥品、成藥管理相關事項。」〔註64〕

　　縣警察課內設置警備、保安、衛生三系，並得視業務狀況設置高等警察
主任。〔註65〕至於支廳方面，原不設課來主管警察事務，後在 10 月 20 日決
定於支廳設置警察課或警察系，由支廳所在地之警察署長兼任課長或系長，
由警察署員、屬（文官）或雇員兼任課員、系員。〔註66〕

　　另外，根據《臺灣總督府地方官官制》的規定，縣、支廳及島廳之下設
有警察署，知事或島司認為必須時，經臺灣總督認可，得設置警察分署。警

〔註61〕　（日）《臺灣總督府民政局各部分課規程》，《臺灣總督府警察沿革誌》（第一編），第 75 頁。
〔註62〕　（日）《民政局內務部處務細則》，《臺灣總督府警察沿革誌》（第一編），第 76頁。
〔註63〕　（日）《民政局內務部處務細則》，《臺灣總督府警察沿革誌》（第一編），第 76頁。
〔註64〕　（日）《地方官官制改定》，《臺灣總督府警察沿革誌》（第一編），第 356 頁。
〔註65〕　（日）《地方官官制改定》，《臺灣總督府警察沿革誌》（第一編），第 356 頁。
〔註66〕　（日）《地方官官制改定》，《臺灣總督府警察沿革誌》（第一編），第 357 頁。

察署長、警察分署長是由警部充任，秉承上級長官之指揮，掌管各該署該管事務，監督所屬官吏。

當時地方警察組織系統如圖所示：

1896 年 5 月，總督府發佈了第 18 號訓令《警察規程》，其中對警察課、警察署、警察分署警察官吏的權責作了進一步的規範。其要者，第一章「總則」規定警察官執掌高等警察、行政警察，司法警察之事宜，維持轄區內之安寧秩序，並詳悉轄區狀況，遇到非常或緊急事件時，立即上陳上級長官，對於有正當職權者就警察案件提出要求時，必須立即回應。第二章「警察課」規定警察課長由警部長或島廳書記充任，課員則由警部及翻譯官充任之，並得令巡查及雇員辦理其事務。警部長、島廳書記官得視察紀律、勤惰、業務及其它法律、命令施行狀況，認為必要時，可巡視各警察署、警察分署，並將巡視情形上陳民政局長。第三章「警察署分署」規定了警察署、分署的事務分為內勤、外勤，內勤掌管司法警察及庶務計算，外勤掌管警察巡邏、查察及其它勤務。警察署、分署除設置署長外，還配置警部、巡查，並得設置翻譯官及雇員。警察署長、分署長及外勤警部須時常巡視其轄區，視察巡查勤惰及勤務狀況。分署之下得視地方狀況，於必要地點設置派出所，必要時，派出所得配置警部。〔註 67〕

根據《總督府警察沿革誌》的記載，至 1896 年底，全臺計設置十七所警察署、三十一分署和十五個派出所。〔註 68〕

1897 年 5 月 27 日，地方官官制從新修訂，該次修訂乃是緣於總督府在臺的統治基礎逐漸穩固，地方政務日趨繁多，故而修訂制度，廢除原有的支廳，施行「六縣三廳制」（臺北縣、新竹縣、臺中縣、嘉義縣、臺南縣、鳳山縣、

〔註 67〕　（日）《警察規程》，《臺灣總督府警察沿革誌》（第一編），第 372～373 頁。
〔註 68〕　（日）《新地方官官制當時の警察配置狀況と增員計劃》，《臺灣總督府警察沿革誌》（第一編），第 360～361 頁。

宜蘭廳、臺東廳、澎湖廳），必要時，縣廳之下設置辦務署，作爲普通下級行政的機關。

在地方警察組織方面，警察官吏除原有的警部長、警部、巡查之外，還新設置了警視，爲奏任官，地位次於警部長。各縣設有警察部，由警部長擔任警察部長，警察部內設警務課、保安課及衛生課；各廳設有警察課，由廳內警視一人擔任警察課長。〔註69〕

縣、廳內必要地點設警察署。知事、廳長認爲必要時，經臺灣總督認可，得於警察署之下設警察分署。警察署長以警視或警部充任之，警察分署長則以警部充任之。根據同年6月府令第23號規定的警察署名稱、位置及管轄區域。全臺陸上警察署計八十署，水上警察署有四署，其管轄區域除大稻埕、安平二處定爲外國人雜居地外，幾乎與辦務署管轄區域相。〔註70〕新制警察署的數目爲舊制的五倍，地方警察因而恢復巡查部長之制。警察署與辦務署互不隸屬，不過，根據7月6日民政局下達的指令，警部警察署長與辦務署長可相互兼任。〔註71〕

小結

綜上分析，總督府中央警察事務一直都是由警保課主管，而地方的警察組織，由上而下是縣廳警察部課、警察署、警察分署、派出所。若以1897年10月《臺灣總督府官制》施行之初爲起點來觀察，當時總督府中央、地方警察指揮系統如圖：

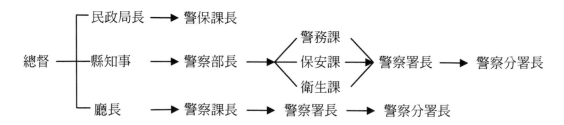

〔註69〕 （日）《地方官官制（六縣三廳に）改正》，《臺灣總督府警察沿革誌》（第一編），第400～403頁。

〔註70〕 （日）《地方官官制（六縣三廳に）改正》，《臺灣總督府警察沿革誌》（第一編），第404頁。

〔註71〕 （日）《辦務署長と警察署長の相互兼務を認む》，《臺灣總督府警察沿革誌》（第一編），第418～419頁。

　　其實，這一警察指揮系統與日本內地極為相似。在日本內地，警察官廳分為三級，最高級為內務大臣（內設警保局、衛生局，掌管一般行政警察、高等警察、圖書出版相關事務及衛生警察），中級為警視總監（東京警視廳首長）、北海道廳長、府縣知事（東京府除外）等地方首長，下級為警察署長。相對而言，如將總督府視為臺灣的中央政府，則總督府民政局可視為臺灣最高的普通警察官廳，而縣、廳長為中級警察官廳，警察署長則為下級警察官廳。但日本殖民統治者一進入臺灣，各地人民反抗鬥爭風起雲湧。日本人雖然在制度層面上建立了這種具有日本內地色彩的警察指揮系統，但在具體警察事務執行上，卻遇到了種種難題，這就促使日本殖民政府思考有別於日本內地的另一套制度，使其更符合其對臺灣的統治需求。為剿滅臺灣人民的抗日武裝鬥爭，第三任民政長官後藤新平依據所謂「生物學原理」建立起有別於日本內地的、嚴密的、強有力的警察機構。在社會基本安定後，日本殖民者又將其警察機構轉變為行政手段，特別是後期經濟警察的設立，使警察的觸角深入到社會的各個層面，使日本據臺的五十年，形成典型的「警察政治」。

第二章 「兒玉——後藤」時代的警察政治

　　日本統治臺灣初期，各地反抗不斷。臺灣總督府在調集大量憲兵進行鎮壓的同時，也在制度層面上建立了與日本內地基本相同的警察制度，但由於臺灣人民異常的反抗及臺灣不同於日本內地的風俗文化等，使警察事務在具體執行上，遇到了重重困難，這促使殖民政府思考有別於日本內地的另一套警察體系，使其更符合對臺灣統治的需求。乃木希典時期所實施的「三段警備制度」，其想法就是要擺脫統治困境，協調軍隊、憲兵與警察的關係，緩和三者間的衝突，其主要精神是讓憲兵在行政警察任務方面，回歸到輔助的性質上，傾全力從事鎮壓抗日活動，不再執行平靜地區的行政、司法警察任務，而此區域的行政、司法警察任務則回歸到正軌，完全由普同警察來執行。但實際上卻事與願違，由於各地抗日義軍反抗異常激烈，加之總督府內部官界所謂「疑獄事件」頻繁發生，並引發了「高野孟矩法院長非職事件」，導致了「日本帝國憲法是否適用於臺灣」的爭議。〔註1〕這些致使乃木總督心裏產生

〔註1〕　日本佔領臺灣之初的總督府官吏非常腐敗，瀆職事件即官界的「大疑獄事件」頻繁發生。大的疑獄事件就有第一次疑獄事件、第二次疑獄事件、第三次疑獄事件和鳳山縣疑獄事件等。當時臺灣的法院實施高等法院、復審法院和地方法院三審級制度，高野孟矩時任高等法院的院長。他毫不留情地把臺灣官界裏的貪官一一揭發出來，使包括敕任官在內的十幾名高官被逮捕，致使民政局長水野遵被免職。高野被召入京，松方首相勸其辭職。高野拒絕了勸告而被處分「非職」。高野以日本憲法第五十八條第二項規定司法官的陞遷進退都有明文保障爲由，認爲「非職」處分爲不當之舉，把「非職」辭令書退回，

了抱怨，覺得日本佔領臺灣，「就像一位叫化子討到一匹馬，既不會騎，又會被馬踢」〔註2〕，實在是塊燙手的山芋，於是他產生了將臺灣出賣的想法。1897年春，乃木利用回國之機，向當時的日本首相松方正義及軍政界的要人表達了日本在臺灣的處境及自己的想法。建議將臺灣賣給英國，這樣既可甩掉這個包袱，又可獲得鉅資。但當時英國佔領的殖民地很多，對購買臺灣不感興趣，而法國人卻有此意向，雙方經過討價還價，初步確定臺灣的售價為1,500萬法郎。1898年，伊藤博文重新成為日本首相，乃木重提臺灣出賣之事，陸軍大臣兒玉源太郎堅決反對，認為臺灣繫日本南部的屏障，軍事價值甚大，如果將臺灣賣給他國，不利於日本的遠期發展。至於乃木提到的臺灣治理問題，他認為主要是由於管理官員的無能造成的，自己願意前往臺灣。兒玉還表示願與伊藤博文立下軍令狀，發誓要治理好臺灣。這樣伊藤博文就任命兒玉為第四任臺灣總督，乃木希典被迫於2月辭職。〔註3〕

　　1898年3月28日，新任總督兒玉源太郎與民政長官後藤新平在基隆登陸。他們在臺灣推行了一系列新的殖民政策，特別是改革了原來的警察制度，將警察機構從一個「不見經傳」的下屬機關，擴張到位於民政部各局之首的機構，使民政部能夠直接執行警察事務，實現了總督府的行政官廳與警察官廳的一體化，警察可以參與一般的行政管理，並與保甲制度密切結合起來，其觸角也能深入到社會的各個階層。這樣僅四年間，總督府就殺害抗日人士1.2萬餘人，扭轉了在臺灣的被動局面，開創了「兒玉——後藤」新時代，造就了臺灣殖民地統治史上「警察政治」的繁榮期。

並回到臺灣向乃木提交了歸任書。乃木卻以「足下乃是非職處分者，毋需再服勤務」為由，將歸任書駁回。高野仍然到法院上班，因此總督府派警察把高野逐出法院，支持高野的臺北地方法院院長山田藤三郎，新竹地方法院院長戶口茂里等，受牽連也被迫辭職，這就是震驚朝野的所謂「高野孟矩事件」。由此事件所顯露出來的法官身份保障問題，導致了有關「在臺灣是否適用日本帝國憲法」的論爭。參見：(日)《疑獄事件の頻發並びに高野法院長非職事件》，《臺灣總督府警察沿革誌》（第一編），第190～203頁；黃昭堂：《臺灣總督府》，自由時代出版社，1989年，第81～82頁。

〔註2〕　《乃木希典》，/http://zh.wikipedia.org/wiki/。

〔註3〕　《殖民失敗欲甩包袱日本曾陰謀將臺灣賣給英法》，http://news.xinhuanet.com/world/2005-09/09/content_3467271_1.htm。

一、警察政治的準備階段

（一）以警察力為中心的「民政主義」理念的確立

　　隨兒玉源太郎一起入臺的後藤新平，以殖民地經營辣腕而出名，曾任臺灣總督府民政長官及滿鐵總裁。他於 1857 年 6 月 4 日出生於岩手縣水澤市，須賀川醫學校畢業。1881 年擔任愛知縣醫院院長併兼任愛知醫學校校長。1882 年以治療遭刺客襲擊負傷的板垣退助而成名。1883 年接受內務省衛生局長聘請，入內務省衛生局服務，從事衛生行政工作，在職期間曾赴德國留學，取得博士學位。1892 年回國擔任衛生局長。由於其自身對自然科學有充分地瞭解，在衛生局工作時期，就發表了著作《國家衛生原理》，提出了混合社會契約論、國家有機體論、社會進化論的「生物學國家論」。認為人類是在弱肉強食、適者生存的自然環境中生物的一種，它有「生理的動機」及「生理的圓滿」二個方面。國家其自體也有「生命」，也有上述兩個方面的要求。所以無論人類還是國家，都必須將其放在適應其環境的「習慣」中來考查，也必須重視這種「習慣」。這種「生物學的國家觀」對後藤新平的衛生工作及行政工作都產生很大的影響。〔註4〕1893 年因受「相馬事件」牽連遭非職，但因證據不足而獲判無罪。1895 年 1 月任中央衛生會委員。4 月擔任臨時陸軍檢疫部事務長官，負責處理甲午戰後歸國軍隊之檢疫業務，成績顯著，深獲檢疫部長少將兒玉源太郎的賞識。同年，再任衛生局長，曾就改變監獄衛生制度、開辦勞工疾病保險、臺灣鴉片政策等，向內務大臣野村靖及內閣總理大臣伊藤博文提出意見書。1896 年 4 月擔任臺灣總督府衛生顧問。6 月隨同第二任臺灣總督桂太郎同赴臺灣。1898 年 3 月 2 日，於臺灣總督兒玉源太郎手下擔任民政局長（同年 6 月 20 日修正總督府官制後，改為民政長官），至 1906 年 11 月 13 日，任職長達八年八個月。在他任職期間，深獲兒玉總督信任，得以自由地施展才能進行施政，特別是在日俄戰爭期間，兒玉擔任參謀次長以後，忙於戰事，後藤遂被人稱為實際上的臺灣總督。

　　後藤在 3 月 28 日隨兒玉赴臺後，沒有進行例行的施政演說，在後藤看來，「殖民政策的要諦不是語言而是行動。讓民眾心悅誠服不是說出來的，而是以行動來證明，這一點民眾非常敏感，羅列華美的詞藻，運用千言萬語，不

〔註4〕 （日）北岡伸一：《後藤新平》，中央公論論新社，1988 年，第 18～19 頁。

能實現的政策，對民眾只能是『馬耳東風』，所以，新任者的施政方針，在多數情況下只不過是對自己的安慰。」〔註5〕他認爲：「所有的殖民政策都必須尊重殖民地的民情、風俗及習慣這一原則。」〔註6〕這就是所謂的「生物學」理論。「就好比比目魚的眼睛不可能一下變爲鯛魚的眼睛一樣。」〔註7〕他於1901年成立「臨時臺灣舊慣調查會」，親自擔任會長，聘請京都大學崗松參太郎、織田萬等教授從事大規模的調查事業，以期爲殖民地統治政策進行參照備考。同時，因後藤新平曾經長期在日本內地任職，對日本政治比較瞭解，他總結認爲，日本政治的根本弊害之一，就是只以法律制度爲中心的形式政治，這是由於日本官僚政治家大部分出身於法律科的原因。這種弊害在殖民地經營上，以母國的法律作爲尺度，或原封不動地應用。可以說臺灣統治失敗的大半是出於此。

當時的臺灣確如後藤新平所言的那樣，臺灣總督的事務官大多數都是法科出身，大量新法不斷湧現，在後藤看來，這些新法大部分都是沒有用的，他等待著機會決意斷然實行根本上的改革。他思考：「就臺灣而言，排除極端的同化主義，避免放任急進主義，從集中漸進主義出發，同時，任何事情都要置於科學研究的基礎上。」〔註8〕「雖然說舊的東西不好，但在臺灣必須稍稍尊重舊慣開展行政。這是因爲風俗不同。」〔註9〕他第一步著手點就是打破法律萬能主義，打破一般理念上的形式上的法律，採用適合殖民地特殊性的特別法律。他避開殖民政策的文字，將臺灣統治政策稱之爲「新領地統治政策」，其內容有三個方面：組織的；結合的精神；專門的技能。

在後藤看來「帝國在外觀是沒有殖民地的，如果說有的話，那只能是臺灣。臺灣在內容上是殖民地，其實質是帝國唯一的殖民地，更應當是帝國殖民統治的練習場。」〔註10〕「此殖民事業最重要的是在精誠團結的基礎上的若干權力，即警、裁、稅的參與。」〔註11〕爲此他提出了《臺灣統治救急案》，提出現今實際施政上最爲急迫的三要件是：「土匪的鎮定，和平的實現；在軍

〔註5〕 （日）鶴見祐輔：《正伝·後藤新平》，藤原書店，2004年，第39～40頁。
〔註6〕 （日）鶴見祐輔：《正伝·後藤新平》，第41頁。
〔註7〕 （日）鶴見祐輔：《正伝·後藤新平》，第39頁。
〔註8〕 （日）鶴見祐輔：《正伝·後藤新平》，第41頁。
〔註9〕 （日）鶴見祐輔：《正伝·後藤新平》，第43頁。
〔註10〕 （日）鶴見祐輔：《正伝·後藤新平》，第45頁。
〔註11〕 （日）鶴見祐輔：《正伝·後藤新平》，第48頁。

政民政過渡時期，明確文職官員的權威，確立民政主義；明確地籍（土地調查）及人籍（戶口調查），確立諸般行政的基礎。」〔註12〕

此三要件的要諦是「土匪的鎮定」和「民政主義」。在當時臺灣軍隊氣焰囂張之時，即完成剿滅抗日義軍，又能輔助民政主義的最好的手段，就是發展警察力。「土匪之害是政治的『邪魔』，儘管如此，土匪也有各個種類，清楚地進行判斷，分別進行處理是最為重要的，不能一概全部視為匪類，如果不這樣，政策上就容易出現錯誤。對付土匪的機關，則有警察與憲兵；過去當聞憲兵勝於警察，現在實際的情形，在民政上，毋寧是警察比較妥當。」〔註13〕據此，確定了以警察力為中心的民政主義理念。

當時的總督兒玉源太郎，對後藤新平絕對地信任和支持，充分地把權力下放給後藤，加之他大部分時間都在日本內地任職（歷任陸相、內相、文相、參謀次長、參謀總長），這就造就了民政長官可以獨攬統治臺灣大局之權力，使得其施政的理念與推行能夠並行不悖，首尾一貫，而後藤新平行事大膽獨特，非常具有行政決策的魄力，在任職期間也做出一些成績，所以一般對這個時期稱為「兒玉──後藤」時代。後藤新平對臺灣實權的執掌，是警察政治能夠形成的最根本原因。

（二）排除軍方勢力廢止「三段警備制」

1、廢止「三段警備制」之前的警察現狀

如上所述，日據臺灣時期最初的警察力量，緣自於總督府內務部警保課長千千岩英一從日本內地招募來的 759 名警察。他們實際上是以陸軍雇員的身份，來臺灣擔任「警部心得」和「巡查心得」之職務的。〔註14〕總督府雖然從日本內地募得這些警力，但這些警察的力量，不足以應付當時全島「平定」後的警察任務。特別是當時警察官吏染病情況非常嚴重。當時在日本受命向任地出發的警察中，有五名病死，八名巡查入院。在臺北停留中，有警部二人、巡查十六人患病，臺北縣廳以外地方執行公務的警察，有過半數患

〔註12〕 （日）《臺灣布政の急要問題》，水澤市立後藤新平紀念館編集：《後藤新平文書》，膠片 R23・7～2。

〔註13〕 （日）鶴見祐輔：《正伝・後藤新平》，第58頁。

〔註14〕 （日）《本島地方警察の創始》，《臺灣總督府警察沿革誌》（第一編），第 35～38頁。

病。執行公務方面，除了戶口調查及衛生警察等以外，缺勤者很多，幾乎不能正常工作。〔註15〕

警察除了被疾病所累外，對臺灣地理、語言、風俗等也不甚瞭解，造成執行公務上的諸多困難，擴充警力是勢在必行。「觀目前臺北縣配置的警察官人數，僅僅 430 名，其中大半配置在支廳轄區內。加之隔海千里，風土變遷顯著，其常為病患者眾，身體健康能服勤務者不過三分之二。尤以不曉得職務上最為必要之地理、人情、語言之故，其比較在語言相通之地服勤務者，感覺實際效果不過是五分之一。倘若如此，則全員 430 名的三分之二為 266名，其五分之一為 57 名弱。我臺北縣下健康的警察官員實際上不過是如此少量的人數。如此少量的人力能有何作為？況且，在這地理、人情、語言不通之地，無法執行所謂的聞於無聲、風於無形、防患於未然、維持安寧秩序這些重要的警察本職，乃是顯然之事。」〔註16〕

當時臺北縣的警察尚且如此，其它地區就可以推想而知了。是故總督府在1895 年 11 月陳請臺灣事務局要求增加警察人數，但並沒有實現。1896 年 4 月復歸民政後全島開始實施縣制，就警察人數來說，當時有警部 230 人，巡查 1387人。〔註17〕 到 1897 年 5 月 27 日修定地方官官制，實行六縣三廳制，6 月修改警察員額，時有警部 250 人，巡查 3100 百人。〔註18〕 警察人數雖年有增加，但因當時地方治安狀況不容警察力分散，警察署、分署及派出所皆集中設於市街之地，採用「集團制」的方式。警力實際所及範圍不過在其所在地數里之內而已，以外地方幾乎呈現無警察狀態。「臺灣的警察署每署約有五十名警官，此數聽起來像用於搜查逮捕犯人似乎還有充分的餘力，然其事實並非如此。一署五十名的編製員額當中，常有六、七名到十名左右的空缺，另外常有四、五名病號，再扣去赴外警戒、保護旅客、護送金櫃等種種需用警力，實際待在署

〔註15〕當時被惡疫困擾的不僅是警察，軍人軍屬情況更為嚴重，從征臺軍入臺開始，到其解散，包括軍夫在內，因疾病而死亡人數竟達 4642 人，為治療而送回本國的共計達 21748 人。當時在臺灣戰死的僅有 164 人，負傷者僅為 515 人。可見當時疾病給日本統治者帶來的痛苦與麻煩。參見：《警察官及軍隊惡疫に悩む》，《臺灣總督府警察沿革誌》（第一編），第 46 頁。

〔註16〕（日）《警察官南部へ移動》，《臺灣總督府警察沿革誌》（第一編），第 47～48頁。

〔註17〕《臺灣總督府民政事務成績提要》（第二篇），成文出版社，1985 年，第 64～65 頁。

〔註18〕《臺灣總督府民政事務成績提要》（第二篇），第 67 頁。

裏辦理日常事務的人員不過七、八名。若再扣除護送犯人、保護證人等需用警察人數，則所剩者幾無一人。以如此少數的警察去面對無窮無盡且兇殘極惡的土匪，其要使司法權獲得發揮，注定是無法辦到的。」〔註19〕

除了警力的不足以外，警察人員的素質也是一大問題。當時，臺灣被日本朝野視爲一處「政治的狩獵地」、「官員晉升的跳板，內地失業者的救濟地」，稱臺灣官吏爲「灣官」，同一等級的官員，「灣官」被視爲比日本內地官吏低二、三級，實際上其素質也比日本內地官吏低劣。同時，由於臺灣的警察需要在日本內地招募，而日本人因臺灣多瘴癘之氣，視渡臺如入死地，赴任官員當中，竟有無業游民之徒。據《臺灣總督府警察沿革誌》記載，當時總督府在日本內地招募來的巡查當中，有人行李當中竟藏匿有木工的工具等，顯然來臺擔任巡查不過是這些人謀生的跳板，並非其目的。

2、憲兵權力的膨脹

由於警察力量的不足，在復歸民政後，依然採用軍事手段來剿滅反抗力量，因此，當時臺灣總督府的治安維持工作，自然借助於軍事警察——憲兵的力量。恢復民政以後，日本政府發佈敕令第 232 號，將臺灣憲兵自東京憲兵隊分出，獨自成立臺灣憲兵隊，由陸軍大臣管轄，臺灣總督統率。臺灣憲兵有關於軍事警察方面的職掌，係隸屬臺灣總督府軍務局長；有關行政警察及司法警察方面的職掌，則隸屬於臺灣總督府民政局長，並受其管轄區域內縣知事、島司、支廳長及法院檢察官指揮。〔註20〕憲兵本身屬於陸軍的一個兵種，其隸屬權本來只屬於軍方，但此敕令使憲兵即隸屬於軍方，又同時屬於民政部門，又要聽從於各級行政機關的命令。這必造成政令百出，左右矛盾的局面。由於軍隊的嚴格軍紀，也勢必使憲兵更服從於軍方的指揮，這也就自然地出現軍方勢力大增的局面。「領臺當初，庶政大多數在軍律下決斷，當然也有少數的民政官員周旋在軍隊其中，但他們沒有施展能力的空間和餘地，所有屬於警察人員的事務都由憲兵來司掌。當時憲兵的威嚴震動全臺，民政官員中執掌警察事物的人員也不得不甘拜下風。這是在軍政時期的一種必然狀態，不足爲奇。」〔註21〕

〔註19〕 （日）《警察力の不充實》，《臺灣總督府警察沿革誌》（第二編），第 188 頁。

〔註20〕 （日）《領臺當初に於ける憲兵の制度の概略》，《臺灣總督府警察沿革誌》（第一編），第 53～56 頁。

〔註21〕 （日）鷲巢敦哉：《臺灣警察四十年史話》，《鷲巢敦哉著作集》（Ⅱ），綠蔭書房，2000 年，第 15 頁。

　　儘管在 1896 年 4 月臺灣全島開始實施縣制，在民政上將警察權收歸到各縣警察部，但「憲兵的威信業已傳佈給了臺灣民眾，不可能一下子就消失，並且當時憲兵的紀律嚴禁，招募來的警察官員自是不能相比，從制度層面上來看，雖說警察權收歸到民政官員手裏，但其實權仍舊由憲兵把持。」〔註 22〕當時之所以倚重憲兵，除了當時總督府內「軍人萬能」的氣焰彌漫之外，警察力量的不足，警察素質的良莠不齊也是其中重要原因。乃木總督時代，各個縣的警察權有所擴張，憲兵退居到臨時的輔助地位，「但縣級警察權不是輕易就能振興的，縣的警部長和各辦務署長之間，一有行動就會產生權限上的爭議，隨之辦務署內警察官和普通文官之間，也時常產生齟齬，更甚者，知事竟然和下屬的警部長之間產生衝突。」〔註 23〕為了更好地協調軍、警、憲三種力量，乃木總督實行了「三段警備制」。

3、「三段警備」制的弊害

　　三段警備制的實施，並未能如預期那樣解決問題，反而使問題更為嚴重。

　　首先，管區的劃分是三段警備制的依據，但是，「征諸總督府辛苦慘淡區劃的結果，辦務署轄下全區或部分區域，其屬於極為平靜而無土匪之擾之地，卻往往被劃為憲兵管區，土匪劫掠尚未絕迹之地，反而被劃為警察管區。發生這樣的情形，是不得不歸罪於其在區劃時欠缺商量這一點上，其最大的原因應是在於三段警備制自始根本就是一項無理的制度。」〔註 24〕

　　其次，三段警備制雖然意在明確軍、警、憲的任務，唯憲兵所轄地區的行政警察事務是在憲兵屯所辦理，於特定地區，憲兵仍擔任一般行政事務。這樣的做法，不僅有阻於一般行政的普及化的推進，而且其相鄰地區也不可避免地會發生事務處理上的分歧，造成行政統一工作進展受阻的後果。〔註 25〕

　　第三，從統治效果來看，「將統治的權力分給軍隊和警察，其結果是造成島民必須侍奉二位主人。警察許可的事項，憲兵來了之後卻要予以處罰；軍隊命令的事項，縣知事卻毫不知情，此等情形，頻頻發生，此即民政與軍政相互混淆，是為領臺以來統治失敗的淵源。」〔註 26〕

〔註 22〕　（日）鷲巢敦哉：《臺灣警察四十年史話》，第 15 頁。
〔註 23〕　（日）鷲巢敦哉：《臺灣警察四十年史話》，第 15 頁。
〔註 24〕　（日）鶴見祐輔：《正伝・後藤新平》，第 121 頁。
〔註 25〕　（日）《兒玉總督斷然之之廢す》，《臺灣總督府警察沿革誌》（第一編），第 459 頁。
〔註 26〕　（日）鶴見祐輔：《後藤新平》（第二卷），第 94〜95 頁。

第四，此制度也沒有如預期的那樣，達到軍、警、憲三股力量的相互調和。

竹越與三郎在《臺灣統治誌》中明確指出：「這三股勢力之間的衝突，並未獲得調和。其中，警察乃人民安全的保護者，其手足最須伸展卻伸展不出去，每每為了軍隊、憲兵之故而處境難堪，其受的痛苦最大，處境甚為可憐。當時有一知情者對我言，警察官經常為了軍隊和土匪而疲於奔命，根本無法致力於民生保安之日常業務，身邊縱有罪犯，亦無機會發現。衣著污穢，長劍、槍械雙掛一身，枯稿的容貌顯露出疲憊的神情，看其東奔西走的樣子，余以為無法獲得土人的信賴，應非偶然。」〔註27〕

「三段警備制」不但沒有起到預期的目的，反而令臺民怨聲載道。1898年6月1日，臺北縣知事村上義雄、臺南縣知事磯貝靜藏、臺中縣知事木下周一，聯名給總督兒玉源太郎提交了《三段警備意義的見解書》，列舉了三段警備制不好的五大理由。〔註28〕這就更增強了總督府廢止三段警備制的決心。兒玉雖出身於武官，但對警察與軍隊的屬性區別是知曉的。他認為良民甘願淪為「土匪」，為政者需要反省，而以往以軍方為中心的討「匪」政策，也應當負一半的責任。而調整的第一步，必須從排除軍方對民政事務的干涉，確立民政部門在總督府的主導地位。

4、排除軍方勢力、廢止三段警備制

兒玉總督首先以對後藤新平的絕對支持，來削弱軍方的統治力量。新任民政局長後藤新平，曾經在渡臺的慶賀宴會上，與軍方官員發生肢體衝突，兒玉總督全力支持後藤，表明對後藤的絕對信任。〔註29〕此事件雖然純屬偶然，但卻成為排除軍方勢力，提升文官地位，確立民政主義的一個契機。

1898年6月，日本以敕令第106號對《臺灣總督府官制》作了修改，將

〔註27〕 （日）竹越與三郎：《臺灣統治誌》，南天書局，1997年，第242～243頁。
〔註28〕 （日）鶴見祐輔：《正伝・後藤新平》，第122～124頁。
〔註29〕 兒玉總督及後藤新平臺灣赴任後的第三個月，總督召集各地方長官、幕僚參謀長及各旅團長在臺北大稻埕的清涼館舉行新任慶賀會，後藤新平因工作來遲，臺中旅團長松村務本少將不滿，與後藤新平發生肢體衝突，被後藤擊打頭部。兒玉對後藤全力支持，認為做得對。並在自己召集的宴會中批評了松村：「雖然主人說可以隨意，但以此為由醉倒不是紳士的行為，尤其是作為陸軍將領，應是國家的柱石，作為國家柱石的軍人，在臺灣這塊新版圖上醉倒，與文官相互傾軋、進行格鬥，真是令人非常遺憾。」參見：（日）鶴見祐輔：《正伝・後藤新平》，第146～147頁。

舊制中的民政、財務兩局合併，提高民政部的級別，設置民政長官和參事長官。〔註 30〕民政長官由後藤新平擔任。此次改革顯然是有意在強化和統合民政部門的權力，以期在民政事務上取得更大的成績。同時，以敕令第 107 號修正了《臺灣總督府評議會章程》。此次修改，除了修正評議會的組成員和縮小評議會的權限外，最令人矚目的就是此章程第一條第二項之內容：「陸軍幕僚參謀長及海軍參謀長限議案涉及軍事之場合，參與議事。」〔註 31〕此條款的作用在於將軍方的影響力限制在其本職上，避免軍方力量干涉一般行政事務，使民政長官可以放開手腳拓展民政事務。

兒玉總督和後藤民政長官在制度層面排除了軍方對民政事務的干涉之後，開始逐步廢止三段警備制。同年 11 月以府令第 102 號，先將臺中縣下的三段警備制撤除，將警察官及憲兵的管轄區進行了變更，開始將警察的管轄權全部歸到辦務署管轄。同月，又以府令第 107 號將宜蘭廳的三段警備制廢止。1899 年 1 月，以府令第 1 號將臺南縣；4 月，以府令第 28 號，對臺北縣的三段警備制進行改正。至此，三段警備制全部被廢止，全島皆劃歸為警察行政區。〔註 32〕

（三）進行行政整理、加強警察力量

1、對地方制度進行改革

根據 1895 年制定的法規，臺灣的地方制度是設置臺北、臺中、臺南三縣，其下設八個廳及獨立的一個澎湖島廳，這樣即簡單又明瞭。但很快此制度就被破壞。地方制度在 1896 年再變，1897 年三變，變動得錯綜複雜。後藤新平赴任之時，全島分為臺北、臺南、臺中、新竹、嘉義、鳳山六縣和澎湖、宜蘭、臺東三廳，各縣廳設置各自的辦務署、警察署、撫墾署，合起來全島竟達到 615 個之多。〔註 33〕行政機關的膨脹，必然帶來種種弊端。

1898 年 6 月，總督府以敕令第 108 號對「地方官官制」進行了修正，將原來的六縣三廳制改為三縣（臺北、臺中、臺南）三廳（宜蘭、臺東、澎湖）

〔註 30〕 （日）《臺灣總督府官制及臺灣事務局官制中ヲ改正ス》，公文書館藏檔：A01200866000。

〔註 31〕 （日）《臺灣總督府評議會章程中ヲ改正ス》，公文書館藏檔：A01200866000。

〔註 32〕 （日）《兒玉總督斷然之を廢す》，《臺灣總督府警察沿革誌》（第一編），第 460 頁。

〔註 33〕 （日）鶴見祐輔：《正伝・後藤新平》，第 92 頁。

制，將原來縣、廳之下的辦務署、警察署和撫墾署進行規劃整合，重新設 44 個辦務署，爲此被裁減的敕任官以下人員計達到 1080 人。〔註34〕此爲兒玉與後藤對臺灣行政改革的開始。其主旨是「一方面去除舊官制的煩瑣，使政務更加簡明，一方面爲殖產興業的發展，爲本島經營開拓道路。」〔註35〕

2、加強警察力量

在民政方面進行裁員的同時，對警察力量卻有意進行加強。具體做法是計劃把臺灣內地巡查的員額削減三分之一，而代之以二倍員額以上的本島人巡查補。〔註36〕1899 年的 2 月，民政局對臺北縣下的巡吏〔註37〕成績進行調查。5 月，在地方長官會議上，對採用本島人輔助巡查一事進行了辯論，多數人表示贊同。在此基礎上，7 月，以訓令第 204 號發佈：「爲輔助臺灣總督府巡查之職務，得於警察費預算範圍內，雇用本島人爲傭員，以巡查補稱之。」〔註38〕

設置巡查補，是即能擴充警察力量，又能節省財源的雙贏之策。從費用上講，巡查一人的俸祿相當於巡查補二人。同時巡查補爲本島人，對地理、民情、語言、風俗等都十分熟悉，執行業務也更方便快捷。就總督府當時的政治走向來看，已經趨向於警察政治，在地方警察配置上，也意圖由以前的集團制轉向散在制，將以前 300 個左右的派出所增加到 750 個左右，即是現

〔註34〕（日）《地方官官制（縣の廢合）改正》，《臺灣總督府警察沿革誌》（第一編），第 468 頁。

〔註35〕（日）《地方官官制（縣の廢合）改正》，《臺灣總督府警察沿革誌》（第一編），第 467 頁。

〔註36〕（日）《警察力の不充實》，《臺灣總督府警察沿革誌》（第二編），第 188～189 頁。

〔註37〕總督府遷入臺北城之後的 1895 年 6 月 25 日，總督府啓用了 31 名本島人，稱爲警吏，其身份爲臨時傭員，配置於臺北縣廳所在地之城內、大稻埕、艋舺之各憲兵分屯所，白天一人，晚上兩人一組巡邏市區，或者從事犯罪搜索、軍事偵探或翻譯事務。之後的軍政時期，民政支部及出張所都配置了警吏，身份爲臨時雇員。至 1896 年 7 月 30 日，民政局長對縣知事、島司下達通知，首次於法規上准許臺灣本島人以臨時雇員的身份輔助警察事務，稱爲警吏，配置於警察分署。1898 年 6 月 9 日，臺北縣鑒於本島人對警吏職稱不屑，遂將之改爲巡吏。參見：徐國章：《臺灣日治時期「警察政治」體制之建立》，《臺灣文獻史料整理研究學術研討會論文集》，臺灣省文獻協會編印，2000 年，第 110 頁。

〔註38〕（日）《初めてを巡查補を置かる》，《臺灣總督府警察沿革誌》（第一編），第 492 頁。

在的二倍以上。派出所的增加，必然導致要求警察員額大量增加。在不增加財政的情況下，採用巡查補是最好的辦法。同時，日本國內也認為，歐洲諸國在東方殖民地的警察機關多採用本地人，就長遠政策來講，培養本島人警察官員及地方官員，也是為將來獵取更大的殖民地作統治上的經驗準備。「夫帝國只領得臺灣這樣一個小島，其巡查等小職尚須從內地招募，如果佔領了數倍於臺灣的領土，假定需要無數的警察人員，還指望內地，這是沒有遠見卓識的想法。」〔註39〕

同月，總督府以訓令第 207 號，制定了《警察官服務心得》、《巡查看守休假規則》、《警察禮式法》、《懲罰令》、《服裝規則》、《精勤證授與規則》、《巡查配置勤務概則》等一系列與警察相關的法令法規。同時，又以訓令第82號規定，在臺北縣內，「從 8 月 1 日起開始廢止巡查，設置巡查補。」〔註40〕同時，以內訓第 28 號，就其職務權限進行了界定：巡查補若沒有警部、巡查同行，不得執行其職務。

1901 年 4 月，總督府又以敕令第87號，修正了《臺灣總督府地方官官制》，除廢止了巡查部長，改置警部補外，還於官制的第二十九條「巡查」之後加列「及巡查補」等字樣，正式承認巡查補在官制上的地位。5 月，以 108 號敕令，規定巡查補為判任官待遇。隨著巡查補的大量增加，臺灣全島的警察力量得到強化。據《臺灣治績誌》記載，地方警察官吏的員額於 1899 年末為警部 228 人，巡查部長及巡查 4061 人。到 1901 年末，警部 173 人，警部補 296 人，巡查 3469 人，巡查補 1734 人，警察力量逐年得到補充。至於警察的配置，也實現了由以往重點集中的集團制變為散在制。〔註41〕

3、提升警察素質

警察力量的加強，除了人員數量的增加外，還包括警察質量的提升。為了培養臺灣所需要的第一線警察人員，總督府於 1897 年 4 月，在臺北城外龍匣莊設立了巡查看守教習所。由於其規模過小，不能適應需要，總督府請求日本政府，在 1898 年 6 月發佈了敕令第 112 號《警察官及司獄官練習所官制》，廢止原來的教習所，同時，於 7 月設置警察官及司獄官練習所。練習所成立

〔註39〕 （日）鷲巢敦哉：《臺灣警察四十年史話》，《鷲巢敦哉著作集》（Ⅱ），第 23 頁。

〔註40〕 （日）《初めてを巡查補を置かる》，《臺灣總督府警察沿革誌》（第一編），第 493 頁。

〔註41〕 （日）井出季和太：《臺灣治績誌》，第 312 頁。

的目的，是教授警察官和司獄官在官職業務上必備的學識、教養及實務，指示職務執行的方針及鍛鍊身心等等。該所分為警察官、司獄官二部，各部分為甲、乙二科，甲科為警部、警部補和監吏人才的培訓班，入學資格為一般的志願者及成績優良的巡查、看守，修業年限為一年，畢業後即取得普通文官的資格。乙科為巡查、看守的培訓班，學員主要招自日本內地，修業年限六個月。

甲科練習生必須是在臺灣本島服務二年以上，特別乙科練習生必須在臺灣本島服務一年以上，由州知事或廳長選送，經體檢及學術科目考試合格後才能錄用。但如果有素質良好，精勤敬業，有知事或廳長之特別證明者，可不受勤務年限之限制。乙科練習生須年滿二十歲以上，三十五歲以下，無不良記錄情況之一者，並經體檢合格，考試合格者錄用之。

其學術考試科目，因科別而異。甲科及特別乙科為憲法、行政法大意、刑法、刑事訴訟法、法院條例大意、警察法規、地理、歷史、國語、漢文、經濟及社會常識、作文、臺灣話、武道（柔道或劍道），點檢、禮節、操練。乙科為國語（普通國文、講讀解釋、默寫）、作文、算術、國史、日本地理。

各科訓練科目，甲科及特別乙科相同者有訓育、（日本）國史、憲法、行政法、警察行政、刑法、刑事訴訟法、財政經濟、社會問題、犯罪搜查、法醫學、一般衛生、臺灣話、點檢、禮節、操練、武道（柔道或劍道）、體操。此外，甲科尚有民法、商法、國際法大意、犯罪心理等課程。乙科課程為訓育、國史（日本）、財政經濟、警察行政、刑法、刑事訴訟法、犯罪搜查、警察實務、一般衛生，臺灣事情、臺灣話、點檢、禮節、操練、武道（柔道或劍道）、體操。

巡查教習所負責乙種巡查教習生之訓練。教習生除有曾任警察官之經歷或學術素養者外，應經體格檢查及學術試驗合格，施以二個月以上之學科及實務教習。學科教育，於所中實施，其科目及時數之決定或變更，均應通報警察官及司獄官練習所。實務教習，則使伴隨資深之巡查行之。教習之成績，以臨時考試及畢業考試合併計算，不及格者，即不能進行實務服務。但補充警戒、警備及其它必要時之臨時實務不在此限內。

除以上警察專門養成教育外，還有警察補充教育。其一般為常年教育，即於每日出勤前召集起來，由幹部或其它講師，予以學術之講習，武術則於午後進行。服務於鄉村者，每日召集不易，則視實際需要，於練習所，或其

它一定地方舉辦講習警察官需要之課目,以補充其知識。其教育計劃,由警務局廳及練習所預先商定。講習之種類異常繁多,一般視當時之需要而定,尤其在重要法令改廢之場合,幾乎都要舉行講習。至於講習期間,多為一周以上,一月以內。

　　警察經過以上甲、乙兩科及一些一般性的業務訓練,基本掌握了除警察官不可缺少的警察法、司獄官必備的監獄法之外,還包括憲法、行政法、刑法、刑事訴訟法、民法、會計法、簿記、土語等警、監共同科目,以及警察官甲科的臺灣本島鴉片制度、乙科的鴉片警察,必要時還有戶口調查法、度量衡法、保甲規則等。通過術科學習培養了兵式操練,透過軍事教育,熟習軍事行動。這一系列的訓練使臺灣的警察質量大大提升。自 1898 年到 1906年,共培養了甲科生有 523 人,乙科生有 5435 人。〔註42〕

二、警察政治的形成

(一)警察組織高度統一的實現

　　警察力量得到加強以後,如何整合運用這種警察力量,實現以警察為中心的民政主義,開始成為總督府改革制度重點之一。如何使警察及民政主義結合起來,「在警察力擴張的同時,以警察的力量來實現臺灣統治圓滿的行政成績」〔註43〕,達到消滅「土匪」,又振興民政的目的,是總督府官員,特別是實際的臺灣統治者後藤新平所思考的問題。要想實現此目的,必須對中央與地方制度進行大刀闊斧地改革,使中央對地方的政治干預更加強化。

　　1901 年 11 月,為實現即定的以警察為中心的民政主義理念,總督府計劃對《總督府官制》進行大幅度修改,改正的重點是在民政部內設置警察本署及總務、財務、通信、殖產、土木五局,以警視總長為警察本署長,局長為各局之長,民政部劃分為五十四課。其中警察本署設警視總長為之首長,在必要時就警察事務直接指揮各廳長,是本制度改正的著眼點。

　　從此次總督府官制修改內容來看,警察機構從一個「不見經傳」的下屬機關,一下子擴張到民政局位於各局之首的機構。這是實現警察組織縱向指揮高度統一的重要步驟。後藤為實現此次改革甚至以辭職相堅持。

〔註42〕 （日）井出季和太:《臺灣治績誌》,第 313～314 頁。
〔註43〕 （日）《臺灣布政の急要問題》,國立國會圖書館藏:水澤市立後藤新平紀念館編集《後藤新平文書》膠片 R23・7～2。

　　當時總督府當局為了讓官制修正案能於日本中央順利獲得通過，即由兒玉總督和參事長官石冢英藏，在東京就官制改正案與中央當局進行周旋。民政長官後藤新平和參事官大島久滿次留守總督府。1901 年 9 月 8 日，大島草擬電報案，經後藤核定後，以民政官的名義發給在東京周旋的石冢英藏。電報指出：「本次改革的關鍵就在於警察制度。經再三磋商，認為應在總督府特別設置警察本署，監督警察事務，或在某些特定場合，成為直接具體執行的組織。不設警務局長，設置警視總長、警視及警部，劃定巡查區域，以期全島警察組織的統一。否則，面對土匪、走私及其它犯罪時，警察恐會缺乏機敏快速之本質，故認為有必要確立該項特別制度。」〔註44〕

　　同月 17 日，石冢英藏從東京發電報給後藤，告知《臺灣總督府官制》案當中，有關「警察規定」中的「警察本署、警視總長」部分，修改為「警務局、警務局長以敕任警視擔任。」〔註 45〕兩個小時後，兒玉總督也從東京發電報給後藤，表示不贊成後藤新平所提出的設置警察本署案：「警察權的統一與敏活是此次修正的重點，但為此而在總督府設警察本署這一特別機關，並以警視總長為其首長，使其直接指揮監督廳長以下人員，這是一種偏重形式的做法，可能會導致誤解其用意，使相關各機關之間互動有欠圓滿，反而有可能被誤解其目的。各種民政事務集於民政長官一身，由其圓滑疏通上下，這才是最重要的。」〔註 46〕

　　然而，後藤民政長官並不屈從，馬上給總督回電請求再與考慮。「民政部不單只是監督警察事務，而應明確其為直接執行警察事務的機關。因此，有必要設置一種不同於其它五局的特設機關。如果該機關的性質和其它各局一樣，則更會造成誤解，在直接執行任務時，恐怕也會有欠圓滑。所以，明確警視總長以下人員之監督階位，相信這是不可缺少的常規。然而，若是在總督府內設置警視，來執掌警察事務，並將其中一人定為敕任，充任警務局長，則與設置警視總長的制度在實體上並無差異，反而有減少責任之嫌疑，且在形式上也欠完備，在執行時恐怕也會產生困惑。往後三、四年間，應當凸顯

〔註44〕　（日）《警察機關の擴張に關し後藤民政長官の接衝》，《臺灣總督府警察沿革誌》（第一編），第 98～99 頁。

〔註45〕　（日）《警察機關の擴張に關し後藤民政長官の接衝》，《臺灣總督府警察沿革誌》（第一編），第 99 頁。

〔註46〕　（日）《警察機關の擴張に關し後藤民政長官の接衝》，《臺灣總督府警察沿革誌》（第一編），第 100 頁。

警察爲地方行政主體，來推動各項行政事務，否則稅收事務和專賣管理將無法獲得確實執行，而且大租權的整理完成，也會有相當大的困難。未來，想必有許多事務還有賴於警察機關發揮力量。故而，不管其名稱爲何，切望此時能設置諸如警察本署這種系統一貫的特別制度。」〔註47〕

同時，後藤又給石冢發電報，表明其對「警察本署設置案」的堅定立場。「對總督所發相關警察系統的電報，本人已陳述具體理由請其再考慮當中。警察制度如果在規定上不明確，恐生誤解，行動上也有欠圓滿。本人的想法是，不如在總督府置警視 23 名，其中 20 名補廳長之職，這樣處理，期能在兩、三年內將總督府改爲純粹的警察行政系統，否則在全島的統治上，將難有成績。現在，憲兵人員的縮減，保甲制度的普及，那一個都需要依靠警察力量的振作來完成。因此，與其在總督府設置監督官員，倒不如建立起承擔執行責任的警察制度。以上供貴官參考，請酌辦。」〔註48〕

從後藤新平的電報分析來看，他的設想，要建立高度統一的警察指揮系統，而對於警察的任務，也意欲擴大，不僅限於社會治安的維持上，而將其作爲民政主義的代行人。

電報發出後的第二天，石冢回電，表示總督已經同意後藤的提案，同時也附言該案於內務省、內閣法制局進行交涉時，可能會遇到阻礙。在 9 月 20 日，石冢來電表示，內閣法制局堅持刪除「警察本署、警視總長和警視」的規定，建議設置警務局，提請閣議。對此，後藤於 10 月 1 日致電給兒玉總督，以進退之意，表明自己的堅定立場：「官制一事，若在本日閣議上，不幸通過法制局所提出的修改警察本署案，下官將不能承擔這種紙上談兵所定的負有責任的實際業務。下官確信，警察系統不實現一貫制度，將無法擔當全島統治之責任。下官非敢輕言去留，但爲了國家，下官相信這是必要的，所以，今日必需明言，切望體察。」〔註49〕同時，後藤也給石冢發電報表示：「不同意法制局紙上談兵的修正，特別是警察系統不實行一貫制，不如這次的改正沒有結果。」〔註50〕

〔註47〕 （日）《警察機關の擴張に關し後藤民政長官の接衝》，《臺灣總督府警察沿革誌》（第一編），第 100 頁。

〔註48〕 （日）《警察機關の擴張に關し後藤民政長官の接衝》，《臺灣總督府警察沿革誌》（第一編），第 101 頁。

〔註49〕 （日）《警察機關の擴張に關し後藤民政長官の接衝》，《臺灣總督府警察沿革誌》（第一編），第 102 頁。

〔註50〕 （日）《警察機關の擴張に關し後藤民政長官の接衝》，《臺灣總督府警察沿革誌》（第一編），第 102 頁。

後藤對「警察本署設置案」的堅持，已經到了山窮水盡的地步。此時，兒玉總督轉而對後藤鼎力相助，使此案「柳暗花明」。兒玉與後藤協議後，直接致電給總理大臣，建議請求採納後藤民政長官的意見：「目前為止，各縣警部長為警務執行上的最高官員，這使得在各縣警察聯合行動上，往往欠缺統一，因而多效率不高，因此，已知現行官制並不完備。現今正是地方行政革新之季，最有必要的是，將已有缺陷的警察制度，按照修正案內容，改成設置警務局及警視，這並不是醫治原有缺陷的改革。特別是在廢縣置廳之後，在行政區域數量增多的同時，警察的聯合行動也將增多，其統一要比現在更加困難，民政長官恐難以擔負此項執行責任。下官認為，與其強行拘泥於法制體裁，發佈不切合實際的法文，而在實際上，原案的警務局長與警視總長並無差異，所以，不如採納當事者民政長官的意見。特別是設置 20 個獨立廳之後，警察的聯合行動將會增加，這是下官在東京時所未考慮之事，面對新的事實，如不按照原案實行，恐怕會帶來意想不到的難題。因此，小官認為，將本島警察作為民政上唯一機關的民政長官的意見，諒須受到尊重。懇請賜予考慮。」〔註51〕

由於兒玉的力挺上諫，「警察本署設置案」終於在閣議時起死回生，「臺灣總督府官制」案經提請樞密院回復意見後，於 11 月 8 日夜順利獲得天皇的裁可，並於同月 11 日公佈。從此次行動中，也可窺見兒玉源太郎對後藤新平的信任及他們配合的默契。

修正後的《臺灣總督府官制》，規定民政部設警察本署及總務、財務、通信、殖產、土木五局。總督官房、警察本署及各局事務分掌和分課由總督定之。總督府的警察職員則有警視總長一人，專任警視三人，專任警部等職員。警視總長為警察本署首長，秉承總督及民政長官之命令，掌理該管轄事務。事態緊急時，得就其主管事務，指揮廳以下人員。警視隸屬警察本署，承上級長官之命令，掌管其事務。警部屬警察本署，承上級長官之命，從事其業務。

通過以上過程，後藤新平不僅實現了警察組織指揮系統上的高度統一，也為警察政治確立了組織指揮基礎。

〔註51〕 （日）《警察機關の擴張に關し後藤民政長官の接衝》，《臺灣總督府警察沿革誌》（第一編），第 103 頁。

（二）通過支廳制度巧變「警察管區」成爲「行政管區」

1901 年 2 月 26 日，下發了民政長官通達，確定將警察的配置由集中制轉向散在制，又採用巡查補，以增加警察的耳目。隨著警察派出所散在制的實現，島內基本形成周密的警察網。當時僅臺南一縣，派出所的數量就一舉達到 284 個。

在中央改制獲得通過以後，總督府着手對地方進行改革，貫徹以警察爲中心的民政主義思想。1901 年 11 月，總督府以敕令第 202 號對《臺灣總督府地方官官制》進行大幅修改，斷然廢除了縣廳及辦務署，重新將全島劃分爲：臺北廳、基隆廳、宜蘭廳、深坑廳、桃仔園廳、新竹廳、苗栗廳、臺中廳、彰化廳、南投廳、斗六廳、嘉義廳、鹽水港廳、臺南廳、蕃薯僚廳、鳳山廳、阿猴廳、恒春廳、臺東廳、澎湖廳。

經過此次大改革，從來屬於舊縣知事的權限事務都由新設置的廳來承接下來。廳比日本內地的府縣廳要稍小，比郡稍大，廳長由普通的文官擔任。〔註52〕根據《臺灣總督府警察沿革誌》的記載，此次官制修改，有如下理由。

　　過去臺灣的地方制度，或於各地配置總督府的支廳，或直接設置縣，並在其轄區內設置縣下之支廳，或於縣及廳之下配置辦務署，歷經多次變遷。惟自明治二十九年（1896）四月民政開始以來，直至今日，設置縣及廳，其下配置辦務署的方針從未改變。實際上，明治三十一年（1898）改革當時，也僅止於將縣及辦務署的數目減半，將警察署及撫墾署合併成辦務署，來謀求機關的整合。至於地方制度的大方針，仍然率由舊章。

　　然而，根據此後的經驗來看，辦理地方行政事務的主要是辦務署，縣及廳不過是介於總督府和辦務署之間的一種轉陳機關，幾乎未見有非由縣及廳處理不可的政務。在臺灣，完全沒有如日本內地各府縣一樣的地方團體及地方議會相關事務。臺灣之土木工程，其稍微重大者，向來緣由總督府直接管轄。因爲若由地方廳經營這些事務，則各地方廳就必須設置相應的機關，所需經費不少，且以目前臺灣的狀況，在事業的經營管理上，由總督府綜理是便爲有利的。又如地方稅收事務、災難求助事務等，交給新設的廳，不見得有任

〔註52〕 （日）鶴見祐輔：《正伝・後藤新平》，第 93～94 頁。

何收穫。保留縣及廳所需增加的經費非常龐大，而其所獲得的效果
不僅微不足道，而且往往因而產生弊病。所以，廢止縣及廳，將縣、
廳的部分事務併入辦務署並稍稍提升其地位，以之爲廳，使其直屬
總督府，可以達到事務的統一。〔註53〕

　　從地方官制改革理由書來看，整個官制的改革就是強化總督府的權力，
特別是在警察方面，強調地方獨自處理警察事務的能力有限，基於實際和效
率上的考慮，警察事務必須要由總督府中央直接指揮地方執行。將縣、廳的
部分事務併入辦務署而成立廳，其實質是意欲建立以警察爲行政主力的地方
行政。

　　11月，在地方官官制改正的同時，總督府又以訓令第359號，制定了爲
配合警察事務的執行視察，而將全島分爲二個大的區域、以警視爲管區長的
「臺灣警察管區」。各警察管區設置區長，由臺灣總督府警視擔任。當時的警
察管區的區域爲：

　　第一警察管區：臺北廳、基隆廳、宜蘭廳、深坑廳、桃仔園廳、
　　　　　　　　　新竹廳、苗栗廳，臺中廳、南投廳、彰化廳。

　　第二警察管區：斗六廳、嘉義廳、鹽水港廳、臺南廳、蕃薯僚廳、
　　　　　　　　　鳳山廳、阿猴廳、恒春廳、臺東廳、澎湖廳。

　　　　　　　　〔註54〕

　　從地方行政區劃及「警察管區」內容來看，其行政區劃與「臺灣警察管
區」完全相同。同時警察管區長有指揮廳長的權力。這樣儘管廳長沒有像後
藤新平所設計的那樣有「警部」來擔任，但卻處於「警察系統」的控制之下。

　　這次改革的另一個重點，是廢止辦務署，代而設置支廳，並規定支廳長
由屬、警部、技手等來充任。根據《臺灣總督府警察沿革誌》記載，支廳長
全部由警察來擔任，「警部以外的支廳長一個也沒有，課員也一概都由警察來
充任。」〔註55〕這樣，總督府又通過「支廳」的設立，「支廳」業務的不斷加
大，將臺灣的「行政管區」巧妙變爲「警察管區」。警察管區成爲事實上的行
政管區。

〔註53〕　（日）《地方制度の大改革（廢縣置廳）》，《臺灣總督府警察沿革誌》（第一編），
　　　　　第512～513頁。
〔註54〕　（日）《警察管區設置》，《臺灣總督府警察沿革誌》（第一編），第104頁。
〔註55〕　（日）《支廳制度に關する變遷》，《臺灣總督府警察沿革誌》（第一編），第521
　　　　　頁。

（三）警察對民政事務的廣泛參與

1901 年 11 月，總督府又以訓令第 354 號，頒佈了《臺灣總督府官房並民政部警察本署及各局分課規程》，其中第一條至第七條中規定警察本署設置警務課、保安課、衛生課，惟高等警察相關事務由警察本署長專管。〔註56〕

從它的具體內容來看，過去總督府中央衛生事務的主管單位是與警保課並立的衛生課，兩課甚至分屬於不同的部，衛生課屬於總務部，警保課屬於內務部。但過去地方的衛生事務一向是由警察掌管，此次將衛生課置於警察本署，應當是使中央與地方一致，便於指揮。由此一系列改革，總督府機關構成變成以下結構：

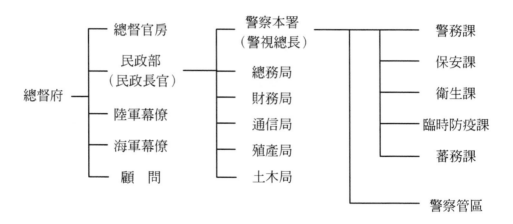

總督府在中央及地方實現了警察體系的高度統一結構以後，為了使警察在執行任務時有所參照，於 1902 年 3 月 12 日，訂制了《警察本署處務規程》，對警察本署職務的分掌和委任作了明確的規定。

《警察本署處務規程》規定，署長專屬設庶務掛、高等警察掛。高等警察掛掌管：政治結社、集會、報刊雜誌及其它出版權相關事項；土匪相關事項；保安規則施行相關事項；其它高等警察相關事項。警備課設庶務掛、經理掛。庶務掛掌管：警備、警衛及警察執勤方法相關事項；警察官吏及隘勇之任免補缺相關事項；警察官吏及隘勇之身份相關事項；警察官吏及隘勇之紀律及獎懲相關事項；警察官吏及隘勇之服裝及禮儀相關事項；警察官吏之教育訓練相關事項；警察官吏之弔慰相關事項；不屬它掛主管之事項。經理掛掌管事項：警察及隘勇之配置相關事項；警察官吏及隘勇之給與及實物補

〔註56〕 （日）《各局分課規程改定》，《臺灣總督府警察沿革誌》（第一編），第 104 頁。

助相關事項；經費既保管金及其它金錢出納相關事項；警察費所屬土地、營造物、船舶、物品及署內日用器具相關事項；槍械彈藥相關事項。保安課不設掛，掌管事項：司法警察相關事項；監視之執行及囚犯之護送相關事項；保甲及戶口調查相關事項；走私及海港管理相關事項；樟腦、食鹽專賣管理相關事項；山林及蕃人管理相關事項；偽造貨幣、通貨及證券模造之取締相關事項；天皇肖像及皇室徽章相關管理事項；前列各款之外之行政警察相關事項。衛生課設保健掛、醫務掛、阿片掛。保健掛掌管：傳染病及地方病相關事項；種痘及性病相關事項；停船檢疫相關事項；自來水、下水道及家屋建築規則相關事項；污物掃除及清潔法相關事項；衛生工程調查相關事項；飲食物、繪具、着色料及中毒相關事項；墓地及埋葬、火葬相關事項；各衛生諸會相關事項；前列各款外之一切公共衛生相關事項。醫務掛掌管：醫院及醫學校相關事項；公醫及公醫候補生相關事項；醫院、醫師、醫生、藥劑師、藥種商、製藥者、產婆、植牙拔牙、接骨等業務相關事項；藥品及賣藥管理相關事項；屍體解剖及救療相關事項。阿片掛掌管：鴉片煙吸食者及鴉片煙官售之管理相關事項；鴉片代辦人及零售業者相關事項；鴉片煙吸食所及鴉片煙吸食器具製造、販賣相關事項；走私鴉片之取締相關事項；鴉片監視員之任免相關事項。〔註57〕

（四）利用支廳制度將地方行政警察化

從《警察本署處務規程》中，可以看到警察在社會行政上的干與力度非常廣泛。在此基礎上，總督府當局又巧妙地利用支廳制度將地方行政警察化。如上所述，在事實上，支廳長都是由警部來擔任，廳內課員，除總務課配置一、二名屬辦理課事務為特例外，大致上都是由巡查擔任，技手和雇員的配置人數寥寥無幾。〔註58〕

〔註57〕 （日）《警察本署處務規程改正》，《臺灣總督府警察沿革誌》（第一編），第110
　　　　～111頁。
〔註58〕 （日）《支廳制度に關する變遷》，《臺灣總督府警察沿革誌》（第一編），第521
　　　　頁。

警察機關（支廳）統計表（1899～1904）

年度＼官署別		警務科	支　廳	派出所	合　計
辦務署時期	1899	464（派出所 345 處）			464
	1900	796（派出所 630 處）			796
支廳警察署時期	1901	20	93	930	1043
	1902	20	97	992	1109
	1903	20	89	981	1090
	1904	20	89	961	1070

資料來源：《後藤新平文書》臺灣民政長官時代之第 102 件。

當初的支廳長職權僅限於諸如支廳職員的業務、雇入人員的任免、定額內經費的支出、保甲職員選舉的認可等簡單事項。當時支廳分掌事務為：「蕃人蕃地相關事項；森林原野相關事項；命令傳達相關事項；人民向本廳提出申報意見書的受理相關事項；礦山相關事項；稅務相關事務的一部分。」〔註 59〕

1903 年後，逐漸將其業務擴大，除上述事務以外，還包括：國稅及學租之徵收、砂糖檢查、地方稅之賦課徵收、船舶測量、紡織品消費稅、稻作改良及驅除蟲害、水利坑道及量水標識之監視、命令公醫緊急出差、公學校所屬財產之保管及其所衍生的金錢物品之徵收、公學校經費收支相關等事項。〔註 60〕

從以上支廳掌理內容來看，支廳確實有一般官廳所沒有的作用。其支廳長都以警察充任，職員也幾乎都以警察來擔當，總督府借助於警察之手來辦理行政事務，既方便又省力。這樣既解決了「土匪」鎮定後警察人員過多的矛盾，又解決了民政上的棘手問題。而所謂「警察政治」的關鍵，即是通過支廳警察力的滲透，使警察參與普通的民政事務。

以警察為主體的支廳，其主管的業務雖然很廣泛，但開始時並沒有對外行文的權力，為了進一步貫徹以警察為中心的民政主義思想，1906 年 10 月 11

〔註 59〕　（日）《支廳制度に關する變遷》，《臺灣總督府警察沿革誌》（第一編），第 522 頁。

〔註 60〕　（日）《支廳制度に關する變遷》，《臺灣總督府警察沿革誌》（第一編），第 523 頁。

日，民政長官下發通知，就支廳長直接與其它官廳進行文書照會相關事項進行通報，正式明確了支廳長的對外交涉權。同日，又由警察本署長下發通知將之具體明確化。即所謂「由支廳長直接與其它官廳公文往返的事項」主要是指：

一、警察工作所屬諸營業及其它警察上的身份調查相關之件。

二、槍炮所有者及外國護照申請人的身份調查相關件。

三、戶口事務相關之件。

四、失蹤者及其它行政搜查相關至急之件。

五、管理集會結社取締相關特別至急通知及調查之件。

六、警察職員身份內查相關之件。

七、爆炸物及其它危險物的管理相關至急之件。

八、非常災難通報援助相關之件。

九、難船及漂流物等通報調查相關之件。

十、犯罪人及刑事被告人押送相關之件。

十一、監視人管理相關之件。

十二、交通警察通報管理相關之件。

十三、隘勇身份調查相關之件。

十四、傳染病發生通報相關之件。

十五、蕃害事件及其它急報之相關之件。

十六、資金募集者身份調查相關之件。

十七、死傷者行旅病死者生理相關之件。

十八、行政法令解釋相關之件。〔註61〕

從支廳的對外交涉中，可以看出支廳管轄業務的廣泛性。

1909 年，隨著地方制度的改革，總督府開始將認可報告委任行政事務變爲普通行政事項。這樣，各支廳的行政業務又大量增加。包括各項諸請願書受理審核、兵事上物資及勞力徵用、行旅病死人救護、水難救護漂流物、災

〔註61〕 （日）《支廳制度に關する變遷》，《臺灣總督府警察沿革誌》（第一編），第 524 ～525 頁。

難救助及其它救恤、害蟲驅除計劃上的調查、水利、道路橋梁保護等事項。此外，支廳還需接受各項委任事項，包括支廳職員內部管理諸事項，以及及依據即決令的罰金、課料金、沒收金及追徵金的制定、收納和屬於臺灣地方稅的日稅、屠畜稅、手續費及小學校授業的賦課徵收相關事項等。〔註62〕

這樣，隨著支廳行政業務的不斷增大，臺灣地方第一線的行政人員幾乎都是由警察來充任，地方行政業務便藉由這些警察來分別執行。後藤借助於中央官制的改革，實現了高度統一的警察指揮體系，又通過地方警察支廳的行政化，來使他的以警察為中心的民政主義思想得以實現。隨著支廳業務範圍不斷加大，「萬能之支廳」制度帶來了「警察萬能」主義思想。在這種「警察政治」的體制下，警察的任務並不僅限於一般的警察事務，包括社會生活的各方面的管理，也都由警察掌理。

三、警察政治的特點

其實大凡殖民地統治，在佔領最初階段，各種民政權必先由軍隊掌握，次由警察掌握廣泛的行政權，最後，警察的權限始縮小到其應有的範圍之內。臺灣的情況，在最初也是這樣的。開始時實行軍政，在軍政廢止後，軍隊對於各種行政問題仍然常常顧問。此情況一直維繫到 1898 年 6 月，始由兒玉總督將之取消。此後即開始了「警察政治的國家體制」，警察對於鎮壓「土匪」、「理蕃」、衛生等方面都要干預，養成了警察萬能之觀念。1903 年時鎮壓運動已經告一段落，臺灣的警察人數竟超過其它文官總數的二倍以上，這樣雄厚的警察力量仍舊存在，且轉而用於一般民政事務。持地六三郎曾經解釋其原委：「在 1902 年鎮壓運動告一段落以後，對於不知不覺之間業已強大的警察力量，究應如何處置，頓成問題。試觀當時（1902 年底）的警察力量，除全島 20 廳的警察課以外，97 支廳共設 922 派出所，警部 177 人，警部補 271 人，巡查 3,234 人，巡查補（本地人）1,524 人；警察費用總額高達 180 萬元。八年戰亂（指過去『鎮壓運動』而言）之後，紊亂荒廢的地方行政，急待整頓振作，租稅亦待整理增收；此外則如土地調查、鐵路建築諸事業，均須計劃推進。處理這些地方政務的下級輔助機關，原屬『街莊役場』（鄉鎮公所），但其數不及『警察派出所』（1904 年底『街莊役場』凡 469，『警察派出所』

〔註62〕（日）《支廳制度に關する變遷》，《臺灣總督府警察沿革誌》（第一編），第 526 ～527 頁。

計 957；1909 年底,『街莊役場』凡 490,『警察派出所』計 498)。一『街莊役場』設『街莊長』(鄉鎮長)一人,手下只有『書記』一人或二人,但是平均卻有 5,000～6,000 人民受其支配。所以,無論如何總是忙不過來,不能盡善其職。那就是說,在於一朝一夕發展『街莊長』制度,而減少警察的力量,這不但所費甚巨,而且格於環境,殊非得策。何況事實上警察制度業已普及全島,且其輔助機關的保甲組織又極嚴密;換句話說,全島的警察網早已形成,因勢利用,反而方便。因此身任『支廳長』的『警部』,就兼任了『郡長』;『派出所巡查』就兼任了『町村長』。」〔註63〕

對於這一警察體系,殖民統治者自己的評價是:「臺灣的警察官是一手提劍,一手持經典,於捕盜斷訟之餘,還見其從事教育、慈善這些高尚的事業。因此,今日臺灣的警察官,為因應新領土的狀況,不唯在固有的警察事務方面,其職務範圍還較我國內地廣泛,其對於其它一般民政事務,助力也不少。彼等不僅從事普通的警察、衛生事務,我國內地戶政官員從事的事務,彼等亦從事之。其擁有的犯罪即決權權限較我國內地為大,其所管業務不僅包括保甲事務、鴉片行政、笞刑處分的執行、蕃人蕃地的管理、清國勞工的管理,且還包括利用保甲制度協助征稅、土木工程、獎勵殖產,特別是促進糖業發展,即連教育、救恤措施也是無所不與。臺灣現時的情況是,若不藉用警察之力,大概就無法推行任何業務。此種警察萬能的制度並非無其長處,大凡要達到家長政治的效果,警察萬能制度是不可或缺的手段。實際上,過去臺灣各方面之所以有長足的進步,藉助此種警察制度之力者必然居多……尚若警察官不得其人,則此種警察萬能的制度難保不會淪為虐政壓迫苛刻人民的手段。這是臺灣施政根本上,必須深思熟慮之事情。」〔註64〕殖民統治者自己尚且認識到此制度給臺灣人民帶來的壓力,可見此制度對日本統治臺灣的成功所起的作用,所以統治者自己也明言:「不知臺灣警察制度之體用,即不足以理解臺灣殖民政策之性質。」〔註65〕

那麼令殖民統治者自己都覺得過份的「警察政治」,究竟有什麼特點呢?下面簡要地進行分析:

〔註63〕 (日)持地六三郎:《臺灣殖民政策》,富山房,大正元年,第80頁。
〔註64〕 (日)持地六三郎:《臺灣殖民政策》,第80～82頁。
〔註65〕 (日)持地六三郎:《臺灣殖民政策》,第67頁。

（一）行政官廳與警察官廳重合的警察國家化

1、集行政官廳與警察官廳於一身的臺灣總督府

認識日據臺灣時期「警察政治」的本源，必須從國家的行政官廳及警察官廳作爲切入點。行政官廳的權限，是決定國家意志，並將其對外發佈的國家機關。在日本，決定國家意志並不是行政官廳固有的權力，因爲「日本憲法」第四條規定：「天皇是國家的元首，總攬統治權。」〔註66〕日本行政權的本源由天皇親自把持，下級行政官廳的權力來源於天皇的委任，正如憲法第十條規定的那樣，「由天皇制定行政各部的官制。」〔註67〕

警察權是國家行政權的一個重要領域，行使國家警察權，進行警察命令及警察強制的行政官廳就是警察官廳。在日本內地，行政官廳有內閣、內務、文部、鐵道、遁信、拓務、大藏、商工、農林等各省。內務省是這些官廳中唯一的警察官廳，儘管其內部的警察組織呈「金字塔」型，但內務省只是中央組織的一個分支，其它各省與內務省屬平行關係，執掌著自己份內之事務，他們與內務省的關係是，相互協調、制約、限制。

在臺灣，獨斷諸般行政的最高官廳就是臺灣總督府。總督府作爲行政官廳，其權力比日本內地的地方官廳要大得多。

首先，在行政權力上，總督府的行政權範圍涉及非常地廣大，諸如日本的內閣、內務、文部等各省相關行政事務全部集於總督一身掌理，特別經過後藤新平的努力，使民政部成爲警察事務的直接執行機構，因此，總督府也自然成爲最高的警察官廳。

其次，從命令制定權上，根據《在臺灣施行法令相關之件》〔註68〕的第二條規定，「限於沒有在臺灣需要實施的法律事項相關法律條文，或前條難於規定的相關臺灣特殊事情的必要場合，臺灣總督得以命令規定之。」〔註69〕總督發佈的命令分爲律令與府令二種。

〔註66〕（日）《御署名原本·明治二十二年·憲法二月十一日·大日本帝國憲法》，公文書館藏檔：A03020029600。

〔註67〕（日）《御署名原本·明治二十二年·憲法二月十一日·大日本帝國憲法》，公文書館藏檔：A03020029600。

〔註68〕（日）《臺灣二施行スヘキ法令二關スル法律》，公文書館藏檔：A01200193300。

〔註69〕（日）《臺灣二施行スヘキ法令二關スル法律》，公文書館藏檔：A01200193300。

臺灣總督有律令制定之權力。此種權力之法源於「六三法」。警察相關法令是律令制定的法律中重要的一個部分。如《臺灣新聞紙令》、《臺灣保安規則》、《匪徒刑罰令》、《臺灣槍炮火藥類取締規則》、《臺灣浮浪者取締規則》、《保甲條例》、《犯罪即決例》、《臺灣阿片令》等等。

而「府令」是臺灣總督根據其職權，獨自發佈的命令或由法律敕令律令的委任發佈的命令。府令中也有警察相關法律條文。例如：在《臺灣總督府官制》第五條中就規定，「得發佈一個月以下的懲役禁錮或拘留及附二百元以下罰金或科料的罰則。」〔註70〕有獨立意見的警察相關府令如《臺灣違警例》、《街路取締管理規則》、《戶口規則》、《支那勞動者取締管理規則》、《出版規則》等等。而具有從屬意義的警察類相關規則可以說是數不勝數。

第三，從監督權上，「總督認爲知事、廳長等的命令及處理違反成規有損於公益或超越其權限時，得停止其命令或取消其處分。」〔註71〕所以，總督作爲最高的行政官廳的代表，對下級的知事、廳長等下級警察官廳的代表有監督權。

第四，從援助命令權上，「總督在災害預防、警備及取締上，或因對知事、廳長及練習所長的事務援助上，有命令派遣警察之權力。」〔註72〕

從以上內容分析來看，在臺灣這塊土地上，臺灣總督府實際上集行政官廳及警察官廳於一身，這與日本內地明顯不同。

2、臺灣總督府所屬輔助機關具有警察行政權

這裡所謂的輔助機關，並不是指行政官廳，而是作爲總督的部下，分擔事務，輔助總督的行政。在日本統治時期的臺灣總督府所屬輔助機關上至總務長官，下至普通警察都具有警察的行政權。

總務長官

根據臺灣總督府官制第二十條，「總務長官輔佐總督，總理部務，監督總督官房及各局的事務。」〔註73〕警察行政當然是其行政事務的一部分。

〔註70〕 （日）《臺灣總督府官制の件》，公文書館藏檔：C04013440100。
〔註71〕 （日）《臺灣總督府官制の件》，公文書館藏檔：C04013440100。
〔註72〕 （日）《臺灣警察官吏職務應援助に關する件》，伊藤英三：《臺灣行政警察法》，晃文館，昭和5年，第45頁。
〔註73〕 （日）《臺灣總督府官制の件》，公文書館藏檔：C04013440100。

警務局長

根據總督府官制第二十一條之規定,「警務局長秉承總督及總務長官之命令,掌理其主要任務,指揮監督局中各課事務。」〔註74〕警務局長與總務長官一樣,並不是行政官廳,地位是輔助總督的警察行政。所以,在官制第二十一條中,就警務局長還特別規定,「警務局長限於在總督特別命令的場合,在警察事務執行相關事務上,要秉承總督及總務長官的命令,指揮監督廳長、警務部長及警視以下的警察官吏。」〔註75〕這也就是說,除「總督特別命令場合」以外,普通一般的場合,各州各廳的警察官吏受州知事、廳長的指揮監督。〔註76〕為了公安穩定上的急需警察相關活動之時,由與總督有密切關係的警務局長來接受總督的命令,直接統一指揮全島的警察力量。

知事及廳長

根據臺灣總督府地方官官制第五條,「知事、廳長秉承臺灣總督的指揮監督,執行法令管理部內行政事務。」〔註77〕在法理上,知事、廳長有屬於自己的權限的相關事項,能夠決定國家意志,且將之對外發佈,它是一種將國家行為發揮效力的行政官廳。警察行政自然屬於其權限之內,如果說總督府為第一級警察官廳的話,那麼知事、廳長可以說是第二級警察官廳。知事、廳長有發佈州令及廳令的權力。根據地方官官制第六條,「知事、廳長依據部內行政事務所賦予的職權,或者依特別委任,就管內一般事務或其中一部分的事務,可發佈州令或廳令。在知事發佈的命令中,得附加二個月以下的懲役或禁錮、拘留及七十元以下的罰金或科料的罰則。」〔註78〕同時,廳長在其發佈的命令中也可附加拘留或科料的罰則。

「知事認為郡守、市尹或警察署長的處理,違背成規有損公益或超越權限時,可取消或停止其處分。」同時,「知事、廳長指揮監督所部之官吏。」〔註79〕這樣,知事、廳長層次的輔助機關,就有指揮監督警務部長、郡守、

〔註74〕 (日)《臺灣總督府官制の件》,公文書館藏檔:C04013440100。

〔註75〕 (日)《臺灣總督府官制の件》,公文書館藏檔:C04013440100。

〔註76〕 (日)《御署名原本·明治二十九年·勅令第九十一號·臺灣總督府地方官官制》,公文書館藏檔:A03020233100。

〔註77〕 (日)《御署名原本·明治二十九年·勅令第九十一號·臺灣總督府地方官官制》,公文書館藏檔:A03020233100。

〔註78〕 (日)《御署名原本·明治二十九年·勅令第九十一號·臺灣總督府地方官官制》,公文書館藏檔:A03020233100。

〔註79〕 (日)《御署名原本·明治二十九年·勅令第九十一號·臺灣總督府地方官官制》,公文書館藏檔:A03020233100。

地方警視、警部、警部補、巡查的權力。此種階層組織，宛如軍隊的上下級指揮監督關係。

郡守、警察署長、警察分署長及支廳長

根據地方官官制，「郡守在警察及衛生相關事務上，得指揮監督郡內配置的地方警視、警部、警部補及巡查。」〔註80〕「警察署長或警察分署長秉承上官的指揮監督，掌理部內的警察及衛生事務，指揮監督部下的職員。」〔註81〕「廳長爲分掌廳內事務，經臺灣總督的認可，可設置支廳，支廳長由地方警視或警部擔任。」〔註82〕

依據以上的法令條文，郡守、警察署長、警察分署長及支廳長又成爲第三級的警察官廳。在這裡，支廳長在官制條文上沒有明確規定是警察官廳，但依據法令條文，屬於支廳長的權限的範圍內，諸如依據「犯罪即決例」而賦予的犯罪即決權，使支廳長成爲警察即決官廳。

警察執行官吏

在警察權上，警察官廳決定國家意志並將之對外發佈，是爲「警察的下命」。但警察權還包括如若出現人民不服從警察的命令，警察的強制義務。是故，在警察官廳之下，存在著基於官廳的意志，對人民的身體或財產，以實力進行強制，實現國家意志的機關，此機關就是警察官吏。臺灣的警察官吏，在各州是警務部長，在各廳是警務課長以下的警視、警部、警部補及巡查。此外憲兵和警察司獄官練習所的學生也具有警察執行官吏的資格。

（二）警察執行事務上的行政與法律結合的密切化

臺灣的警察組織與日本內地不同，具有警察權的總督成爲臺灣第一級的警察官廳，知事、廳長是第二級警察官廳，郡守、警察署長、警察分署長及支廳長又成爲第三級的警察官廳，同時，行政官廳與警察官廳相互重疊，行政事務多借助警察力量來完成，警察行政成爲日本統治臺灣的最顯著的特點。日本儘管也以「行政警察」爲中心，對普通民眾生活介入很深，但主要

〔註80〕（日）《御署名原本・明治二十九年・勅令第九十一號・臺灣總督府地方官官制》，公文書館藏檔：A03020233100。

〔註81〕（日）《御署名原本・明治二十九年・勅令第九十一號・臺灣總督府地方官官制》，公文書館藏檔：A03020233100。

〔註82〕（日）《御署名原本・明治二十九年・勅令第九十一號・臺灣總督府地方官官制》，公文書館藏檔：A03020233100。

還停留在「行政警察」的職責範疇之內。而臺灣的警察則大大超越其界限。由於在臺灣警察命令權的一部委任給了總督、州知事、廳長等，所以他們的命令成爲臺灣警察法的一個重要的淵源。同時，警察擔任廳長、支廳長、郡長、町村長。這就使得警察的「下命權」能與普通行政密切結合起來。臺灣警察命令主要來源於警察法律、直接的警察命令及各警察官廳基於法律命令所作的處分這三種。警察法律是指事態重要的相關警察法規，諸如行政執行法、治安維持法、治安警察法、槍炮火藥類取締法、無盡業法、質屋取締法等等；警察命令是指敕令、律令、府令、州令、廳令等；而各警察官廳基於法律命令所作的處分，則包括總督、州知事、廳長、警察署長、郡守，還包括服從這些警察官廳命令的警視、警部、警部補、巡查等進行警察處分的權限。〔註 83〕

州令或廳令得附加警察類相關罰則、廳長命令中也可附加拘留或科料的罰則、支廳長有犯罪即決權等，使行政官廳直接可以行使警察特權，這樣就使得警察執行上行政與法律的結合密切化。

總督府通過行政及警察法規的相互結合，將總督威猛的權力，交託給警察，使警察成爲法律的化身，政治的代言人。對統治者而言，它是最有效的制度，所以才有「臺灣的警察事事皆爲，不止是固有的警察業務，幾乎所有一般行政業務，皆由其輔助行之。以前有所謂的警察國家，是當局者追求的理想，而在實際動作上，臺灣的警察已實現了此一理想。臺灣殖民政策的成功，有一部分更是不得不歸功於此種警察制度帶來的效果。」〔註 84〕但對於臺灣人民來說，其高壓統治和嚴密控制的傷痕深深烙在心中，甚至在臺灣脫離了日本殖民統治後，臺灣人民對警察依然畏懼。

（三）警察人員的日本化

臺灣總督府的政治，中央集權色彩濃厚，這種獨特的官治行政制度，「自然造成了『由日本人獨佔官吏』這一極端偏狹的人事任用方法。」〔註 85〕在警察當中，主要以日本人爲主，根據臺灣總督府警務局編寫的《臺灣的警察》一書所記載，1931 年警察現役人員當中，警部補以上官員全部爲內地人擔任，

〔註83〕 （日）伊藤英三：《臺灣行政警察法》，晃文館，昭和 5 年，第 54～55 頁。
〔註84〕 （日）持地六三郎：《臺灣殖民政策》，第 68 頁。
〔註85〕 周憲文編著：《臺灣經濟史》，開明書店，1980 年，第 979 頁。

警部補則僅有二人爲臺灣人；巡查部長則有二名臺灣人；甲種巡查當中，僅有臺灣人 170 名；乙種巡查中也僅有臺灣人 1143 人。此種情況一直維繫到日本統治結束也沒有多大改觀，「臺灣人警察僅占總數的 20%到 30%，而且都是最下級的職位，所負責的工作都屬於『輔佐』性質。」〔註 86〕由此可見臺灣本地人只占警察中很小的比例，且臺灣籍與日本籍地位相差相當懸殊。這也是民族差別待遇的明顯體現。這一方面是由於日本民族性格偏狹，視臺灣人爲劣等民族，不相信臺灣人民，另一方面也說明殖民統治者對警察系統所寄與的厚望。

警察職員的種族表：

區　分	日本人	臺灣人	蕃　人	計
警部補	237	2	——	239
巡查部長	775	6	——	781
甲種巡查	3.780	152	7	3.939
乙種巡查	795	1.057	101	1.953
警　手	834	1.073	1.013	2.920
合　計	6.421	2.290	1.121	9.832

此表轉引自臺灣總督府編的《臺灣的警察》第 42 頁。

（四）警察與保甲關係密切化

　　日本的警察制度與臺灣本地原有的保甲制度的密切結合，是日本殖民統治臺灣的一大特點，也是「警察政治」繁榮的支點。

　　保甲制度是殖民政府向臺灣基層社會施政的重要管道。保甲制度是中國社會原有的東西，表面上是臺灣人的自治基層組織，但在日本統治臺灣後，被臺灣總督府所利用和改造，保甲及壯丁團必須接受警察的指揮監督，充當警察的下級行政輔助機關。

　　保甲制度的利用與改造，在殖民地的臺灣有其特殊的意義，日本殖民者利用封建的保甲制度來使臺灣人民自相牽制，達到「以臺制臺」的目的。保甲任務是否認真執行，直接影響到臺灣的治安，而保甲內治安的維持之良否，

〔註86〕鹽見俊二：《日據時代臺灣之警察與經濟》，載《臺灣的殖民地傷痕》，帕米爾書店，1985 年，第 92 頁。

則取決於警察的指揮監督是否徹底。所以，日本警察普遍認為：「我們身為警察官，光是以監督保甲這件事，在日本的臺灣統治上，就有非常重要的職責。」〔註87〕

保甲制度是以臺灣人，主要是漢民族人為實施對象的，日本人及外國人都不在實施的對象之例，因此，只要是臺灣人，不管男女老少，都是保甲民，透過保甲制度，所有的臺灣人民都被組織為警察的輔助機關。「日本殖民政權經由保甲滲透至臺灣民眾基層，除了利用保甲來協助警察維持地方治安外，且直接、間接的運用保甲於一般行政上，舉凡教育、產業、經濟、交通等方面，保甲莫不參與，在日本的臺灣統治史上，其影響既深且遠。」〔註88〕

小結

綜上所述，「兒玉——後藤」時期建立起來的以民政主義為中心的高度統一的警察制度，及由此而形成的警察政治，使臺灣的警察體系、警察行政與日本內地完全不同，形成自己獨特的「殖民地警察」特點。從警察法理學上講，執行警察權的人員稱為警察官吏，而警察權則是指基於一定的警察概念而賦予的權力。按照當時日本行政法學界的定義，所謂警察，「係指為維持社會生活秩序，基於國家一般統治權，直接命令或強制人民，拘束其自然自由的作用。」〔註89〕據此，可知「維持社會秩序」、「公權力」、「命令」、「強制」、「限制人民自由」等，是構成警察概念的要素。但在臺灣，總督府集行政官廳與警察官廳於一身，人民所見所聞的官吏，唯有警察。這種「警察政治」，實質是對臺灣人民人權的無視與蹂躪。可以想像，在「警察政治」的框架內，警察對民眾生活的介入程度之深。這種特殊的、有別與日本內地的警察制度及警察政治的實施，主要是由於臺灣人民長期反抗，日本殖民統治者為了維持自己的利益而不得不採取的高壓手段。所以，後藤新平說：「像臺灣這種文化程度低、社會狀態幼稚的殖民地，這種警察制度不僅不得不為之，而且也必須說是最有效的制度。」〔註90〕就統治者而言，它是最有效的統治制度，但對於臺灣人民來說，其高壓統治和嚴密控制的傷痕卻深深烙在心中。

〔註87〕 （日）渡辺柳三：《保甲制度論》，《臺灣警察協會雜誌》，1927年卷。
〔註88〕 洪秋芬：《臺灣保甲和「生活改善」運動1937～1945》，載《思與言》，第二十九卷，第4期，1991年12月，第116頁。
〔註89〕 （日）美濃部達吉：《行政法撮要》，有斐閣，昭和七年，第151頁。
〔註90〕 （日）鶴見祐輔：《後藤新平》（第二卷），第151頁。

第三章　保甲制度與壯丁團

一、保甲制度實施的歷史軌迹

（一）保甲制度的利用和改造

　　1895 年 10 月，日軍佔領臺南後，全島大體被平定。但臺灣人民的抗日活動一直在進行着。當時新招募來的警察僅配置在 12 個支廳所在地及其它新設立的警察署中，每署配置二三十名警察。這樣的配置，遠遠不能滿足治安上的要求。總督府對怎樣來確保地方的正常秩序也無計可施。當時在雲林出差的內務部長古莊嘉門在巡視時，有位老人對他說：「以前沒有聽說過警察。當時，土匪、強盜等在各地進行騷擾，番人也來進行搶奪，人民深受其害。為了防止這樣類似事件的發生，各堡各莊進行聯合，設立自衛聯合組織並稱之為『聯莊保甲』，此組織起着自治警察的作用。」〔註 1〕古莊認為此法很好，應在抗日活動頻繁的雲林、嘉義一帶重建此制度。他與當地的紳士林武琛、林逢青等商議後，由二位擬寫了《聯莊自衛組合規約》，向日方當局提出請求。〔註 2〕這是日據時期臺灣利用改造保甲制度的開始。

　　《聯莊自衛組合規約》明確規定各聯莊無論何莊受到「匪徒」騷擾時，以鳴鑼為號，聯莊人各應齊出協力救助，若坐視不管，馬上報告官廳進行制

〔註 1〕　（日）江延遠：《保甲制度叢書》，臺中州能高郡埔里街保甲制度從書普及所，
　　　　　昭和 15 年，第 83 頁。
〔註 2〕　（日）中島利郎、吉原大司：《鷲巢敦哉著作集》Ⅲ，第 67 頁。

裁，決不姑息；另外還規定所有莊民擒殺「匪徒」的賞格，以及各聯莊組織
受警察官指揮等等。〔註3〕

　　總督府將保甲制度先在義軍簡義所在地嘉義東堡及大目根堡地區試行。
當地警部巡查也積極配合。9月10日，嘉義西堡及大目根堡的保甲組織被得
到認可。當時當局在中埔莊留警部一名，巡查十七名，監督此莊的聯莊自衛
組織。在總督府當局的努力推動下，至10月19日，除打狗東堡梅仔坑莊外，
又在27個莊組建了聯莊保甲組織。

　　雲林地區的保甲制度就這樣產生出來了。古莊內務部長於10月10日，
向臺北、臺中、臺南三縣的知事及澎湖島司，敘述了雲林地區聯莊保甲組織
的實際狀況，並通知各地如果原地區有此舊習就使之復興，沒有這種舊習的
地區，也要採取同樣的方法來制定規約，讓人民加入，違約時課以過怠金，
並使之活動處於警察的監督之下。

　　聯莊保甲制度是作為警察的輔助系統復活的。從《聯莊自衛組合規約》
開始，就規定了警察對保甲制度的指揮權力。因此，警察對聯莊保甲的活動
的指導和監督是極其重要的。總督府還制定了《聯莊自衛監督基準》，作為警
察對地方保甲制度的監督依據。此後，總督府也多次向各縣知事發出通知，
要求盡可能在全島實施該制度。

　　在臺北方面，日本軍隊佔領臺北城不久，臺北市的紳士李春生等，就向
日當局提出要設立保良局的請願書，其章程與保甲的目的基本相同。〔註4〕但
由於保良局的設置在某些地區也發生弊端，當時由臺北大加蚋堡辦務署的主
管七里恭三郎組織堡民設置保甲會的章程得到認可。這樣，北部地區保甲制
度在警察署的管轄下也開始復活。〔註5〕

　　從保甲規約中可以看出，保甲制度是以自衛組織為主要功能的，從它復
活的那一天起，就以自治警察為其主要目的，主要的任務就是為了配合日本
統治階級來對付當時抗日義軍活動，但保甲組織本身並不具有軍事性，要達
到其自衛的目的，就必須有其附屬的武裝團體。為此，各地保甲組織還成立
了壯丁團。

〔註3〕　（日）中島利郎、吉原大司：《驚巢敦哉著作集》Ⅲ，第67頁。
〔註4〕　（日）《保良局の設置及び廢止》，《臺灣總督府警察沿革誌》（第二編），第166
　　　　～169頁。
〔註5〕　（日）中島利郎、吉原大司：《驚巢敦哉著作集》Ⅲ，第74頁。

壯丁團的壯丁在各甲中選拔，由警察借給他們槍支，來從事日常的警戒。最初對壯丁團並沒有什麼明文的規定。各地的壯丁和身份也參差不齊，服裝也沒有進行統一。因此，警察常常將壯丁團員當成抗日的義軍。為此，總督府於 1897 年 11 月，制定了《壯丁團編製標準》對此進行規範。此「編製標準」還特別規定了警察與壯丁團的關係，規定壯丁團的編成必須得到警察署長的認可，並要接受警察署長的指揮，警察署長要監督其管轄區域內的各壯丁團平常進行的各種訓練及槍法學習；警部長每年一回以上，警察署長二回以上巡視各壯丁團，檢查其紀律的保持及器具的配備等；警察署長要持有壯丁團員的名簿，每年二回就其現狀向縣知事廳長報告。〔註6〕

（二）保甲制度的強化——兒玉、後藤的「土匪」對策

保甲及壯丁團組織，是因日本入臺以後，鎮壓人民反抗而復活並發展起來的。當初其編成是根據總督府內務部長的訓令，故而其推行力度並不強。總督府雖責令地方長官快速建立保甲組織，但仍然是有的地方實施，有的地方沒有實施。特別是其作為地方自治警察的目的就沒有完全發揮出來。

1898 年 3 月，兒玉總督及後藤新平上任時，臺灣各地的抗日活動仍然蓬勃，社會治安的穩定成為重中之重。兒玉、後藤檢討過去對「匪」政策，找出其缺失，並研究新對策，將圍剿「土匪」的任務，從憲兵手中轉交到警察手裏。接著擴充了警察權力。但事實上靠軍隊與警察力量維持治安，有其局限性。當時臺灣警察的定員為 3000 人，實際的人數是 2600 人，但警察經常費用卻高達 208 萬元，是其它殖民地的六倍到七倍。〔註7〕政府的參謀人員不斷向兒玉及後藤獻策，認為「保甲聯莊制度是最應當重視的制度。充分發展這一制度將使巡查憲兵人數迅速減少下來。」並指出「現在憲兵巡查人數膨脹的原因，即是保甲制度沒有受到日本政府的重視。」〔註8〕建議總督府「將保甲制度稍加改正，將之處於警察的監督之下發展，是最有利的」。〔註9〕此

〔註6〕　（日）中島利郎、吉原大司：《鷲巢敦哉著作集》Ⅲ，第 76～77 頁。

〔註7〕　（日）カークード氏：《臺灣二關スル覺書說明筆記》，明治三十一年三月八日，國立國會圖書館藏：水澤市立後藤新平紀念館編集《後藤新平文書》膠片 R23・7－33－3。

〔註8〕　（日）カークード氏：《臺灣二關スル覺書說明筆記》。

〔註9〕　（日）《臺灣二關スル覺書》，國立國會圖書館藏：水澤市立後藤新平紀念館編集《後藤新平文書》膠片 R23・7－33－2。

建議與後藤的「生物學原理」不謀而合。後藤在發佈「土匪招降策」的同時，將保甲制度作爲對付抗日義士的一種方法，開始強化保甲制度。

　　1898 年 8 月 31 日，總督府以律令第 21 號發佈了《保甲條例》，以府令第 87 號發佈了《保甲條例施行規則》。「保甲施行規則」，明確規定了警察和保甲組織的關係，即保甲、壯丁團的編製、保甲職員等的選舉、經費收支預算與決算等，都須得到郡守、支廳長、警察署長或分署長的許可，並接受其指揮監督。值得我們注意的是，1901 年 11 月的地方官官制改正的結果，以警部爲支廳長，巡查爲郡守。換言之，保甲組織的一切活動都必須在警察官的直接指揮監督之下進行。

　　同年 9 月，臺中縣知事在其管內設置了保甲制度。1899 年時，保甲制度基本擴大到臺灣全島。1901 年，伴隨著總督府與地方行政的改革、警察政治的逐步形成，警察配置由集團制開始向散在制過渡，爲了將保甲制度與警察系統更加有機地結合起來，2 月 26 日，下發了民政長官通達，再次強調了保甲事務的重要性，要求加速完成保甲制度。

　　臺灣的保甲制度最初完全是作爲「土匪」對策產生出來的。1903 年臺灣社會基本平靜後，可以說是百廢待興。當時臺灣的警察開始轉向普通民政事務，這樣在警察指導下的保甲，自然也就轉爲警察的下級行政補助機構。由於以前的保甲條例的細則由各廳自己制定，所以，保甲組織的各種相關制度細化就成了當務之急。1902 年 6 月，南部六廳廳長在臺南召開會議，在總督府的認可下，制定了《保甲條例施行細則標準》〔註10〕，對保甲制度進行了細化規定。但由於此細則標準不是由總督府統一下發的，所以各廳出入很大。爲了進一步強化保甲制度，總督府於 1904 年 1 月，發出《關於保甲編成的注意事項》〔註11〕的通牒，對保甲的編成、保甲事務所、保甲職員、壯丁團的編成、壯丁團的職員，保甲職權的行使、保甲的責任等都作了統一規定。〔註12〕「注意條款」發佈以後，臺灣全島才有了統一的保甲制度，並有組織地推動保甲行政。

　　從上述內容來看，保甲制度是以臺灣人，主要是漢民族人爲實施對象的。只要是臺灣人，不管男女老少，都是保甲民，透過保甲制度，所有的臺灣人民都被組織爲警察的輔助機關。

〔註10〕　（日）中島利郎、吉原大司：《鷲巢敦哉著作集》Ⅲ，第 87～90 頁。
〔註11〕　（日）中島利郎、吉原大司：《鷲巢敦哉著作集》Ⅲ，第 87～90 頁。
〔註12〕　（日）中島利郎、吉原大司：《鷲巢敦哉著作集》Ⅲ，第 87～90 頁。

二、保甲制度的組織結構

（一）保甲的編成

1、保甲的戶數

保甲的戶數基於《保甲條例施行規則》第二條的規定，原則上約十戶編成一甲，約十甲編成一保。這種編組方法並不是採用舊慣每十家為一牌、每百家為一甲、每千家為一保的三級制。而是採用了每十戶為一甲及每百戶為一保的二級制。這是依據這種制度創始母法的黃六鴻的《福惠全書》所講的二級制度。

追溯前源，這一制度的淵源是中國歷代的鄰保制度。鄰保團體編成的戶數作為大概的原則是有定數的。也就是如果採用五的話，那麼就以它的乘數作為法定數。但在實際編成的過程中，出現零數的場合也不少，因而不能一律按法定數來編組。為了處理這些零數，也就有了不按法定數來編組法，產生了畸零戶或稱畸零甲這種煩瑣的變例來。清朝的戶部就有「畸零散處通融編列」（十家以下為一牌，十家以上也可為一牌）這樣的注釋。另外葉佩蓀的「七分併八之法」（八戶以上可為一牌，三、五戶可與附近的戶全為一牌）也是這樣的例外法，這種法是依據時代而變化不必一律相同。但是，臺灣規定甲及保的編成，如前保甲條例施行規則第一條「大凡每十戶為一甲，每十甲編成一保」的規定，是採用概數。作為它的原由，大概夠十的時候就不採用變例。這是以前所沒有的一個特點，即它很有融通性。關於它的概數的範圍，依據 1904 年 1 月民政長官的通知，每甲可由未滿十五戶或五戶以上組成，四戶以內不能組成一甲，採用隨機就近合併的辦法。十六戶以上時可將之分為二甲。每保由十甲以內五甲以上編成，四甲以內的時候不單獨設保，與相鄰保合併為一保；十六甲以上的地方可分為二保。另外有一千保以上的市街地區時視為特別的情況，可斟酌依據舊慣，每三百戶左右組織成一保。

2、保甲的地域

保甲制度施行的地域，依據《保甲條例》第七條「本條例限定在地方長官認為有必要的地區，並經臺灣總督認可後方可施行」〔註 13〕的規定，並沒有強制在全島普遍實施，是否施行一任地方長官來決策。但是在《保甲條例

〔註 13〕　（日）杵淵義房：《臺灣社會事業史》，第 1000 頁。

施行細則》的第一條「保甲條例在州、廳以下全盤施行」〔註 14〕的規定下，應該沒有種族差別，全島一律施行。但就創設實施以來的實際情況來看，對於臺灣人或本島人沒有例外全部實施該制度。而對於日本人及其外國人則不包括在內。對日本人不實施保甲制度的最大理由是由於兩種族之間語言、習慣及生活方式等有差異。

從法理上來看，這是典型的殖民差別政策，實際上它導致了日本與臺灣難以融合的重大社會問題。臺灣人也從心底裏認為這種政策的差別待遇是不平等的。另外從保與甲的編成區域來觀察，根據《保甲條例施行細則標準》第三條，參酌地方的舊慣、土地的狀況、種族的關係等，在區長管轄的區域內，根據街莊區域編成「保」的原則。但是，莊及區的戶數不夠編成一保時，數個街莊合併組成一保；反之一個街莊的戶數太多的時候，又可分為數保分轄，但一個街莊不能分屬於二保以上。甲由保的一個方向的順次鄰接的房子來編組。

3、組成保甲的手續

組成保甲的手續，依據《保甲條例施行細則標準》第二條規定，組成保甲時，其區域內住民的家長必須就保甲的名稱（何郡何警察官署、何支廳、何街莊第×保、第×甲等）；保甲的區域；區域內的街莊及戶數人口；區域內的地圖等事項進行簽名，向所轄的州或廳提出申請，並接受其認可。

依據以上的手續來實施這一制度時，強制它所轄地區域內的各戶家長，加盟《保甲規約》。若組成後轉居他所或有新的家長出現時，也必須誓約遵從現行規約。

（二）保甲的職員

1、保甲長的選任資格

保甲的工作人員主要由保正及甲長組成。保正是每個保的、甲長是每甲的負責人。甲長由該甲的團體人員選舉產生，經保正報所轄郡守、支廳長、警察署長及警察分署長認可。保長由該保的團體人員選舉產生，經報所轄郡役所、支廳、警察分署上報知事及廳長認可。其選舉的日期及場所預先要向郡役所、支廳及警察提出申報。

保正及甲長的任期是二年，期滿後可再選。關於保正及甲長的資格，沒

〔註14〕　（日）中島利郎、吉原大司：《鷲巢敦哉著作集》Ⅲ，第85頁。

有特別積極明確的規定，從《保甲條例施行細則標準》第五條來看，除三種人（二十歲未滿；不是保甲內居住的家長；受禁錮以上刑罰的人）不得擔任以外，保甲民一般都有被選舉的資格。但一般他們都是在保甲範圍內，有財力、有能力的一流人材。

保正及甲長作為保甲民，也與其他的一般保甲民眾一樣，負有一般的責任和義務，同時，一方面作為保正及甲長，也負有特殊的職責和義務。這種特殊的職務在原則上是無報酬的，如果認為有必要給予的時候，必須得到知事或廳長的認可才能支付。實際的情況是沒有領報酬的保甲長，全部都是名譽職務。

2、保甲職員的職責

保正的職責是接受所轄郡守、支廳長、警察署長及警察分署長的指揮和監督，維持保內的安寧。此外，在保內還要接受市尹、街莊長及區長的指揮，協助執行其職務職責。關於其職務執行的具體內容主要是，監督甲長，對保內住民的非法行為進行教戒，協助警察官吏搜查及逮捕犯罪人，對違反規約的人進行處分，執行規約中的褒賞救恤，執行過怠金的徵收及處理事宜，執行經費的收支預算、決算及賦稅的徵收等。此外，保正還有負責確認戶口的變動、發現有犯罪嫌疑人及行為不良者、或發現有傳染病患者時，迅速向警察報告等的義務。

甲長的職責與任務是接受保長的指揮和監督，維持甲內的安寧。此外、在甲內還要接受市尹、街莊長及區長的指揮，協助執行其職務職責。其職務主要是協助保正進行工作；調查甲內的戶口及人員出入的管制；協助警察官吏及保正進行犯罪人的搜查及逮捕；教戒甲內住民不能有非法行為等。另外，他們還要負責向保正報告甲內有關戶口上的變動，如果發現有犯罪行為的人及行為不良者、或發現有傳染病患者時，也應迅速報告。

保正、甲長是自治團體的「首長」，是該團體內的「一流人材」，利用他們來輔助行政事務的處理非常便利。所以《保甲規則》的第二條，在 1909 年以律令第 5 號修改為：「臺灣總督認為，在必要的情況下，保及甲的職員可輔助區長的職務」。同時在「施行規則」第三條第三項中規定：「保正及甲長接受市尹、街莊長或區長的指揮，在保內或甲內輔助執行市尹、街莊長或區長的職務」。〔註15〕

〔註15〕 （日）中島利郎、吉原大司：《鷲巢敦哉著作集》Ⅲ，第 104 頁。

這些職責本來並不是保甲的職責，它限定在不妨礙保甲事務的限度為準。所說的補助事務的範圍，在 1907 年 10 月，以內訓令第 3 號把它限定如下：法令及其它行政官廳發佈命令的宣傳及傳達；產業上的調查資料的收集及其設施；臺灣年度地方稅收及其它費用收入書類的傳達及納入監督等。

（三）保甲職員的監督及懲罰

根據《保甲條例施行規則》第三條規定，保正的直接監督者是所轄郡守、支廳長、警察署長及警察分署長；甲長的直接監督者是保正。

保甲職員違背其工作職責時，由地方長官懲戒。其處罰為百元以下的罰金、剝職及譴責三種。另外保甲職員如果知道有犯罪行為的人，卻不接受保甲內住民的申報，甲長不把申報報告保正，保正也不報告警察時；或戶口上有變動、有行為可疑分子或知道有傳染病患者，或雖接受到保甲民的申報，但甲長不報告保正，保正不報告警察時，除上項的懲罰之外還要處以罰金。

（四）保甲的事務

如前所述，保甲制度是為了達成警察行政及市街莊區的下級輔助行政順利進行而設置的，它的事務也屬於二級行政範圍以內，其主要的事務有保甲的名稱及區域；戶口調查；出入者管理；風水火災、土匪、強盜等的搜查警戒；傳染病預防；鴉片敝害矯正；道路橋梁的小型修繕及掃除；害蟲預防；獸疫預防；保甲會議；過怠金處分；保甲內的褒賞救恤；經費的收支、預算決算及賦課徵收；有必要保持前各項的外圍安寧等事項。從其事務內容上看，保甲即有「地方警察」的性質，又涉及到普遍的地方行政事務。

（五）保甲民的責任

保甲是以家為單位的鄰保團體，所有人都是保甲團體的構成單位即是成員。從保甲編成的形式來看，除家長以外的家庭成員不是保甲的正員，所以不負有保甲民的直接責任。但必須遵從家長的命令盡保甲民的本份。家長不在時，要代替家長擔負起其義務。因此，家庭成員實質上與家長一樣，作為保甲民負有間接的責任和義務。家長的責任，又分為單獨責任和連座責任二種。

1、單獨的責任

單獨責任是指保甲內的家長必須履行指定義務的場合，單獨所負的責

任。重要的義務有加入保甲規約；從外地轉入或新立戶的家長，必須誓約服從現有保甲規約：接受過怠金、保甲及壯丁團所需要費用的徵收，不能無故拒絕繳納或滯納；發現犯罪人或行為可疑之人進入甲內，馬上向甲長報告；讓外地來的人住宿，或自家人有一晚上以上的旅行時，及食宿人離開，或旅行者歸來時，馬上報告甲長；出生、死亡或有其它戶口上的變動時，馬上報告甲長。

2、連坐責任

所謂保甲民的連坐責任，是指保甲內的住民犯有所定罪的場合，其保及甲內的全部家長處以所定的處罰（罰金或課料）。

作為保甲民負有連坐責任的場合有二種，一為甲內住民中有被處以重罪刑罰時，其甲內的各家長都處以課料，但對於發現犯罪行為，並帶領犯罪人向官署報告的人可免除其罪。二是違背保甲規約時，按規約中設有褒獎和過怠金處分的方法進行處分，可對當事人進行單獨過怠金處罰，也有連坐過怠金處罰。事態非常嚴重的場合，除對違背者以外，所在保及甲內的各家長，都要處以過怠金。

（六）過怠金處分

過怠金處分，是保甲民違背保甲規約所規定事項時，對其收取金錢的一種保甲制裁方法。它的目的是利用剝奪違背者財產的方式，以期勵行保甲規約。金錢的徵收是以罰金或課料這種強制的形式來實現的。過怠金是對保甲市民違反規約行為所科以的對保甲團體的制裁，不是刑罰，是屬於規約中的規定，需要地方長官的認可，它對保甲民具有約束力，保甲民不得無故拒絕，必須發誓遵從這一規約。另外，當滯納過怠金及各種賦稅時，將被處以課料。根據臺北州的保甲規約，對沒有交納過怠金的人，經保甲會議的議定，知事的認可後，可以勞役來換取。在這種場合，每五十錢折算為一天，不足五十錢時，亦為同額度。

過怠金的處罰，是對違反規約的人，科以保甲內的一種制裁，它的方法及金額不一定全部依據規約。所以，全島並不是一律的，地方根據情況多少有一些差異。例如《臺北州保甲規約標準》中規定，保甲民違反下記各項之一的，處以十錢以上十元以下的過怠金。

不掛門牌；家人有變動時，不迅速訂正門牌的；戶口有變動時，不迅速

向甲長提出申請,不依據調查規則經由保正向當地官署報告的;遷出、失蹤、死亡、廢戶口及有留宿人員離去時,有義務報告者不在保甲內,家主、地主、甲長或保正不向當地官署報告的;留宿他保的人員時,沒有直接將其姓名、年齡、職業、目的及預定的日期數向甲長報告,他離開時也沒有向甲長報告的;自己家裏有人需要在外住宿一晚以上的旅行時,沒有把他的姓名、旅行目的地及預定日期向甲長申報,或他歸來時沒有迅速向甲長報告的;壯丁團員沒有正當的理由,損壞或丟失其被服器具的。

保甲民如違反下記各項之一的,處以五十錢以上五十元以下的過怠金。

對保正甲長的戶口調查不誠實回答的;知道下列事項(發現有犯罪行爲的人或形迹可疑的人及身份不明的人進入甲內、發現販賣不正當物品或進行強買強賣的人進入甲內、發現謠言惑眾者或有傷風俗習慣的人進入甲內、聚眾集合舉動不穩的行爲)而不馬上向甲長報告;甲長不在或因其它事故不能向甲長報告的場合,不直接向保正或警察報告的;沒有得到警察的承認就留宿身份不明的人住宿的;在匪賊盜竊、風水火災及其它災害發生時,或匪賊強盜在保甲內潛伏或通過時,家長不迅速向警察官吏報告或不受保正甲長的指揮進行警戒及不協力搜查逮捕的;家長如發現保甲內有違反法規或行爲不當者時,不快速向保正甲長或警察官吏報告;各戶的家長不通力合作相互警戒以防保甲內出現犯罪者的;家長不注意衛生,不保持住宅內外及道路上下水等的清潔的;家長在鄰居有傳染病人、疑似病人死亡時,不馬上向甲長、保正或警察官吏報告的;家長不接受警察及保正甲長的指揮,不從事滅鼠及其它傳染病的預防消毒工作的;如果在自己家裏出現傳染病、疑似患者死亡時,不迅速向警察官吏申報,等待警察指揮的;家長在甲內發現有受到交通阻斷的人時,或發現阻礙交通的人或事,不快速報告警察的;對受到交通阻礙的人所相鄰近房子的家長及甲長,不提供資金援助及其生活必須物品的;當甲內發生獸類傳染病時或疑似發生時,不快速向保正、甲長或警察官吏報告,不聽從其指揮,不努力進行預防消毒的;家長不接受保正甲長或適當官吏的指揮,來從事病蟲害的預防與驅除的;家長在病蟲害發生或疑似發生時,不迅速地向甲長、保正或警察官吏報告的;家長在病蟲害驅除及預防中,沒有正當的理由而拒絕指揮官吏命令的;家長不進行對道路橋梁及上下水堤壩等的清潔及小破損的修繕義務的;如若道路橋梁堤壩或其它交通上出現障礙,不快速排除或進行防護的;牛畜出入鐵路附近時,不在鼻上加環用手牽

著，或看守者牽兩頭以上不用繩子牽著，或不找一個方便的地方拴在樹上的；保甲內的子弟不聽從家長的訓戒時，家長把他交給甲長或保正，仍不聽從訓戒的；前項的子弟不遵守保正的訓戒，不思悔過，保正不把此情況報告警察的；在他人私有田地住宅範圍內放養牛馬羊豬或其它家畜的；壯丁團員不遵守下記各項的（壯丁團員不相互團結，日常不注意自己的品行，有粗暴行為的；在勤務工作中不聽從警察及壯丁團長、副團長指揮的；在勤務服務時不著規定的服裝，只限於緊急情況下不能著裝時不在此範圍之內；在服務以外的時候，著制服或攜帶壯丁團器具的；壯丁團在沒有警察或團長命令時自行解散，但一旦接受召集命令或聯合區域內發生變故或災難時，不馬上到指定的場所或現場集合的；被服及發放品不妥善使用，日常不注意保養，任意其污損的；壯丁團員及其職務由其它人代理的）；壯丁團員在非常事變發生時，不快速通知保甲內民眾，不迅速向警察報告的；壯丁團員有以下行為者（怠慢或違反職務的、不聽從正副團長指示命令的、在非常事變時，無故遲到或不參加召集者）；無故拒絕保甲及壯丁團所需要經費的徵收或滯納的。

　　保甲民違反下記各項之一的，處以一元以上百元以下的過怠金。

　　違反下記責任者（測量或其它用的建設標識標柱等的移動及毀壞、對列車及鐵道線路放置或投擲瓦石木竹或其它危險物造成障礙的、在鐵道線路上及公園放養牛馬羊豬的、毀壞電信電話電燈的設備或官方設置的郵政信箱的）（此場合除對違反者處以懲罰，還對當地的保甲內各家長進行連坐的處罰）；保甲內子民不守國家法律，營私結黨，搞同盟罷工，或沉溺於打架鬥毆及放蕩淫逸，作擾亂地方安寧有傷風俗的事情的；違反下記各項（賣給硝石販賣營業者、醫師、醫生、藥劑師以外的人硝石的、婦女的纏足有悖於善良的風俗，也有害於生理衛生，有纏足的、發現有偽造貨幣及偽造紙幣的，不把樣品及出所迅速向保正甲長或警察報告的、不接受使用一元銀幣、外國銀貨幣及外國補助貨幣的買出賣出的、不保護居住區的保安林及防砂林的）之一的。

（七）保甲民的獎賞及救恤

　　所說的獎賞及救恤，是指對保甲民在執行事務過程中有顯著功績的人的獎勵，或者對其在履行義務時死亡、負傷或留下疾病的救恤。它的目的與過怠金一樣，是維持保甲規約執行的。只不過一個是懲罰的方法，一個是獎撫的方法。

根據《臺北州保甲規約標準》，壯丁團員及保甲民中有在事變發生或其它場合救人性命或保護財產有顯著功勞之人；捕獲匪賊強盜或其它重大犯罪人的；得知犯罪人的行迹或發現危害安全事件，迅速報告，加快捕獲速度，遏止了事態發生的；保正甲長或壯丁團員平素勤奮工作，品德端正成爲楷模的；發現有僞造貨幣及僞造紙幣及對相關罪犯進行檢舉等行爲時，經保甲會議決定，給予百元以下的獎勵。

關於救恤，與前面所述的獎勵一樣，是基於保甲條例所制定的各保甲的規約。以《臺北州保甲規約標準》爲例，保正、甲長、壯丁團員及保甲民中，有爲履行規約所規定的義務各項之一的，遭受死亡、殘廢、或疾病者，可給予五十元以上百元以下、二十元以上百元以下的撫恤金及給予五元以上十元以下的治療費及津貼，其標準由保甲會議議定。

（八）保甲會議

保甲會議分爲保甲會議和保甲聯合會議二種。

保甲會議是組織同一保甲內的保正及全部甲長，來認定保甲事務中最重要事項的，保甲內唯一的議決機關。它的議定事項不論團體還是個人，都必須遵守。由於它的重要性，在保甲會議召開的時候，警察必須出席會議給予幫助指導，並且會議的召開除依據規約以外，必須得到所轄郡守、支廳長、警察署長、警察分署長的必要認可後，選擇時間召開。保甲會議的議事由保正負責進行整理。保甲會議需要總數半數以上的人出席，並依大多數人通過爲準，如果票數相同，由保正來裁處。保甲會議主要對諸如保及甲的名稱區域變更、對違反規約者給予過怠金處分、獎勵及救恤、制定保甲費的負擔額、報告保甲費的收支決算等重要事項進行議決。另外還有所轄郡守、支廳長、警察署長或警察分署長認爲必要的事項，也被作爲議決事項來處理。

保甲聯合會議是由相關聯的各保來組織，協議相鄰各保間的相關事項，並對之進行議定而組織的。會議召開時，制定的會則，要由相關聯的保正署名，向所轄郡役所、支廳或警察官署提出申請，取得認可。會議的召開及閉會時，都要向所轄郡役所、支廳、警察署或警察分署申報，且必須有警察出席會議。在會議協議的事項，必須遵守會則的規定，它的範圍只限於各保相關係的事項。

（九）壯丁團

　　壯丁團是爲幫助維持地方安寧而設立的保甲機關之一。原有的壯丁團是中國保甲制度中的一種特殊機關，是根據其國內特殊的社會狀況來創設的。此制度是從管仲的「什伍制」中開始的，後來在歷朝的保甲制度中都要設立，其組織根據時代多少有些差異，但常以弓箭槍劍等作爲武器，由保甲內的少年體力強健的人爲壯丁，在農閒時期進行訓練，有事即由團長引領進行防護。

　　日本入臺後，在創設保甲制度的同時，參酌舊慣編成了壯丁團。保甲制度最主要的任務是保持地方的秩序之安寧，但單靠保甲民的自制自戒是達不到目的，這就要求成立自衛的專門機關。保甲條例第五條規定：保及甲爲防禦土匪及水火災害的警戒及防禦而設置壯丁團。它的目的主要是爲對付土匪、強盜、蓄害、風災、水災、火災等非常事變。

　　壯丁團以壯丁、壯丁團長及壯丁副團長這三者組成。成立手續是，由保正甲長出具所在區域及街道莊名稱、團長以下職員及壯丁人員名單、勤務方法以及經費的收入支出方法等事項，經由所轄區內的郡役所、支廳或警察官署向所轄州及廳提出申請，並得到知事或廳長的認可。壯丁團中的壯丁，是在其所屬區域內的住民中，由十七歲以上未滿五十歲的男子，體態強壯品行善良的志願者中選擇，在保正與甲長協議的基礎上，每一甲選拔一名來擔任。壯丁團長及副團長由壯丁團員在所有的壯丁中相互選舉產生。但團長要盡可能從警察官吏派出所所在地選舉，並且保正不得兼任，其數量通例是團長及副團長每個保一名。這樣相互選舉出來的團長及副團長，要經由保正，得到所轄郡守、支廳長、警察署長或警察分署的認可。

　　壯丁團要備有壯丁團職員名單、壯丁名單及登記帳簿，並交由團長整理保管，並且要把這些名單及帳簿的另冊提交所轄郡役所、支廳或警察官署，每當有增減變更時，要提出訂正報告。

　　壯丁團的任務是在其區域內發生匪徒強盜等的侵害，或發生火災及風災、水災等非常災害之時，聽從警察及團長的指揮，迅速從事警防工作。其它區域發生事變之時，或接受到報告之時，在加強所管轄區域內的警戒同時，聽從警察的指揮，有相互支持的義務。

　　壯丁團員的勤務方法，依據保甲條例施行細則標準第十八條的認可之外，還接受作爲專門監督官廳的所轄郡守、支廳長、警察署長或警察分署長的指示。在其勤務中，團長秉承所轄郡守、支廳長、警察署長或警察分署長

的指揮監督，副團長協助團長的工作之外，當團長有事時，副團長可代行其
職。

壯丁團的指導、訓練及監督由所轄郡守、支廳長、警察署長或警察分署
長來進行，但他們的監督通常是由警察官吏進行定期或臨時召集，對壯丁團
進行點檢來培養團員，以待一朝有事時而無遺漏。

（十）保甲的經費

保甲經費全部由保甲民來負擔，而其收支預算，每年由保正在前頭年的
十二月份編成，並得到所轄郡守、支廳長、警察署長或警察分署長的認可，
其決算在第二年一月末止，向同一官署報告。經費的徵收方法依據地方不同
有所區別，或依據戶口數量，或經過調查對赤貧者全免等等，並沒有一定的
要求。其「賦稅」爲一戶一整年平均六十錢以內。雇入保甲書記的家庭，允
許徵收到一元。

保甲的經費可分爲保甲費和壯丁團費二大項，也可區分爲經常費或臨時
費二種。其徵收及支出都由保正製作徵收本或支出本，使其收支明瞭，其中
的支出事項不允許有費目以外的支出。過怠金平時是屬於保甲的收入，但不
到萬不得已，不得納入經常費中，另外保管，用作褒賞、救恤、或其它臨時
必要的費用（「關於保甲過怠金支出件」1904 年 9 月民警第 1682 號民政長官
通知）。保甲費及過怠金由保正保管，其保管方法區分爲保甲費和過怠金，並
酌情以郵政儲蓄或銀行預備金來保管。壯丁團的經費如前所述，爲保甲費的
一部分，其金額爲一保五元至十元，專門用於壯丁團的費用。

三、保甲制度的性質與職能

保甲制度的重建，最主要的目的與職能，是配合警察與憲兵，對抗日義
士進行剿滅的自治警察功能。總督府借用保甲制度，將自治警察變成爲法條
文化，而地方長官又可根據律令大綱，將保甲規約的相關制度、連座責任等
隨意規定。這樣就使得臺灣的警察機構，向最小自治單位協力團體——家庭
發展，最終成爲以住戶爲基礎的地緣自治團體。1902 年以後，由於警察政治
的原因，保甲組織除了一般的警察事務以外，開始新的歷史使命，即輔助最
下層的普通民政事務。

臺灣在 1897 年開始設置街莊役長「公所」，但「公所」並沒有取得明顯

的政績。因當時的「公所」一般只有街莊役長和一二名的書記，就連納稅通知下發這樣的小事都不能做得很好。當時「役所」的工作人員非常羨慕保甲組織。因爲由於保甲制度的完備，保正和甲長每月可以在派出所召集會議，就一些事情進行商討，也能組織保甲民完成屬內任務。〔註16〕對於警察來說，只要保甲能夠完成自己的任務，適當幫助街莊公所事務，也是益事。於是在1904 年 4 月發佈通知，除街莊事務中現金收授以外，保正甲長得支持納稅管理事宜。8 月，總督府以訓令形式發佈認可保甲對街莊公所的行政援助事宜。「廳長可令保甲職員補助街莊役長事務。但其種類要由臺灣總督規定和認可。」〔註17〕這樣，確定了保甲援助行政事務的根本方針。

　　本來在《保甲條例實施細則》中，就已經有一些行政助長事務。諸如「戶口的調查、安寧風俗及警戒搜查、埤壩交通、經費收支賦課徵收、過怠處分、出入者管理、衛生獸疫預防及害蟲驅除、壯丁團、褒賞及救恤」〔註18〕等等。1904 年以後，根據總督府的新訓令，各廳都開始借助保甲來推行自己的行政。當時保甲除警察事務外，主要援助事務爲：法令周知相關事項；產業統計相關事項；戶籍變動申請及調查相關事項；國稅納稅通知書及地方稅徵收通知書的發放及未納督促相關事項；害蟲驅除相關事項；獸疫預防相關事項；道路掃除及小破修繕；度量衡器的普及。〔註19〕

　　1909 年，廢止了以前的「街莊公所」，設置新的「區長公所」，因此，總督府以律令第 5 號對《保甲條例》進行了修改，將第三條修改爲：「臺灣總督認可在必要的時候，可以讓保及甲的職員輔助執行區長的任務。」〔註 20〕同時，以府令第 66 號（1920 年第 136 號）對《保甲條例實行規則》進行了修改，將第三條修改爲：「保正受所轄郡守、支廳長、警察署長及警察分署長的指揮與監督，負責保持保內的安寧。甲長接受保正的指揮監督，負責保持甲內的安寧。保正及甲長接受市尹、街莊長及區長的指揮，在保內及甲內輔助市尹、街莊長及區長工作。」將第四條修改爲：「保及甲設置壯丁團時，由保正甲長向所轄郡役所、支廳及警察官署通報，由知事及廳長認可。」將第六條修改爲：「團長（壯丁）須受所轄郡守、支廳長、警察署長及警察分署長及上級團

〔註16〕　（日）中島利郎、吉原大司：《鷲巢敦哉著作集》Ⅲ，第 102 頁。
〔註17〕　（日）中島利郎、吉原大司：《鷲巢敦哉著作集》Ⅲ，第 103 頁。
〔註18〕　（日）江延遠：《保甲制度叢書》，第 128 頁。
〔註19〕　（日）中島利郎、吉原大司：《鷲巢敦哉著作集》Ⅲ，第 103～104 頁。
〔註20〕　（日）中島利郎、吉原大司：《鷲巢敦哉著作集》Ⅲ，第 104 頁。

長的監督來指揮部下。」〔註21〕1910年，又以內訓的形式規定了保甲職員必須協助區長職務的事項。〔註22〕

經過此次調整，各區長或代理者可以直接參加保甲會議，同時其自己作為保甲民及行政官吏，也可就保甲職員事務相互援助，並同所轄派出所警察官吏及保甲職員之間經常交換意見。這樣，作為具有警察輔助職能特點的保甲制度就更加具有新的意義，成為日本統治臺灣的最下層具有警察性質的行政組織，而不再是單純的鄉民自治組織了。另外，為了便於警察對保甲的控制，日本人還制定了一套將保甲書記進升為乙種警察的「一石二鳥」的制度〔註23〕，這使警察與保甲結合的更為密切了。

日據臺灣時期的保甲制度確實參照了中國以往的傳統，但它更是現代的殖民政策與日本統治者統治技巧相結合的特殊產物。它吸收了基於舊的法權系統而產生的連坐制度與保甲的形式，加入了現代警察技術，並且，整個系統被掌握在一個現代、完備、苛刻、橫暴的警察制度與控制整個社會的警察政治的前提與環境下，因此，它不是一般意義上的「自治」，而是名符其實的警察輔助組織。特別是郡守與支廳長都明白地以警察充任，那麼保甲組織自然成為警察政治的最末梢神經。「警察既然掌握了保甲，警察力就浸透到行政的底層，因此，反又增加了警察的力量，提高了警察的地位。總之，說到臺灣的統治，不能忽視警察，講到臺灣的警察，就不能忽視臺灣的保甲。」〔註24〕

警察對保甲的控制，我們可以從臺灣民報上窺視一斑。警察不僅對保甲進行嚴格控制，甚至還有侮辱人格的做法，如《巡查惹起公憤──由於不尊重人格》一文中所描述：「新莊郡三重埔派出所在勤部長沼田某，於本月三十八日，在和尚洲保甲會議席上發言，欲建宿舍，時役員答非所問以可暫用現之宿舍如何，沼田某隨以霹靂之聲，罵諸役員為ネコ（即貓）時，在座之人概不懂日本語，只有青年李維岳、李四連二氏不堪其辱，起而應答，會議之事須互相討論，以公論為正義，沼田某不但不由二氏分說，自大罵二人，怒氣衝天，舉手扭住二人到場外跪下，又命二氏速歸支那，二人不得已退出，

〔註21〕（日）中島利郎、吉原大司：《鷲巢敦哉著作集》III，第104頁。
〔註22〕（日）中島利郎、吉原大司：《鷲巢敦哉著作集》III，第104頁。
〔註23〕（日）江廷遠：《保甲制度叢書》，第219～223頁。
〔註24〕鹽見俊二：《日據時代臺灣之警察與經濟》，《臺灣經濟史》，第146～147頁。

心大不甘，而一般人亦莫不爲之憤慨。」〔註25〕當然，這也許是個別的現象，但也能反映出警察對保甲組織控制之嚴厲。

1906 年底臺灣的保甲組織總人員達到 90,915 人，是當時警察的九倍，舉凡勸業、土木、納稅、修路、疾病的預防、害蟲預防等等都在其職責範圍之內。警察與保甲成爲日本人殖民臺灣的暴力基礎。「保甲規約無所不用其極，除鋪橋造路等的事情以外還有輪流送文書，甚至現在又要兩日一回保甲人民去當挑水夫。」〔註26〕就保甲制度，臺灣民報中就有《保甲制度的妙用》（大正十四年十二月十三日，第八十三號）、《無所不用其極之保甲制度》（大正十五年一月十七日發行，第八十八號）、《惡政二則——保甲的妙用》（大正十五年十一月二十八日發行，第一百三十二號）、《保甲無所不用其極》（昭和二年六月五日發行，第一百六十號）等多篇文章進行批判。

就保甲組織的職能，各州都有自己的相關規定。根據日本政府編寫的《保甲制度論送付之件》，主要有警察事務、行政勸業、行政衛生、社會風俗、戶籍事項、租稅事務等多個方面。

警察事務方面具體的職能是：匪徒的警防、住民的相互檢察、犯罪及事變的告發、犯罪人的逮捕、居住宿泊者的管理、旅行及去向不明者的管理、賭博的禁止、防火、防水、河川交通通信網的保護與修理。

行政勸業事項（警察的事項是非常重要的，同時勸業、勸農相關事項也很重要）爲：以勤勞爲宗旨，田地不能荒廢、耕耘相關事項，即獎勵耕耘，驅除害蟲，以期獲得豐收、副業的獎勵、業務事務，即甲內有生老病者時，甲內住民要共同幫助其生活、山林的保護、種子、肥料的配給、農作物的共同出賣、農耕資金的融通。

衛生行政事項的具體職能是：徹底普及衛生思想、傳染病的預防警戒、傳染病發生時的應急處置、壞嗜好的矯正，即阿片等吸食者的矯正。

社會風俗教化相關事項爲：徹底普及教育、獎勵孝敬忠實及親切、徹底普及建國精神國家觀念、慶殯的共同謀劃及救恤、徹底普及保甲精神、鼓勵青年士氣、宗教心的養成。〔註27〕

〔註25〕 《巡查惹起公憤——由於不尊重人格》，《臺灣民報》，大正十五年二月十四日發行，第九十二號。

〔註26〕 《保甲無所不用其極》，《臺灣民報》，昭和二年六月五日發行，第一百六十號。

〔註27〕 （日）《「保甲制度論」送付の件（3）》，國立公文書館藏檔：C04012413800。

從上述內容來看，保甲組織實質上已經包羅萬象了，再加上其借助於警察的強制力，其職能上的威力就可以想像了。1934 年時，臺灣全島共計有 51，776 甲，其行政能力遍及全島，由於其鉗制臺灣人民的特殊功能，儘管廢止之聲不斷，但此種「民族差別待遇」，一直持續到日本戰敗。

四、保甲制度的作用

（一）維持地方治安的作用

建立保甲制度的最初目的，是爲了鎮壓臺灣抗日義士，對所謂「土匪」進行討伐。但該制度一直到 1900 年才基本普及到全島。從此種情況來看，保甲組織對「土匪」鎮定事業所起的作用並不顯著。這最主要是出於當時臺灣人普遍對日本統治的反抗心理，當然也有對抗日義士的同情心理，其中也不排除對眞正土匪的恐懼心理。當時的情況是，如果遇有抗日義士來襲時，壯丁團員沒有人向日本官廳報告。即使知道抗日義士即將來襲，也佯裝不知，等到義士離開後再向警察通報。當時著名的「撲仔腳支廳事件」、「斗六、林杞埔壯丁反抗事件」及「北埔支廳襲擊事件」，都令日本統治當局十分惱火。

撲仔腳所在的南部當時是抗日義士集中的地方。1901 年 10 月，抗日義士謀劃襲擊日本警察支廳。在襲擊撲仔腳支廳之前，義士們白天襲擊了附近的派出所，以顯示其威力。但當時的保甲及壯丁團沒有一人向警察或官廳報告，當天下午四點左右，義士們開始包圍撲仔腳支廳，將支廳長等多名日本人殺死。當時的保甲民佯裝不知，並告訴義軍日本人隱藏的場所，同時還向他們提供了食物。日本統治者十分憤慨，罰以部民一千二百元的連坐過怠金。

1902 年 5 月，在斗六、林杞埔等地進行歸順招降式，當時發生了大的騷亂，很多義士從現場逃去（推測可能是日軍欲殺害之）。7 月開始對其進行搜查，當時壯丁團長二人、壯丁監督四十五人、壯丁八百二十多人進行了爲期二個月的搜查。當時一群土民正好聚集在歸順義士首領黃傳枝的家中祭祀關公。巡查就此進行詢問，集會者回答「此乃神命」後就不再說話，後與巡查發生衝突。當時佯裝歸順的黃傳枝與陳旺等心中有愧，於是率領壯丁進行反抗，他們先殺死監督的警察官及軍隊的日本人，後又出其不意地襲擊了梨仔嶺、湖塗窯、石壁、外湖、樟湖、草嶺等地。

1907 年的北埔支廳襲擊事件也是如此。保甲部民不但不通知警察，反而

加入到襲擊之中，令當時的大島警視總長十分惱怒，同樣處以連坐過怠金處罰。

　　儘管說保甲組織對日本統治臺灣初期的「土匪」鎮定事業所起的作用並不顯著，這不表明其不起作用，只是其作用不像日本統治者所期待的那樣。應當說是依據保甲規約等，對保甲內的出入者嚴加管理，防止可疑人員進入，同時，壯丁團員進行日常巡邏，對於保證保甲內人民的正常生活安寧等，還是起了很重要的作用。

（二）保甲組織對警察系統的輔助作用

　　保甲對警察的輔助作用，首先應當是對民情的查察上。當時的臺灣警察多半都是由日本內地招募來臺的，他們一般先在練習所裏學習六個月之後上崗，對普通臺灣人說話，幾乎聽不懂，特別是鄉間老人們的土話就更加困難了。所以，當時在派出所附近一般都設有保甲的事務所。保甲職員作為新赴任警察的協助者，將管轄區域的情況作以介紹，並協助警察進行工作。這樣警察的基層工作就沒有什麼大礙了。從百姓的角度來講，百姓要想與警察交涉，也必須通過保甲職員從中翻譯。這樣，保甲組織承擔著上與警察下與百姓溝通的中介作用，這也是保甲組織對臺灣殖民統治的一大特色。

　　臺灣風土病嚴重。保甲職員都是臺灣本地人，其抗病能力較強，日常的預防消毒、病者的看護運送、死者的收屍埋藏等都有他們來完成。有時一個街莊都感染病毒，可以說病毒的預防與撲滅是臺灣的一個「事業」，此事業全賴保甲職員的努力。日本統治者對此也給予很高的評價：「當時如果沒有保甲壯丁團，僅靠警察是絕對不行的。……臺灣衛生狀態獲得了想像程度以上的改善，此衛生政策的成功，不能無視本島警察的苦勞和保甲壯丁團的幫助。」〔註28〕

　　另外，警察有軍事行動之時，一般都需要保甲「人夫」的幫助。特別是左久間總督實施的五年「征蕃計劃」時，保甲組織所動員的人力負責物資的運送、傷病員的護送等的後勤工作。一般的警察行為，特別是對生蕃的征討出動警力時，都是緊急任務，一時間需要百千人的「人夫」，如果沒有保甲組織是絕對做不到的。根據日本人統計的資料，於 1914 年 4 月，對警察圍剿隊

〔註28〕　（日）中島利郎、吉原大司：《鷲巢敦哉著作集》Ⅲ，第 122 頁。

物資運送而出動的保甲人夫總數達五萬五千六百多人。〔註 29〕很多保甲職員為此獻出生命。

另外，每當有水災發生時，由警察指揮的保甲組織才是真正的救災者。同時保甲組織在發生火災時，也承擔著消防隊的作用。特別是發生地震災害時，保甲職員配合警察與街莊職員工作，對災民進行救助，以保持地方治安的穩定。日本統治者自己都認為：「保甲組織作為保障部民安寧秩序的警察系統補助機關，其任務十分龐大，說警察功績的一半屬於保甲組織並不為過。」〔註 30〕

（三）社會風氣的改善作用

在日本人沒有進入臺灣島以前，臺灣島內就流行著諸如鴉片吸食、纏足、辮髮等習慣。從今天看來這確實是不利於身體健康的陋習。臺灣總督府對此採取了相應的措施。這些與人民密切相關的行動當然離不開保甲組織的配合。

鴉片煙歷來是日本政府絕對禁止的。但日本殖民統治者為了從臺灣獲得更大的經濟利益，以所謂的「人道正義」為藉口，並沒有馬上禁止吸食鴉片，而是採用漸禁的辦法，即對於已經吸食成癮者限量供應。但由於有走私鴉片者，吸食者並沒有減少的趨勢，為此不得不由警察出面來進行整頓管理。作為警察下層組織的保甲，自然更要參加。但其主要作用是為了防止吸食者購買走私的鴉片，防止由鴉片而帶來的經濟利益旁落，並不是禁止吸食，所以，其作用並不顯著。

纏足是一項舊習，不論從衛生上還是健康上都沒有什麼好處。儘管總督府一再提倡放足，但實際的效果並不顯著。1915 年修改保甲規約，將禁止纏足作為一項加入其中。即從 1915 年 4 月禁止纏足。各地保甲積極行動，到 8 月份不到半年的時間，臺灣全島解除纏足者達 495,984 人。〔註 31〕這可以說是保甲組織的另一個功績。

日本佔領臺灣以後，剪髮成為是否服從日本統治的一個標誌。總督府就此並沒有什麼明文的規定。辜顯榮等在 1897 年前後就已經斷了頭髮。之後，臺灣醫專的學生及巡查補開始實行斷髮，在 1902 年前後，「它吧呢」地方的

〔註 29〕 （日）中島利郎、吉原大司：《鷲巢敦哉著作集》Ⅲ，第 123 頁。
〔註 30〕 （日）中島利郎、吉原大司：《鷲巢敦哉著作集》Ⅲ，第 124 頁。
〔註 31〕 （日）中島利郎、吉原大司：《鷲巢敦哉著作集》Ⅲ，第 118 頁。

保甲民聯合起來，一次就有數千人進行了斷髮，在那以後，保甲職員們積極
努力，開始取得了一些進展。1911 年辛亥革命爆發後，大陸也勵行斷髮，臺
灣才從根本上消除了辮髮。

　　賭博可以說是各國的陋習，臺灣也不例外。特別是在每年的正月，公然
賭博盛行。根據刑法，賭博是要受到法律治裁的。但有賭博事件發生時，往
往警察官一到現場，大家就裝作不知道，由於缺乏證據，處理起來也非常困
難。但保甲組織則不同，它直接面對百姓，所以，用保甲組織監控賭博事件
就易如反掌。

（四）教育及道路等行政援助事務上的作用

　　日本入臺以前，臺灣的道路並不發達。這主要是由於資金問題，一方面
也是防止遠方土匪的一種方法。日本入臺後，開始修築道路，大部分的道路
都是由保甲出工修築的。經過二十幾年的努力，臺灣的道路比日本內地還要
整齊有序。「這四通八達的道路只不過是由保甲出工完成，道路完成後，交通
更加便利，文化交流也很方便，農產品、薪炭等其它產業額也不斷增加，臺
灣人民也逐漸感覺到道路給他們帶來的恩惠。」〔註32〕

　　《保甲規約》中就有保正、甲長及各家長有教育各保甲內子弟防止其誤
入歧途的規定。保甲規約規定家長有訓導子女的責任，同時保正甲長也有監
督保甲內年青人的責任，檢查他們的日語學習情況，是否有吸食鴉片等不良
行為。由於嚴格的連座懲罰制度，使保甲內的人民輕易不敢做出違反規約的
做法。

（五）戰時的作用

　　第一次世界大戰期間，臺灣各地的反日殖民統治鬥爭又進入一個新的時
期。1907 年的北埔事件、1912 年的東勢角事件、苗栗事件、西來庵事件等，
特別是 1921 年臺灣文化協會的成立，臺灣島內新的反日殖民統治、主張自治
的思想不斷高漲。受控於警察的保甲組織自然承擔起思想監督與教化工作。

　　1937 年中日戰爭爆發後，普通臺灣島民對戰爭情況並不瞭解，日本殖民
統治者就利用保甲會議欺騙人民，宣傳所謂的東亞善鄰論，以保證前線與後
方的團結。保甲組織在軍夫的徵發、農民義勇軍的募集、軍用物資的徵用等

〔註32〕　（日）中島利郎、吉原大司：《驚巢敦哉著作集》Ⅲ，第 128 頁。

方面配合警察的活動，起著非常關鍵的作用。在戰爭激烈之時，保甲組織還擔當著防空監視哨等其它任務，同時還承擔著安撫戰亡人員家屬的工作。

五、臺灣人民對保甲制度的態度

保甲制度是日本殖民統治者為剿滅抗日義軍而重建的。從它重建的那一天起，就嚴格地控制在警察手裏。1902 年底，其所謂「土匪鎮定事業」基本告一段落，作為「土匪對策」的保甲制度，至此應無繼續存在下去的必要。但事實上直到 1945 年 6 月 17 日，日本向同盟國投降前夕，臺灣總督府才依據「中央政府對外地同胞處置改善方針」，廢止了保甲制度。是故在日本當局的經營下，保甲制度在臺灣實施將近五十年之久。

1903 年日本殖民統治者已經基本上完成了鎮定「土匪」的事業，而警察的力量也發展到足以監督保甲制度。由於警察開始廣泛地介入到普通民政中，致使臺灣的警察機構遠比其它民政機關充實，同時又因警察事實上掌握了民政，所以保甲制度的運用範圍，亦予擴大，使其成為最下級的行政輔助機關。特別是 1909 年總督府以律令第 5 號對保甲條例進行改正後，保甲不止於輔助執行基本警察事務，其它諸如勸業、土木、納稅及戶口調查等都在其輔助執行之內。保甲組織運用家長在「家」中的崇高地位，及選用紳商、望族等地方領導人士為保正、甲長，使警察——保甲職員——臺灣民眾，構成金字塔形狀，形成嚴密的殖民統治體制。可以說保甲制度對臺灣「警察政治」的確立，及對社會政治、經濟、思想、文化的影響都很深刻。警察既然掌握了保甲組織，警察力就浸透到行政的底層；因此，反過來又增加了警察的力量，提高了警察的地位。「這樣，在此警察國，臺灣人民是在『自己出力、自己出錢、自己負責』之下，維持地方的安寧、建築道路並援助其它行政事務。這顯然是為了援助臺灣總督府的治安維持、財政獨立及產業振興。而保甲的義務，只有臺灣人有之，日本人及先住民則在保甲之外。」〔註 33〕臺灣警察與地方保甲制度構成嚴密的統治網，是臺灣殖民統治的成功關鍵所在。這種「民族的差別待遇」，凸顯了日本對臺灣統治的殖民性質。

第一次世界大戰後，受世界民主思潮的影響，臺灣開始向日本政府提出廢止保甲制度的意見。1921 年 1 月 10 日，臺中州彰化郡的彰化街長楊吉臣、

〔註33〕矢內原忠雄著、周憲文譯：《日本帝國主義下之臺灣》，帕米爾書店，1985 年，第 163 頁。

線西莊的莊長黃呈聰、秀水莊的莊長甘得中、鹿港街長陳懷澄、南郭莊莊長張晏臣、和美莊的莊長陪允恭、大竹莊的莊長揚宗僥、芬園莊的莊長張青波、花壇莊的莊長李鴒儀、福與莊的莊長潘邦治等人，聯名向第一任文官總督田健治郎提出「保甲制度撤廢建議書」。〔註34〕

　　當時此事件在臺灣引起很大的反響。臺灣民報也就廢除保甲制度一事，在報紙上進行大辯論。《本社設問的應答——保甲制度當「廢」呢？當「存」呢？》（臺灣民報大正十五年一月一日發行，第八十六號。）一文引起社會極大的反響，臺灣島民積極支持，並希望盡早廢止這一民族差別待遇。但發達的保甲制度，已經成為日本殖民臺灣的末梢神經，日本統治者又怎敢自斷神經。特別是日本從朝鮮的警察與保甲關係中得到啓示，沒有發達的保甲制度的配合，其內務與警察都將處於困境。〔註35〕所以，日本殖民者為了自身的利益，始終也沒有廢除保甲制度。

〔註34〕　（日）中島利郎、吉原大司：《鷲巢敦哉著作集》Ⅲ，第 131～132 頁。
〔註35〕　在朝鮮警察是獨立的，與保甲制度沒有關聯。下村元民政長官在視察朝鮮後認為，朝鮮的制度中其內務與警察之所以不能順利進行，其主要原因就在於警察與保甲的分離。參見：（日）中島利郎、吉原大司：《鷲巢敦哉著作集》Ⅲ，133 頁。

第四章　警察制度的規範化及高等、經濟警察

　　日本統治臺灣的前二十五年，所有的行政及經濟政策的實施，都由穿著制服的警察人員來擔當。1912 年以後，由於世界民主思潮的影響，臺灣人民對於警察機關兼理各種行政事務的舊制度漸感不滿，時有批評，而且這一制度由於環境的變遷，對於臺灣當時的實際情形亦有不甚相宜之處。1920 年，首任文官總督田健治郎為推動「內地延長」政策，對臺灣特有的「警察政治」進行改革，希望盡可能如日本內地那樣，由普通文官掌理一般行政業務，警察專責固有的警察事務即可。因此，田健總督乃於當年改正「地方官制」，把一般行政事務從警察事務劃分出來，其主要目的是在劃分一般行政事務與警察事務，使警察機關專心致志從事份內的警察事務。另外，從大正末期到昭和時代，日本的思想界大大地動盪，臺灣也受到其影響。臺灣人民以民族獨立為目標，或以廣泛地自治為目的的民族運動蓬勃展開，錯綜複雜，「物情騷然」。為監視、壓制臺灣人民的民族運動，1928 年 7 月，川村總督援自日本國內法，加強高等警察制度（所謂高等警察，就是思想警察）的建設。即在日本與臺灣的來往船隻上，分派警察官，藉以「防止日本與臺灣的思想聯繫」及「人犯」的潛伏逃亡；又在往來臺灣與中國大陸的船隻上分派警察，並在大陸口岸常駐警察官員，監視中國與臺灣的思想聯繫，以期鎮壓風起雲湧的共產主義運動與民族自決運動。所以，臺灣的高等警察，除了負有與日本國內同樣的鎮壓無產運動的任務以外，還負有鎮壓臺灣民族運動的特殊任務。在盧溝橋事變以後，臺灣經濟亦進入戰時狀態，各種有關於經濟統制的法令

陸續施行。爲了偵查並檢舉對於這些法令的違反案件，總督府於 1938 年 10 月又實施了經濟警察制度。臺灣全境共設經濟警察 247 名。1939 年 10 月又增加了 380 名。結果，在總督府及各州均有經濟警察課設立，來執行經濟警察事務。不久，因爲戰時物資的困難，糧食及其它重要物資實行配給制，經濟警察人員又嫌不足，於是，臺灣的警察，幾乎完全經濟警察化。日本這一警察國家的色彩，到了統制經濟時代，發揮得更爲徹底。

一、地方行政組織的改革及警察制度改革

1919 年 11 月 11 日，田健治郎到達臺灣。馬上開始視查了新竹等廳，召集各廳廳長，就施政方針加以具體指示。其施政方針爲：「余以文官，初膺重任，殊感職責深重。夫臺灣乃構成日本之一部分領土，雖然屬日本帝國憲法統治之版圖，不能視同英法各國之以殖民地只爲其本國政治之策源地或經濟上的利源地而論。因此，統治方針，皆以此大精神爲前提，作種種經營設施，使臺灣民眾成爲完全之日本民臣，效忠日本朝廷，加以教化善導以涵養其對國家之義務觀念。」〔註 1〕爲了貫徹其施政方針，田總督開始對地方行政進行大的改革。

（一）地方行政組織及警察組織的大改革

1920 年 8 月，總督府以敕令第 218 號發佈了地方官官制改革案。此案於 9 月 1 日開始實施。緊接著，在 10 月 1 日，開始實施與日本內地地方區劃一致的州制市制街莊制。新的「總督府地方官官制」，廢止了以前實施了近 20 年的「廳與支廳制」，實施「五州二廳制」。各州廳設置職員爲：「知事 5 人（敕任）、廳長 2 人（奏任）、事務官 10 人（奏任）、理事官專任 29 人（奏任）、警視專任 21 人（奏任）、技師專任 19 人（奏任）、視學專任 12 人（判任）、屬專任 462 人（判任）、警部專任 261 人（判任）、技手專任 186 人（判任）、通譯專任 20 人（判任）、警部補專任 298 人（判任）、稅務吏專任 162 人（判任）、森林主事專任 142（判任）。」〔註 2〕其中「警視於各州或廳在勤者專任 1 人，充當支廳長者 3 人，充任警察署長者 4 人，各郡配置定員人數爲 7 人。」「警務部長秉承知事的指揮，執掌警察及衛生相關事項，指揮監督郡守、警

〔註 1〕 簡後聰著：《臺灣史》，五南圖書出版公司，2001 年，第 606～607 頁。
〔註 2〕 （日）《臺灣總督府地方官官制》第二條，公文書館藏檔：A01200179200。

視、警部、警部補及巡查。」「警視秉承上官的命令掌理警察及衛生事務，指揮監督部下的警部、警部補及巡查。」「警部秉承上官的命令從事警察及衛生事務，指揮監督部下的警部補及巡查。」「警部補秉承上官的命令從事警察及衛生事務，指揮監督部下的巡查。」〔註3〕

　　另外，此次改革還廢止了巡查補及隘勇的名稱。〔註4〕巡查補及隘勇從來都以本島人及生蕃人來擔當，也一直被看作爲一種差別待遇。田健治郎爲了更好地同化臺灣人民，體現其「準自治制度」，廢止了巡查補及隘勇名稱，將巡查補改爲巡查，將隘勇改爲警手。其主要目的是穩定警察隊伍，推進警察業務的進步。

　　此次官制改革案第三十二條還規定：「在各州設置郡及市。郡的數量爲四十七個，市的數量爲三個，」郡及市職員配置如下：「郡守四十七人、市尹三人、理事官專任三人、視學專任五十人、屬專任四百人、技手專任五十人。」〔註5〕

　　伴隨著地方官官制的改革，1920 年 8 月，總督府以訓令第 144 號頒佈了《臺灣總督府州事務分掌規程》，其中第 11～16 條與警察事務直接相關。相關部分錄於下：

　　第十一條　警務部設置高等警察課、警務課、保安課、衛生課及理蕃課。

　　第十二條　高等警察課掌理下記事務：
　　　　一　集會、結社、新聞紙、雜誌及其它出版物相關事項。
　　　　二　保安規則執行相關事項。
　　　　三　勞動問題相關事項。
　　　　四　危險思想及其它機密取締管制相關事項。
　　　　五　外國人取締管理相關事項。
　　　　六　其它高等警察相關事項。

　　第十三條　警務課掌理下記事項：
　　　　一　警察招慕相關事項。
　　　　二　警察職員配置、紀律、服務及教養相關事項。

〔註3〕　（日）《臺灣總督府地方官官制》第二十三條，公文書館藏檔：A01200179200。
〔註4〕　（日）《新制と警察制度》，《臺灣總督府警察沿革誌》（第一編），第 627 頁。
〔註5〕　（日）《臺灣總督府地方官官制》第二十三條，公文書館藏檔：A01200179200。

三　巡查以下進退、賞罰及其它身份相關事項。

四　巡查的退隱料、遺族扶助金及其它給助相關事項。

五　警察專用電話相關事項。

六　兵器彈藥相關事項。

七　不屬於他課主管事項。

第十四條　保安課掌理下記事項：

一　行政警察相關事項。

二　司法相關事項。

三　犯罪即決相關事項。

四　刑事被告人及囚犯護送相關事項。

五　保甲相關事項。

六　戶口相關事項。

七　免囚保護相關事項。

八　海外旅行券相關事項。

第十五條　衛生課掌理下記事項：

一　傳染病及地方病預防檢疫相關事項。

二　上下水及其它保健衛生相關事項。

三　乳肉衛生相關事項。

四　醫院公共醫療及其它醫藥相關事項。

五　製藥及賣藥相關事項。

六　阿片及阿片代用品取締管理相關事項。

第十六條　理蕃課掌理以下相關事項：

一　蕃人蕃地相關事項。

二　鐵絲網相關事項。

三　蕃地內取締管理相關事項。

四　蕃地衛生相關事項。

五　粗製樟腦油製造管理相關事項。

六　航空相關事項。〔註6〕

〔註6〕　（日）《州事務分掌規程改定》，《臺灣總督府警察沿革誌》（第一編），第635
　　～637頁。

在州事務分掌確定以後，總督府在 8 月又以訓令第 145 號頒佈了《臺灣總督府郡事務分掌規程準則》，其與警察相關內容如下：

第一條　郡設置庶務課及警察課。

第二條　庶務課掌理下記事項。

第三條　警察課掌理下記事務，但高等警察相關事項不屬於課長專屬。

　　一　警察區劃相關事項。

　　二　警察職員的配置、紀律、服務及教養相關事項。

　　三　巡查以下進退賞罰及其它身份相關事項。

　　四　警察專用電話相關事項。

　　五　兵器彈藥相關事項。

　　六　行政警察相關事項。

　　七　司法警察相關事項。

　　八　犯罪即決相關事項。

　　九　刑事被告人及囚犯護送相關事項。

　　十　保甲相關事項。

　十一　戶口相關事項。

　十二　獸疫預防相關事項。

　十三　畜牛保健組合相關事項。

　十四　傳染病及地方病的預防及檢疫相關事項。

　十五　上下水及其它保健衛生相關事項。

　十六　乳肉衛生相關事項。

　十七　病院及其它醫藥制度相關事項。

　十八　製藥及賣藥相關事項。

　十九　阿片及阿片代用品相關事項。

　二十　蕃人蕃地相關事項。

二十一　鐵絲網相關事項。

二十二　蕃地內取締管制相關事項。

二十三　粗製樟腦、樟腦油製造管理相關事項。〔註7〕

〔註7〕　（日）《郡君事務分掌規程準則發佈》，《臺灣總督府警察沿革誌》（第一編），第 637～638 頁。

　　從以上州郡事務執掌內容來看，比後藤新平時代的「支廳掌理事項」規定更為詳細。

　　從此改革的內容來看，彷彿實現了田總督試圖讓警察回歸到的其本職務的範圍內。因為，從「兒玉——後藤」時代開始，臺灣的地方行政基本上是以警察行政區作為行政管區的「廳及支廳制」。廳及支廳的自主權力狹小，很多事情都必須等待總督的批示。「州制市制街莊制」的實施，廢止以前以警察為行政中心的「廳與支廳制」，回歸到以行政治理為中心的普通民政區劃。州知事的設立，使以前的中央集權制度得以打破，實現權力的下放，體現了分權的宗旨。判任官以下官員的任免，也屬於其權力範圍。各州廳職員設置的員額也體現了這一思想。以前由警察協理負責的稅務及森林事項，現在由專任的稅務吏及森林主事來掌理。警察機構作為州政府的輔助機關，警務部長作為知事之下的最高警察首領，其機構下設幾個分課，作為單純的監督機關而存在。警察具體執行的業務，則由郡守警察署長直接掌理，同時，知事有制定行政警察法取締法規的制定職權。從警察的執務內容來看，警察專理「警察與衛生」事務。

　　但實質上由於警察在近二十年的時間裏，一直是臺灣行政的主導實踐力量，想一下子就將本由警察主持的行政事務全部收回，由普通行政人員辦理也是不可能的，因此，在這次「總督府地方官官制」改革案中，由警察主導的地方行政機構仍然保留。新改革案的第二十八條規定：「廳長為分掌廳內事務，可在臺灣總督的認可下設置支廳。支廳長由警視或警部充任。」第二十九條規定：「在市設置警察署。知事認為必要之時，警察署之下可設置警察分署。警察署的名稱、位置及管轄區域由臺灣總督定之。警察分署的名稱、位置及管轄區域由知事定之。」〔註8〕從這兩條來看，儘管名義上廢止了「廳與支廳」制，但實質上，在臺東廳及花蓮廳等一些地方支廳制還在保留。支廳長仍舊由警察充任。地方行政仍舊由警察把持。知事儘管本身沒有警察權，但其有設置警察署的權力，且有權規定警察分署管轄區域。

　　警察主導地方行政機構最主要的體現，是郡守或市長擁有警察權。新改革案規定：「在州設置郡及市。郡的數量為四十七個，市的數量為三個。」「郡守或市尹秉承知事的指揮，執行各種法令，掌理部內行政事務，指揮監督所

〔註8〕 （日）《臺灣總督府地方官官制》，公文書館藏檔：A01200179200。

屬官吏。郡守就警察及衛生相關事務得以指揮監督郡內配置的警視、警部、警部補及巡查。」〔註9〕

　　這一新的行政機構與舊時的廳與支廳時代，在形式上確實有所不同。在舊廳與支廳時代，廳長之下一律設置支廳，由警察官充任支廳長，並付與一切的行政權力。此次田總督的新改革案，在臺灣西部五州新設置市及市尹，助理一般行政事務。設置警察署，專門掌理警察事務。其餘的地方設置郡，郡下設置庶務課，專理助長行政事務。郡下設置警察課，掌理一般警察事務。但是在東部地區，由於其民情與西部相異，所以暫時仍舊實行舊有的支廳制度。對於郡守警察權制度，田健治郎在 9 月 1 日的官制改正的總督府會議上提出：「廢止支廳，設置郡守市尹，亦是這次改革的重點之所在。從來支廳長以下的官吏都由警察官吏充任，普通行政事務亦由警察掌理。此舉畢竟只是順應時代的便宜手段。普通行政事務由普通文官來擔當，警察只發揮其本職功能。然而警備力量的重要性是不言而喻的，此次改革只不過是將警察復歸到其警察本來的職責範圍內，斷沒有縮小警備力量的想法。並且付與郡守以警察權，以確保行政機關的統一性。」〔註10〕

　　雖然新的行政機構與舊時的廳與支廳制度儘管在形式上不同，但實質卻很相似。由於二十幾年養成的警察對行政的滲透能力，想一時加以消除是不可能的。警察對行政的干預，是採用強制手段，其效果自然高於普通的行政手段。經過長期的警察政治時代，人民已經習慣於並認同了警察行政。擁有警察權力的郡守及市尹，借助於警察力量來鞏固安定自己的行政統治，自是順理成章之事。特別是此時期的警察，不論從質量還是從技術層面上，都比以前有了長足的進展。

（二）此時期警察組織的特點

　　從 1895 年到 1920 年可以說是臺灣警察的奠基時期。在此 25 年間，有兩大特點。其一是警察權力的龐大。警察對地方治安具有全權。軍隊干涉地方治安的情形已經被完全削除。警察權威業已樹立起來。不僅人民視警察為地方安全的主宰，而且基層的保正甲長，都受警察的指導監督。警察事實上成

〔註9〕　（日）《臺灣總督府地方官官制》第三十二條及第三十六條，公文書館藏檔：
　　　　A01200179200。
〔註10〕　（日）《改正に關する田總督正式訓示》，《臺灣總督府警察沿革誌》（第一編），
　　　　第 625 頁。

爲政府的代表，是推動行政的主要力量。因此這段時間又被稱爲日本治臺的「警察政治」時代。其二是蕃務與警政的密切聯繫。山地問題在當時不是經濟問題，也不是教育問題，而是警政問題。因此，「蕃務」除一度曾另設機關外，自始至終都與警察工作溶爲一體。由此可以看到日本人治理蕃人的方針與重心所在。這兩大特點也足以說明日本人在治理臺灣初期時對警察是如何的重視。

（1）業務範圍更加擴大

在 1920 年以後，臺灣的警察組織指揮監督機構更加充實，人事制度更加完善，業務範圍更加擴大。

儘管總督府下的警務局與以前的警察本署比，似乎地位有所下降，但它仍然是全島警察的最高機關，其下仍設警務、保安、理蕃、衛生及庶務五課，但其內容卻遠比 1920 年以前更爲充實。其中警務課設：警務系、教育系、調查系、經理系、電話系、物品系、行政系。保安課設：高等系、圖書系、活動寫眞系、調查系。理蕃課設：整備系、監察系、授產系、教育系、衛生交易系。衛生課設：總務系、預算系、醫務系、保健防疫系、預防系。庶務課掌理全局庶務事項。

（2）執行機構更加完善

1920 年以後的警察執行機構在州和廳的名稱有所不同。州設「警察部」，廳設「警務課」，市設「警察署」，郡設「警察課」及支廳，其下於重要地區設「警察課分室」，下轄「派出所」與「山地駐在所」。

其機構組織爲，州警察部設六課：警務課、高等警察課、保安課、刑事課、理蕃課、衛生課。廳警務課設警務、高等警察、保安、刑事、理蕃、衛生等六系，職掌與州警察部下各課相同，惟其官職較低，所轄業務較爲簡單。市警察署設警務、高等、保安、司法、衛生等五系，職掌與州警察部下各課相同。但市沒有「理蕃系」的設置，此因市區內蕃族不成爲問題。但另設有「消防組」，用以防止及撲滅都市火災。該組下設警務、消防、營繕等三個系，分別處理消防有關事務。市警察署的基層組織是「派出所」，沒有「分署」一類的組織。郡警察課有警務、保安、司法、高等、理蕃、衛生等六系。其下爲警察課分室，分室之下才是派出所，在山地則是駐在所。凡直隸屬於州的郡警察課與分室都有消防組的設置。其下的派出所甚至設有消防隊。至於直隸於廳的郡警察課與分室都無消防組。另外，各州警察總部之下設有水上警

察署，是管區內水上治安的主持機構。水上警察署下設警務、高等、司法、衛生等四個系，分別掌理該管事務。

2、人事制度更加完善

日據中期臺灣的警察人事，不論數量還是質量，都比初期有了很大進步，各種相關制度也逐步完善。

（1）從人數上看：

當時警務局設局長 1 人爲首長，下設警視 2 人，警部及事務官各 7 人，技師 10 人，翻譯官 1 人，屬 51 人，技手 12 人，共 91 人。其中局長爲敕任官，事務官、警視、技師、翻譯官爲奏任，警部、屬及技手爲判任。各州廳的警察人數爲：臺北州：2,057 人；新竹州：2,040 人；臺中州：2,205 人；臺南州：1,352 人；高雄州：1,467 人；臺東廳：524 人；花蓮港廳：606 人；澎湖廳：105 人，總計 10,356 人。其中事務官 5 人，警視 22 人，技師 5 人，警部 246 人，警部補 291 人，技手 24 人，通譯 5 人，警察醫生 14 人，巡查部長 729 人，甲種巡查 4,391 人，乙種巡查 2,279 人，警手 2,345 人。其中僅事務官、警視爲奏任，警部、警部補以下爲判任，巡查部長以下都爲判任待遇。〔註11〕

臺灣中期警察組織系統如下圖：

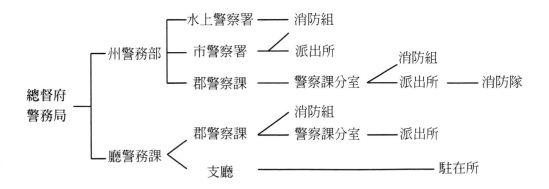

（2）從質量上看：

當時日本對臺灣警察人員的任用甚爲嚴格。判任官以上人員，大半都由

〔註11〕林士賢：《臺灣警政》，臺北：卜疑之，1951 年，第 34 頁。

日本人來擔任。而這些日本人一般都是受到過嚴格的警察官教育，具有相當服務經驗的。巡查及巡查部長，多是採用來臺灣的日本人，其程度則參差不齊，小學、中學、專門學校畢業的都有，但他們都必須在警察學校接受警察正式訓練合格後才予以使用。因此，其執勤服務意識也相當優良。最下級的「警手」則完全是臺灣人，等於巡查的佐助人員，也經過嚴格的選擇才能上崗。

（3）從待遇上看：

臺灣警察人員的待遇，甚為優厚，薪金以外還有津貼，津貼以外還有特種津貼，另外還有假期與官舍的供給。當時奏任警察的年俸 1,460 元至 4,150 元，津貼為薪金的百分之五十。警部、警察補、技手等的月薪自 40 元至 160 元不等，津貼是薪金的百分之六十。巡查部長為 40 元至 70 元，津貼為薪金的百分之六十，但每月不得超過 30 元。特種津貼又分為醫療津貼及各種保障費兩種。醫療津貼為本人醫藥費用補助八成，家屬醫藥費用補助五成。各種保障費為勤勉津貼按月薪加一成。住房津貼家庭成員每人 5 元，依人數計算。地區津貼，在臺東、花蓮港、澎湖三廳工作者，較普通警察人員加一成。戰爭津貼，每月加薪一成。慰勞金每年分四期發放，三月末日發各種津貼總額為薪金之總和三個月數額，六、九、十二末月亦同。機密費按等級分配。外勤津貼則凡是高等、特高、及司法刑事人員都可獲得，每月最低 5 元。此外，警察的福利有每人每年二十天的假期、都由政府供給官舍及每人每年二套，鞋帽各一件的夏裝，冬季各發一套，大衣兩件的冬裝及每年另發佩劍兩把，腳踏車兩輛，雨衣兩件。

3、業務的加強

自 1920 年到 1937 年的一段時間裏，臺灣大體上處於平穩無事狀態。經過田健治郎總督的改革後，儘管仍然存在著郡警分離問題，但警察開始就警察業務，特別是特種營業管理檢查事務開始按計劃開展。

當時臺灣全島特種營業七十四種都劃歸由警察管轄，大至電影院，小到街頭小販，都在警察監督管理之下；臺灣全島衛生及保健防疫事項也都由警察管理；警察還完成了對臺灣全島人口的普查，對人口之控制得以嚴密；山地行政，舉凡教育、衛生、經濟、建設都交由警察辦理；各州所屬警察機構都設有消防組，消防隊為都市城鎮防止並撲滅火災，搶救颱風、地震、山洪等意外災變提供了保障。另外，當時臺灣的警察已經配備了各種先進的科學

儀器，來協助刑事偵查鑒定。還通過設置「浮浪者收容所」、「臺東開導所」，收容無業流民。

　　總之，在這個階段的臺灣警察名義上是不干涉行政，但實際上由於特種營業臨時檢查的劃歸，其對行政的參與並不比「兒玉──後藤」時期減弱。殖民統治者自己的評價是：「1920 年田總督的警制改革，原欲縮少警察機關的權力，但是當時的情勢，使此改革無法完成。一則因為，1920 年以前的二十五年間，一切民政工作均由警察機關負責，他們具有長期培養成功的經驗與能力，一旦放棄，將使統治停頓或後退。二則因為，在警制改革以前，警察人數遠在從事一般行政的文官人數之上，即就此點而論，亦不得不藉重警察的力量。按在日本投降之時，臺灣警察與一般文官的比例，為 9,000 對 20,000.由此亦可反證田總督的改革，在當時是難實現的。」〔註12〕

　　警察仍舊握有巨大的權力，有著自己完整的機構，擁有優良的人員，還配置了當時先進的科學設備。警察為地方治安的唯一主管機構，其事權之廣，權力之大是我們今天所無法想像的。特別是高等警察組織的完善，使臺灣人民完全監控於警察的股掌之中。這樣經過幾十年的強制性統治，培養了臺灣人的近代法權意識，人民開始視警察為法律的象徵，政府的代表，惟命是從，不敢稍有違背。這段時期，是日本人治理臺灣最理想的時期，也是最輝煌時期。

二、高等警察

　　日據臺灣時期的高等警察的建立，是從臺灣警察制度創始時就隨之產生，但其強化則是在後期，即在田健治郎對警察制度進行改革後。

（一）高等警察初期的創始

　　1895 年 6 月 28 日，樺山總督制定的臺灣《地方官假官制》中，第二十一條規定：「警察部掌理高等警察、行政警察、監獄衛生及相關刑事案件司法審判之事務。」〔註 13〕這可以說是臺灣「高等警察」的創始。但由於很快就改行軍政，部分地方組織變成「民政支部」，代替以前的「縣」。根據另行的《民

〔註12〕鹽見俊二：《警察與經濟》，周憲文編著：《臺灣經濟史》，第 974 頁。

〔註13〕（日）《最初の地方官假官制》，《臺灣總督府警察沿革誌》（第一編），第 8～9 頁。

政支部處務細則》，臺灣地方行政編製分為第一、二、三課，第三課職掌「關於高等警察、司法、行政警察事務」，統籌地方的警察勤務。〔註14〕

1896 年 3 月，臺灣總督府頒佈《民政局內務部處務細則》，在民政部警保課下設高等警察掛。「高等警察」執掌的職權有以下幾項：政治結社、集會與其它「國事警察」事項；報紙、雜誌與其它圖書出版物事項；貨幣偽造、變造事項；關於保安條例與預戒命令事項；關於爆炸物事項；關於警察機密費事項。〔註15〕此為臺灣高等警察最初的結構與執掌。

由於初期臺灣警察事務主要由憲兵主持，是故高等警察並沒有受到十分的重視。1901 年廢除警保課改設警察本署後，高等警察才開始有了發展。警察本署成立的主旨，是著眼於利用警察政治對臺灣的殖民地統治發生積極作用，更企圖以警察威力來主導施展各種行政事務。從法律角度來講，運用警察力量來對抗反抗行為，更合乎法條文化。由於高等警察所具有的特殊偵查特點，即能對抗日「土匪」起到偵緝作用，又能從思想上進行監控，所以，總督府開始更加重視高等警察的建設。根據 1901 年 11 月制定的《臺灣總督府官房及民政部警察本署及各局分課規程》第七條：「警察本署直轄警務課、保安課、衛生課，但關於高等警察事務由警察本署長專屬。」〔註16〕次年 2 月頒佈更為完整的《警察本署處務規程》，其第二條規定：「署長專屬部分設置庶務掛、高等警察掛，但關於署員的身份事項全部依署長的命令行事。」其第四條規定了高等警察掛執掌的事項如下：「一、關於政治結社、集會、報紙、雜誌與其它出版權事項；二、關於土匪事項；三、關於施行保安規則事項；四、關於其它高等警察事項。」〔註17〕

在地方上，1901 年 11 月，修改地方官官制，改為總督府、廳與支廳的二級制，廳以下警務課作為基層警察中心。高等警察業務不屬於他系，而由警務課長親自掌理。在支廳部分，亦將高等警察業務納入到支廳長專管範圍內。其具體條文為：「下記事項由警務課長或支廳長親自掌理：一是關於高等警察

〔註14〕　（日）《民政を停め軍政を施行す》，《臺灣總督府警察沿革誌》（第一編），第22 頁。

〔註15〕　（日）《民政局內務部處務細則》，《臺灣總督府警察沿革誌》（第一編），第 76頁。

〔註16〕　（日）《各局分課規程改定》，《臺灣總督府警察沿革誌》（第一編），第 104～105 頁。

〔註17〕　（日）《警察本署處務規程》，《臺灣總督府警察沿革誌》（第一編），第 110 頁。

及其它機密事務；二是關於重要的行政及司法警察；三是關於職員的進退、賞罰事務；四是關於經費事務。」〔註18〕基層高等警察的職掌並無明文規定。從上面條文中可以推斷，其是由警察本署長、支廳警務課長或各支廳長直接指派。

警察本署階段，高等警察的業務不論在中央還是在地方，都是由最高警察首腦直接管理的。此種管理方式是將僅有的高等警察資源集中管理與調度。這主要是基於高等警察獨特的機密原則和當時其組織尚不完善造成的。

此階段高等警察的作用主要有三個方面：

第一、初期的「土匪」鎮定工作中，主要是負責對「土匪」的偵察工作或視察要人的保護及秘密文件的送付等。

第二、1913年臺中中學事件及1914年「臺灣同化會」事件後，臺灣高等警察開始過渡到監控階段。他們對「運動」的主要人物進行特定的監視與偵查，調查主要人物的身份及家庭背景、往來聯絡方式、倡導運動的動機與主張、活動預定日期、行程及相關食宿安排；收集活動的資料、款項、集會、講演的內容；偵查事後的嚴審犯行等等。

第三、積極參與「對岸事務」，加重「高等警察」的角色。〔註19〕

（二）高等警察組織的完備

伴隨著1919年臺灣總督府體制的改組，警察機關廢除了警察本署，成立警務局作為臺灣最高的警察主管機關。〔註20〕1920年9月，田健治郎繼續調整中央警察機關，在警務局保安課下設置了高等掛、特別高等掛、保安掛、司法掛四個單位。高等掛與特別高等掛執掌如下：

〔註18〕 （日）《警察職務規程施行細則》，《臺北廳報》，第102號。

〔註19〕 1915年，臺灣總督府基於管理華南地區的臺灣籍民問題，企圖在外務省的諒解下，由駐福建、廣東兩省領事兼任臺灣總督府事務官。同年9月，在臺北召開領事協商會議，決定總督府參與對岸事務。1916年9月25日臺灣總督會公開舉行首次領事協商會議，確立了二十三項警察關係事務。1917年3月26日，第二次領事協商會議召開，確立了《當府警察官繼續配置之件》、《關於辦理臺灣籍民的入籍之件》和《關於出版物上報之》。警察之派駐對岸，除了鞏固臺灣殖民地統治以外，更重要的是從軍事上著眼，企圖實現在領土問題上更大的野心。參見：陳煒欣：《日治時期臺灣「高等警察」之研究（1919～1945）》，第55～56頁。

〔註20〕 （日）《總督府官制中一部（警務局設置）改正》，《臺灣總督府警察沿革誌》（第一編），第174～175頁。

　　高等掛執掌：一、關於集會結社及議論事項；二、關於執行保
安規則事項；三、關於宗教取締事項；四、關於不屬於其它單位主
管的高等警察事項。

　　特別高等掛執掌：一、關於取締危險思想及其它機密事項；二、
關於外國人的保護取締事項；三、關於朝鮮人事項；四、關於勞動
爭議事項；五、關於報紙、雜誌及其它出版物及著作權事項。〔註21〕

　　通過此次改革，高等警察由以前的長官直屬組織管理模式，轉而形成以
高等掛及特別高等掛為代表的獨立單位，並從業務範圍上，由以前主管政治
結社、保安規則，擴大到宗教管理、勞工運動、外籍人員的管理、報紙雜誌
出版物的管制等。

　　儘管在高等警察事務中加上了報紙雜誌及出版物的管理工作，但隨著臺
灣中文出版物的逐年增加，警務局內從事檢查閱覽人員開始緊缺起來，特別
是精通中文又兼備相關知識的人就更缺少。因此，1928 年 8 月，臺灣總督府
公佈了《警務局章程細則》，將原先保安課的四掛，簡化成為高等警察掛、特
別高等警察掛和圖書警察掛三掛。〔註22〕圖書警察掛執掌事項：「一、關於電
影、影片檢閱相關事項；二、關於管理御紋章、御肖像、勳章及記章等相關
事項；三、關於報紙、雜誌及其它出版物及著作權相關事項。」〔註23〕圖書
警察掛的設立，使廣義出版物取締管理成為高等警察份內的事情，標誌著高
等警察檢閱機能更加全面專業化，也標誌著臺灣治安的重點由以前的行政援
助，轉向思想控制與壓制。

　　1941 年第十八任總督長谷川清任期內，再次修改《警務局處務規程》。
在高等警察相關制度上，將保安課的三掛，改變為六掛，新設置了外事掛、
膠片檢閱掛及調查掛。外事掛執掌：「關於外國人的保護管理事項；關於外
國往來者的保護管理事項；關於國情調查管理事項；關於其它警察涉外事
項。」〔註24〕

　　經過以上一次次的改正，臺灣中央高等警察已經具備了自己完備的組織
形態。

〔註21〕　（日）臺灣總督府警務局編：《臺灣總督府警察沿革誌》（第三編），第 53 頁。
〔註22〕　（日）臺灣總督府警務局編：《臺灣總督府警察沿革誌》（第三編），第 69 頁。
〔註23〕　陳煒欣：《日治時期臺灣「高等警察」之研究（1919～1945）》，第 62 頁。
〔註24〕　陳煒欣：《日治時期臺灣「高等警察」之研究（1919～1945）》，第 62 頁。

地方高等警察制度，大致是沿襲了中央警察官制的做法。1920 年田健治郎總督進行行政大改革後，在州成立警務部掌理警察事務，下設高等警察課、警務課、保安課、衛生課、理蕃課等五課。郡管內設立警察課，高等警察事務由警察課長專屬；市設警察署，高等警察事務由署長專管。

1922 年的地方官制調整中，州管下警務部高等警察課修正了不另設分掛的做法，而分設了高等掛與特別高等掛。〔註 25〕各州高等警察課開始進向專業化機能方向發展。

1929 年 5 月，州管轄下的警務部高等警察課，擴大到高等掛、特別高等掛、圖書掛、勞動掛等五掛，這樣州管轄下的「高等警察」再次得到擴充。

1930 年 7 月的地方官制改革中，對市警察署之高等警察結構作了調整，警察署下設立了高等警察掛，改變了以前由警察署專屬的臨時編製，並規定主管事務為：「一、關於政治運動、思想運動及其它社會運動管理事項；二、關於報紙及其它出版物管理事項；三、關於外國人的保護及管理事項；四、關於御紋章、御肖像、勳章、褒章及記章管理事項；五、關於高等警察文書的收發、編纂及保管事項；六、關於執行臺灣保安規則事項；七、關於其它高等警察事項。」〔註 26〕這樣高等警察單位再度下達到郡市。

（三）高等警察對臺灣社會的全面監控

臺灣的高等警察在 1919 年警察本署轉到警務局保安課主管階段後，其組織形式迅速發展，形成包括高等警察掛、特別高等警察掛、膠片檢閱掛、圖書掛、外事掛等龐大的組織形態，承擔著政治、思想、外事、出版、宗教等多種監控的歷史使命，對殖民地後期民族民主、民族自決思想高潮下的臺灣統治，起著非常關鍵的監管控製作用。

首先是對集會結社的控制監督。凡有集會必須事先按程序向所在地區警察機關的高等警察單位提出申請。室內集會者，必須在開會前六小時，由指定發起人具列集會時間、地點等；室外集會者，必須由發起人在舉行前十二小時向高等警察提出申請。太平洋戰爭後，總督府訂有《言論、出版、集會、結社等臨時管理法》和《言論、出版、集會、結社等臨時管理法施行規則》，

〔註 25〕 （日）《臺灣州事務分掌規程施行細則》（臺北州訓令第五十六號），刊於《臺北州報》第 289 號。
〔註 26〕 （日）《臺灣州事務分掌規程施行細則》（臺北州訓令第十九號），刊於《臺北州報》第 519 號。

將室內集會申請程序改爲「須在開會日兩天前，將集會之場所、目的、內容及舉辦年月日時，向會場所在地之管轄郡守、警察署長、支廳長提出申請」；室外集會申請也是提前二天，「將集會之場所，目的、舉行年月日時及通過路線，向集會場所在地及通過路線所在地之管轄郡守、警察署長、支廳長提出申請」。〔註27〕另外，在集會過程中，必須在會場給「高等警察」官設置席位，以便臨場進行監視。臨場警察官有權力提醒、中止、解散集會。

　　對「結社」的取締管理也是高等警察的任務之一。當時警察把社會的結社分爲：政治性結社與非政治性結社、秘密結社、違反《治安維持法》的結社。〔註28〕高等警察對上述三種結社形態，在管制或取締手段上基本是相同的。「結社」必須走合法申請程序，根據《治安維持法》第一條規定：「政治結社之主要者，自結社組織之日起，於十四日以內及三日以前，應將其社名、社則、事務所及其主要成員姓名向其事務所所在地之管轄警察官署提出申報」。〔註29〕同時禁止以下人員參加結社。即「現役及召集中預備後備之陸海軍軍人、警察官、神宮神職僧侶及其它宗教師、官立公立私立學校的教師學生及中小學生、女子、未成年人、公權剝奪及停止中人」等七種。〔註30〕

　　其次是對危險思想的取締。對臺灣來說，所謂的危險思想即是近代民族民主運動過程中的「社會主義、同盟罷工、匪徒」這三類。〔註31〕其反映到具體的內容上，就包括勞動運動、農民運動、無產政黨運動、學生社會運動、消費組合運動、文化運動等等。特高警察在思想上的監控，以預防爲主。主

〔註27〕　（日）臺灣總督府警務局編：《臺灣警察法規》（上），昭和 13 年，第 13 頁。

〔註28〕　「政治性結社與非政治性結社」是依據結社的目的所區分的，若結社的目的在於企圖影響國家或地方自治組織的政治，則屬於政治性結社，反之，則屬於非政治性結社。非政治性結社，又依據其屬性，分爲公事結社與私事結社。「秘密結社」是指秘密進行的結社，有秘密名冊、秘密暗號、秘密集會等舉動者，不論其是否在政治上有無企圖，均屬於此類。「《治它維持法》的結社」，是指針對《治安維持法》中的特別條文內容所設定者，包括以國體變更爲目的，或以否認私有財產製度爲目的的結社，均屬於此列。參見：陳煒欣：《日治時期臺灣「高等警察」之研究（1919～1945）》，第 101～102 頁。

〔註29〕　陳煒欣：《日治時期臺灣「高等警察」之研究（1919～1945）》，第 145 頁附錄七。

〔註30〕　陳煒欣：《日治時期臺灣「高等警察」之研究（1919～1945）》，第 145 頁附錄七。

〔註31〕　（日）石川忠一：《臺灣警察要論》，新高堂書店，1915 年，第 190～194 頁。

要是對於那些對統治有危險的人物進行的監視、探查及跟蹤，以達到防患於未然之目的。特高警察通過對特定目標的監視盯梢，並記錄與目標的交往人物，檢查目標的私人信件、電話記錄等來掌握目標的動向，同時通過秘密的調查手段，對目標人物關係，目標所在的團體關係、思想動態等進行歷史沿革調查。另外還利用間諜來從事各種情報收集，以掌握確鑿證據。

第三對出版物的控制。1919 年以後，臺灣漢字報紙雜誌開始多起來，為了從思想上控制臺灣人民，總督府強力對出版物進行檢查。先後出臺了《臺灣新聞紙令》、《臺灣出版規則》、《電影檢閱規則》、《劇本及臺本檢閱規則》等法令法規，對出版物及電影膠片等嚴格控制，採取許可制度。規定：冒瀆皇室尊嚴、改變政體或紊亂朝政之事項；預審中的被告事件之內容，檢察官的禁止搜查中如有關預審中的被告事項，有關停止公開訴訟之辯論事項和陷害刑事被告人之事項；煽動犯罪、包庇犯罪、賞恤、救護刑事被告人或陷害刑事被告人之事項；因公製作的官文書、建白書、請願書或有關官廳議事事項，未受官廳許可者；停止依法令所組織公眾集會的公開議事及擾亂社會安寧秩序、妨礙社會風俗事項等都不在報紙登載之例。〔註 32〕對圖書及電影膠片也進行嚴格控制，以行政手段限制其出版發行。

「高等警察」對社會的控制監控，形成了對臺灣人民的一種約束力量，使臺灣的民族運動，包括社會上的任何反對意識都掌握在以警察為代表的統治者手中，這一方面使臺灣社會得以保持安定，但另一方面也鉗制臺灣人民的思想自由。

三、經濟警察的設置及後期警察之特點

（一）經濟警察的設置

1937 年中日全面戰爭爆發以後，在次年的 7 月，伴隨著經濟統制政策的實施，為了確保統製法令運營順利，並在治安上以求萬全，日本政府開始設置經濟警察，掌握經濟統制的管制及掌握社會動向。內務省警察局在 7 月設立了經濟保安課，內設作為內務書記官的課長 1 人，事務官 5 人，理事官 1 人，文員 2 人，其它職員 34 人，共計 65 人。其實早在 5 月份，由於石油消費的專管，日本政府配置了巡查 1,191 名，作為第一批的經濟警察。7 月，在

〔註 32〕　（日）臺灣總督府警務局：《臺灣警察法規》（上），昭和 13 年，第 4 頁。

地方廳設置警視以下 6,128 名作爲經濟警察。之後，又有 1,574 名巡查作爲增員經濟警察，以求取得經濟管制的實效。〔註33〕

所謂經濟警察，即是利用其強制的權力，確保維持社會經濟秩序爲目的的警察，其具體內容體現在兩個方面：一是維持經濟統治社會治安，二是監督社會因統制而帶來的社會秩序的狀態。〔註34〕它是日本在蘆溝橋事變後，爲建立大東亞共榮圈的國策，保持戰時計劃經濟秩序而特設的，其使命是取締管制妨礙及紊亂者，對經濟秩序進行適當的指導。當時由於物資短缺、分配不均、價格暴漲、無限制地消費等造成的軍需品配給不足，形成惡性通貨膨脹而危害國民生活。國家以法律手段，設立經濟統制規則，經濟警察以國家的力量來要求後方的民眾切實履行國民的義務，遵守各種統製法令規則。同時，肩負著將統製法令內容及意義向民眾宣傳的責任，以求得民眾的理解與遵守，並對那些違法之人進行管制與懲罰等。

經濟警察運營的方針，按照《經濟警察所管事項》來講，是統制經濟的確保及厲行，以保證戰時國民生活的安定。具體爲以下三項：

第一、指導、防犯及確保國民生活安定，避免抽象的弊端而就具體經濟問題進行指導，以期問題的解決。

第二、主要力量是徹底查明被檢舉的專門有計劃的集團犯罪及累犯，對生活必需特別物資及主要生產資料、住宅及重要基礎資料進行控制。

第三、把握經濟編製的影響及國民生活的實際狀況，以求經濟情報活動的敏捷與強化。

當時日本警察局經濟保安課事務分掌的統製法令的範圍主要有輸出入品等相關臨時措施；暴利取締令；產金法及基本基金使用規則；其它必要應關係省及各關係部、局相協議的有關於經濟方面的，需要由保安課來掌理的即定法令。〔註35〕執掌事務的內容主要有經濟情報；執行相關指導聯絡事項；各種法令違反管制等相關事項。〔註36〕

日本政府頒佈了大量戰時編製法令，與經濟警察相關編製諸法令有《輸出入品等相關臨時措施之件》、《臨時輸出入許可規則》、《物資販賣價格取締

〔註33〕 （日）《經濟警察所管事項》，公文書館藏檔：A05020239600。
〔註34〕 （日）《經濟警察の伴侶》，公文書館藏檔：A05020195100。
〔註35〕 （日）《警保局經濟保安課ノ事務分掌》，公文書館藏檔：A05020230200。
〔註36〕 （日）《警保局經濟保安課ノ事務分掌》，公文書館藏檔：A05020230200。

規則》、《以暴力爲目的的物品買賣取締相關之件》、《防止輸出入品用原材料
轉用之件》、《農林水產物及農林水產業用品販賣價格管理規則》、《向關東州、
滿州國及中華民國輸出調整相關之件》、《鋼鐵鑄物製造限制相關之件》、《鋼
鐵品的製造限制之件》、《鋼鐵配給統制規則》、《鐵屑配給統制規則》、《銅、
鉛、錫等配給統制規則》、《製鐵設備限制規則》、《工業機械供給限制規則》、
《高純度鋼供給限制相關之件》、《銅使用限制規則》、《鉛、亞鉛、錫等使用
限制規則》、《白金使用限制規則》、《揮發油及生油販賣管理規則》、《煤配給
統制規則》、《煤販賣管理規則》、《綿製品製造限制相關之件》、《綿製品販賣
限制相關之件》、《綿製品加工限制相關之件》、《綿製品製造加工限制緩和相
關之件》、《綿製品加工許可相關之件》、《線配給統制規則》、《毛氈婁配給統
制規則》、《輸出綿製品配給統制規則》、《毛製品與木綿等的混用規約》、《毛
織物製造限制規則》、《人造網絲的粗細限制相關之件》、《人造絹絲販賣價格
管理規則》、《木綿及木綿線販賣價格管理規則》、《木綿線粗細限制相關之
件》、《皮革使用限制規則》、《皮革配給統制規則》、《家兔屠殺限制規則》、《作
爲皮革原料的水產動物的販賣限制相關之件》、《硝酸製造限制相關之件》、《橡
膠使用限制相關之件》、《橡膠鞋的販賣限制規則》、《橡膠配給統制規則》、《橡
膠屑及粉末配給統制規則》、《自動車用輪胎及橡膠管配給統制規則》、《米松
販賣管理規則》、《新聞用卷棒供給限制相關之件》、《原料甘薯配給統制規
則》、《產金法》、《金使用規則》等等。〔註37〕

　　1938 年 4 月 1 日，日本政府以法律第 55 號發佈了《國家總動員法》，日
本內地經濟警察更加強化。與此相伴，臺灣總督府警務局內也開始增設經濟
警察，掌理經濟統制事項。1938 年 9 月 20 日，在臺灣總督府警務課設立「經
濟保安掛」，將巡查 225 名配置在各廳州處理經濟警察相關事項。同年 11 月
22 日，以敕令第 731 號修改了總督府官制，將從事經濟警察的警視 1 人、警
部 4 人、警部補 12 人，共計 17 名的經濟警察幹部新配置於各州廳，〔註38〕
同時，對地方警察制度進行了改正。鑒於臺北州的重要性，州警務部保安課
長升格爲警視，在保安課設置新的經濟保安系，由以前作爲保安課長的警部
來充任經濟保安系的系長。除臺北州以外的其它廳州強化經濟警察機構，各
州（臺北州除外）在警務部保安課設置經濟保安系，各配備警部一人來擔當

〔註37〕　（日）《警保局經濟保安課ノ事務分掌》，公文書館藏檔：A05020230200。
〔註38〕　（日）《臺灣總督府部內臨時職員設置制中ヲ改正ス》，公文書館藏檔：
　　　　　A02030042300。

該系系長。臺東花蓮港兩廳，於廳警務課保安系配置警部補各一人。爲了使臺灣的經濟事務順利進行，警察署及郡警察課，作爲執行官廳，執行經濟警察相關事務，職員增加巡查 225 人，來指導監督本事務的順利進行。同時，與經濟統制相關聯官署密切聯絡。〔註39〕

　　這樣，隨著經濟警察機構的整備，新的經濟警察制度開始在臺灣產生。臺灣的經濟警察與日本內地的經濟警察一樣，都是戰時體制的產物。「經濟警察設置的目的是以實行戰時經濟國策爲目標，基於國家總動員法及輸出入品相關臨時措施等相關法律等，確保有關於經濟統製法令的執行，以求經濟統制的平穩運行，保持戰時國民生活安定。」〔註40〕

　　當時臺灣經濟警察主要的責任是：

　　一、預防檢舉違反經濟統製法令的行爲。由於當時新發佈的各種統製法令涉及的領域非常地廣泛複雜，人們無法全部瞭解與掌握，所以經濟警察的第一要務，就是向民眾宣傳這些戰時法令的內容，以防止違法事件的發生。同時，由於經濟統製法律的內容與民眾的日常生活密不可分，許多內容都以損害普通人的生活質量爲前提，違反法令之事也時有發生，經濟警察還有檢舉這些行爲的任務。

　　二、經濟情報的搜集。由於戰爭的原因，使自由主義經濟開始轉向統制經濟，實質上就整個社會的國民經濟而言，是一項巨大的變革。觀察人們對社會變革的反映，及經濟統製法令在社會實施的情況，是經濟警察的要務。

　　三、特殊物資的配給。當時爲了便於對物資的管理，臺灣總督府將汽油及重油等的特殊物資配給事務交給警察來承擔。〔註41〕

　　經濟警察處理的主要事務主要有：價格等相關指導管理；物資統制相關指導管理；勞務調整相關指導管理；總動員物資輸送相關指導管理；企業許可及企業整頓相關指導管理；貿易統制相關指導管理；電力調整相關指導管理；資金調整對換管理等金融統制相關指導管理；暴利對換等指導管理；奢侈品等的販賣及使用限制相關指導管理；生活必需物資的配給統制相關指導管理等等。〔註42〕

〔註39〕（日）《臺灣總督府部內臨時職員設置制中ヲ改正ス》，公文書館藏檔：A02030042300。
〔註40〕（日）臺灣總督府：《臺灣統治概要》，昭和二十年，第 109 頁。
〔註41〕（日）《部報》，第 38 號。
〔註42〕（日）臺灣總督府：《臺灣統治概要》，第 109～110 頁。

　　根據臺灣總督府編寫的《臺灣統治概要》中的《昭和十九年一月至十二月經濟犯處分調》，整理當時臺灣發佈的經濟統製法如下：《古銅及鐵屑配給編製規則》、《鐵製品製造限制規則》、《鐵鋼工作物築造許可規則》、《皮革配給編製規則》、《豬肉配給統制規則》、《米穀配給統制規則》、《米收高調查規則》、《砂糖配給統制規則》、《落花生及胡麻配給編製規則》、《甘薯及木薯配給統制規則》、《飼料配給統制規則》、《肥料配給統制規則》、《綿製品製造限制相關之件》、《寧麻纖維及黃麻纖維的販賣限制相關之件》、《奢侈品等製造販賣限制規則》、《單寧含有樹皮使用限制相關之件》、《絲配給統制規則》、《臨時輸出入品調整規則》、《石油販賣管理規則》、《槁及槁製品配給統制規則》、《自動車輪胎配給統制規則》、《價格等統制令》、《地代家憑統制令》、《小作統制令》、《物資統制令》、《企業許可令》、《小作料統制令施行規則》、《賃金統制令》、《貿易統制令》、《勞務調整令》、《臨時農地價格等統制令》、《臨時農地等管理令》、《農地作付統制規則》、《雜穀搗精等限制令》、《小麥粉等配給統制規則》、《青果物配給統制規則》、《臺灣鮮魚介生產配給統制規則》、《生活必需物資統制令》、《鐵鋼統制令》、《金屬類回收令》、《會社經理統制令》、《電力調整令》、《植物性雜纖維配給統制規則》、《木材配給統制規則》、《古空壇等回收配給統制規則》、《木炭配給統制規則》、《屑橡膠配給統制規則》、《國民徵用令》、《暴利行為等管理規則》、《外幣兌換管理法》、《產金法》、《臨時資金調整法》、《臺灣食糧管理法》、《國民勞務手帳法》、《臺灣特別行為稅法》等。〔註43〕

　　從上述內容來看，臺灣經濟警察掌理的事項遠遠多於日本內地經濟警察所掌理的事項內容，而且多涉及到戰時的物資。其後隨著經濟統制的不斷強化，經濟統製法令接連發佈，各種違反經濟統製法令的事件，不論是在質上還是在量上都大幅增加。

　　臺灣總督府於 1939 年 9 月份，公佈了《價格停止令》，據此，物價、物資、資金、勞務等各方面都有必要需要經濟警察的指導管理，因此，在 1940 年 2 月 17 日在警務局新設置了經濟警察課。經濟警察課定員事務分掌如下表：

〔註43〕　（日）臺灣總督府：《臺灣統治概要》，第 109 頁。

系　別	事務分掌	事務官	屬	計	摘　要
課長	經濟警察事務的統轄相關事項	1		1	
總務掛	經濟警察相關諸計劃書相關事項 經濟統制相關事項 被統制者指導監督相關事項 經濟警察官教養相關事項 經濟警察相關統計事項		2	2	4
經濟保安掛	經濟統制諸法令違反管理相關事項 經濟警察相關情報搜集事項		2	2	由警務課保安課各出一人
經濟司法掛	經濟統制諸法令違反檢舉相關事項		1	1	由警務課出
合　計		1	5	6	

此表來源日本亞細亞歷史資料中心所藏：（日）《臺灣總督府部內臨時職員設置制中的改正》。

　　同時，經濟警察增加員額爲：地方警視1人、警部9人、警部補11人。當時，在臺南、新竹、臺中、高雄州也新設了經濟警察課，各廳設置經濟警察系，掌理經濟警察事務。對郡警察課及警察署也進行了充實。〔註44〕另外，在其後的1941年進行了小數額的增員。1944年，在日本即將戰敗之際，臺灣總督府於1944年10月31日以敕令第618號，頒佈了《臺灣總督府民政官等臨時設置制》。根據此制，在大東亞戰爭中，應臺灣總督府的需要，臨時在臺灣總督府設置民政官，將之配置於部內各廳。同時，應總督府的需要，根據《臺灣總督府地方官官制》第二條第一項之規定，除地方警視以外，臨時設置臺灣總督府地方警視，將其配置於各州廳。「臨時設置制」還規定：民政官應由臺灣總督府部內高等官來充任，但依據規定地方警視根據臺灣總督府地方官官制第二條第一項的規定，地方警視可充任民政官。〔註45〕這樣，警察可以充任民政官，警察與民政結合的就更密切了。警察不但從事管理違反經濟編製的工作，並以全力從事米及其它主要物資的配給。可以說，經濟統制

〔註44〕（日）《臺灣總督府部內臨時職員設置制中ヲ改正ス》，公文書館藏檔：A02030109500。
〔註45〕（日）《臺灣總督府民政官等臨時設置制》，公文書館藏檔：A03010169000。

時代臺灣經濟政策的推行，是以經濟警察之名，而用全部警察力量來承擔的。

　　爲了防止經濟犯罪，除了平常利用廣播、報紙等媒介外，經濟警察還採用與業者進行座談會、懇新會、交流會等方式，使業主知曉戰時各種有關經濟統制相關法令內容，同時，經濟警察還必須時常到街頭或工廠進行巡查。僅經濟警察創設一年的時間，像這樣的活動就有 3,760 次，共計會見訓導人員總數達 3,86,866 人。從下表分析來看，經濟警察處理事件，僅在戰爭初期的頭兩年，就達 46,491 件，可以推測，在戰爭緊張時期經濟警察對社會生活的干涉力量之強大。

經濟警察根據統治法令處理經濟案件相關件數及波及人數：

年　　數	1938 年	1939 年	合　　計
件　　數	4,321	42,170	46,491
人　　數	4,529	42,904	47,433

	涉及件數	涉及人數	比　　率
行政處分	43,001	43,010	93%
司法處理	3,490	4,423	7%

※ 以上兩表是根據《部報》97 號中《敵後國民的立場和經濟警察》一文內容整理而成的。

　　自 1915 年起，對臺灣人民實施征兵制度，臺灣青年陸續入伍。1924 年 4 月，日本實施了《陸軍特別志願兵制度》，次年 8 月，實施了《海軍志願兵制度》。由於軍需生產的擴充，兵員需要激增：1941 年爲 137,000 人；此後每年約增 20,000 人。後因日軍佔領南洋各地，臺灣青年 92,000 餘人被派到當地服務。戰爭後期，臺灣迫近前線，建設防禦工程每天動員 27 萬至 30 萬人。這樣大量的勞力動員，表面上看是由普通行政機關負責。即在總督府及各州設國民動員課，各廳設國民動員系，各市郡設置國民動員課或國民動員系，街莊亦設國民動員專任員，由文官執行政務。由於警察可以充任文官，可以說當年大量勞力兵力的動員的完成，其實還是全靠警察的威力。

（二）後期警察之特點

　　在經濟警察設置的同時，總督府同時增設兵事課，辦理征兵事項；增設

防空課，主持防空工程事項。州廳警察機關也一律設置刑事、兵事、防空、經濟警察等課，以應需要。根據 1920 年 7 月 27 日以敕令第 218 號改正的《臺灣總督府地方官官制》的第十一條：「知事或廳長可將其職權範圍內的事務委託給郡守及市尹」〔註 46〕。由於郡守及市尹擁有警察權，因此，各種戰時重要措施，則完全由警察掌握。由於事權的擴充，警察業務開始變得繁重起來，警察自然也就需要增員。另外，各地的消防組同時擴充為消防署，民間又開始組織警防團的組織以協助警察承擔戰時勤務。人員方面增員百分之二十至百分之一百不等。這就致使此時期臺灣警察的事權、人員、機構都空前的龐大。

1、在組織上，總督府警務局仍為全島的最高警察機關。戰前為四課一掛，戰時為七課一掛，而且原有各課的內部也有擴充。警務課原來為七個掛，戰時則為十個掛，即警務掛、警防掛、教育掛、調查掛、經理掛、物品掛、電話掛、行政掛、刑事掛、理蕃掛，其中警備、刑事、理蕃三掛為新增。兵事課仍是新增設的戰時機構，以辦理全島征兵及兵役為中心工作，戰事結束後改稱為警備課。防空課也是戰時的增設機構，以辦理全島的消極防空為中心工作。防空設施課也是戰時的增設機構，主辦全島防空工程，戰事結束後與防空課合併改為調查課。經濟警察課也是戰時增設的機構，掌理全島經濟統制，下分為三掛：總務掛、經濟保安掛、經濟司法掛。保安課原設五掛，戰時擴充為七個掛：高等掛、特別高等掛、外事掛、圖書掛、活動寫真掛、檢閱掛、調查掛，其中外事及檢閱兩掛為新設。衛生課原設五掛，戰時擴充為七掛：總務掛、預算掛、醫務掛、保健防疫掛、預防掛、體力掛、統制掛。庶務掛掌理如前，沒有改變。

州警察部的內部組織原僅有六個課，戰時增為警務課（原理蕃課併入）、兵事課（後改調查課）、防空課（後改警備課）、高等警察課、刑事課、經濟警察課、行政課等八個課。其中兵事、防空、經濟警察三課，都是因為戰時的需要而設置的。廳警務課內部組織擴充情況與州警察完全相同。各市警察署原僅五掛，戰時擴充為下列九掛：警務掛、司法掛、高等掛、經濟掛、兵事掛（後改為調查掛）、防空掛（後改為警備掛）、衛生掛、臨時警備掛、外

〔註 46〕 （日）《臺灣總督府地方官官制》，《臺灣總督府ノ州知事又ハ廳長ヲシテ會社利益配當及資金融通令ニ依ル事務ノ一部ヲ掌ラシム》，公文書館藏檔：A02030110400。

勤掛。其中兵事、防空、經濟臨時警備，外勤等五掛為新設。原有保安掛併入警務掛之中。其次市警察署原附設有消防組。戰時一律擴充為消防署，署長下分警務、警防、機關、外勤放水、外勤機關等五個掛，人員大增，以應付盟軍飛機轟炸後的水災。郡警察課：增加了兵事和經濟兩掛，來辦理兵役和經濟統制。民間又設警防團和鄰組，作為民眾武裝力量，以補警察力量之不足。

　　2、人員上，總督府警備局原僅 91 人，戰時擴充為 263 人。計局長 1 人，書記官 5 人，事務官 3 人，理事官 4 人，技師 9 人，翻譯官 1 人，屬員 56 人，技手 28 人，囑託 19 人，雇員 130 人，其它 15 人。各州廳為臺北州警察人員 1,999 人，技術及助理人員 679 人，臨時巡查 322 人，共計 3,000 人；新竹州警察人員 1,178 人，技術及助理人員 487 人，臨時巡查 112 人，共計 1,777 人；臺中州——警察人員 1,458 人，技術及助理人員 391 人，臨時巡查 144 人，共計 1,993 人；臺南州警察人員 1,377 人，技術及助理人員 145 人，臨時巡查 144 人，共計 1,666 人，較平時增加了 314 人；高雄州警察人員 1,499 人，技術及助理人員 644 人，臨時巡查 164 人，共計 2,307 人，較平時增加 840 人；臺東廳警察人員 573 人，技術及助理人員 293 人，臨時巡查 50 人，共計 916 人，較平時增加了 392 人；花蓮港廳警察人員 674 人，技術及助理人員 396 人，臨時巡查 55 人，共計 1,125 人，也增加 519 人；澎湖廳——警察人員 141 人，技術及助理人員 1 人，臨時巡查 28 人，共計 170 人，增加了 65 人。〔註47〕

　　根據以上資料分析，臺灣總督府在後期總計增加警察人員 2,808 人。其中臨時巡查 1,109 人，內有高等警察、外事警察 183 人、經濟警察 380 人、防空員 450 人。技術人員中消防手增員 652 人。由此可知，臺灣警察戰時工作重心，主要在戰時經濟資源的掠奪、思想控制及防禦上。

〔註47〕林士賢：《臺灣警政》，第 43 頁。

第五章　臺灣警察實務與日本警察的對比

　　日據臺灣時期的警察制度，最初是模擬於日本內地的一套成法，但由於臺灣的特殊情況，後由後藤新平主導，建立起一整套不同於日本內地的更爲強化的一元化警察體系，由此體系而形成的總督府行政被稱爲「警察政治」。但所謂的「警察政治」，不僅僅是體現在警察系統上，更重要的是表現在警察實務上，即警察在對民眾生活的干涉程度上。日本警察最顯著的特點就是其對一般民政事務的干涉。那麼臺灣的情況如何，它與日本內地相比有哪些特徵，這是本章的闡述的重點所在。

一、日本內地警察的實務

　　本章中有關於日本內地警察的實務，主要是指日據臺灣時期的日本內地警察的實務範圍。根據 1885 年日本內務省警保局編寫的有關於警察事務的參考書《警務要書》，基本上可瞭解警察的「干涉領域」。該書在其緒言中明言：「本書基於警察相關一般性的法律規則及警視廳現行規則，明示警察事務執行的要旨及手續。」〔註1〕

　　當時的日本警察，在實務細別上分爲以下十種：安寧警察；宗教警察；衛生警察；風俗警察；營業警察；河港警察；道路警察；建築警察；田野警察；漁獵警察。

〔註1〕　（日）《警務要書》，《官僚制──警察》（日本近代思想大系3），岩波書店，1990年，第327頁。

（一）安寧警察

安寧警察的任務，是維持國家的安寧秩序，保護公眾的生命財產。其執掌的實務計有集會、出版及新聞報紙附照片、偽造貨幣、聚眾暴動、槍炮火藥爆炸物附刀劍類、易燃易爆物及發火物、火技、變災、人命緊急事項、瘋癲、棄兒、迷兒及失蹤者、難船及漂流物、遺失物及埋藏物類、猛惡獸、聚眾鬥毆等十五大項。

集會類實務的法律依據，是 1880 年 4 月公佈的《集會條例》，此條例規定政治結社實行申報制，禁止屋外集會，警察有監督集會的權力。根據此條例，警察在此方面的實務細分為二十小項，集會管理的要旨，是警備防止擾亂社會秩序危害社會治安的活動。集會的種類有三種：成法的制定及依據官署命令召開的；政治講談議論；學術、宗教及以其它名義召開的會議。成法的制定及依據官署命令召開的會議，主要是指府縣區町村會及其它各種咨詢會等，是依據法律規則及命令召開的，此類會議雖不要警察干涉，但一旦發生官吏有侮辱其職務或出現其它暴行時，警察將對其進行干涉。政治講談議論類集會，必須得到所轄警察署的認可方可舉行，警察除了在治安上的監督以外，主要負重監視其集會是否公然談論政治，同時警察有中止解散集會的權力。對於學術、宗教及以其它名義召開的集會，警察主要監督是否有政治言論，並可取證，對違反集會條例者進行行政處分。〔註 2〕

出版及新聞報紙附照片類警察實務，共計八小項，其要旨主要有三個方面：版權；申請及書號等手續；文章及繪圖。其中最應當注重的是第三方面文章及繪圖。警察的任務是防止沒有出版手續及書號的圖書、出版人著譯人住所姓名不詳的圖書、偽造住所姓名的圖書、禁止販賣的圖書、盜版圖書、記載有傷內政外交及社會風俗的圖書及違反條例等類的圖書出版發行。對報紙雜誌類，警察主要注意的事項是，檢查登載的記事及論說等，看是否有顛覆政權擾亂社會秩序的記事、誹謗成法的記事、教唆人犯罪或歪曲事實包庇犯罪類記事、妨害治安擾亂風俗類記事、官吏職務相關記事、登載虛妄記事、引起世人恐慌的記事、其它觸犯新聞紙條例及法律的記事及論說等。對公然登載猥褻照片等，警察有權進行查封。〔註 3〕

偽造貨幣類的警察實務，共計六小項。主要是注意發現是否有偽造貨幣

〔註 2〕 （日）《警務要書》，第 332～333 頁。
〔註 3〕 （日）《警務要書》，第 333 頁。

流入市場，一旦發現必須就其出所、持有人、使用者的住所姓名等調查清楚，並帶回警察署，並迅速上報。社會公債、諸種印紙類、郵票、證券等也在其監督之中。〔註4〕

聚眾暴動類的警察實務，共有十小項。此類實務中警察必須在平常注意以下幾個方面：當有災害及社會動蕩時民眾的動向；是否有幾個郡區或數個街村的人在暗中聯絡發佈檄文；利用流言蜚語煽惑民心；結社、結黨、集會及來往交通的情況及獎金募集游說；人們對施政的方向及民間事業的感想；隱藏兇器、火藥、爆炸物等等。當警察發現有聚眾暴動之風頭之時，必須馬上向上官報告，並火速到現場進行排解。當聚眾暴動發生之時，警察要防止官署、監獄、銀行、公司、兵器彈藥庫、糧庫等地受到搶掠，保護現場交通及老幼婦女等。〔註5〕

槍炮火藥爆炸物附刀劍類警察實務，分槍炮、火藥及爆炸物、刀劍三款，共計十八小項。警察必須對管內槍炮持有人的人數、槍炮的種類、及持有者的住所、姓名詳知。發現私自持有槍炮或製造販賣等行為時迅速上報。警察必須隨時到槍炮製造者及免許商人住宅巡視，就槍炮的種類、數量、原料及帳簿等進行檢查。火藥爆炸物類的實務中，警察平時必須注意是否有私下進行火藥、爆炸物及其使用器具等的製造、輸入、販賣等行為，同時，注意是否有私下建設火藥庫及臨時貯藏所、非法進行火藥類買賣、貯藏超過限制的火藥類、沒有許可證就進行火藥類交易、除海陸軍以外沒有得到警察署許可證就搬運火藥、沒有免許就開設製造所製造煙花等等事項。刀劍類警察的實務，是防止不是陸海軍軍人的普通人胡亂佩帶刀劍而發生安全事故。〔註6〕

易燃易爆物及發火物類的警察實務，共計四小項。主要是在強風及乾燥季節之時，對易燃易爆物品及易發火物進行注意，防止火災的發生。〔註7〕

火技主要是指射擊、煙火及紙雷管等危險物品。警察在此方面的實務，是對射擊場外圍進行檢查，並對煙火的燃放進行監督。特別是對小兒玩耍類煙火的注意監視，以防止火災的發生。〔註8〕

變災的警察實務類，共分為三款二十六小項。第一款「要領」中主要闡

〔註4〕 （日）《警務要書》，第334頁。
〔註5〕 （日）《警務要書》，第335頁。
〔註6〕 （日）《警務要書》，第336～337頁。
〔註7〕 （日）《警務要書》，第337頁。
〔註8〕 （日）《警務要書》，第338～339頁。

明了變災的種類是指風、水、火、地震等自然災害。警察在變災方面的要務，在大別上有三：警戒、防護、和救援。在第二款水災中，警察主要負責在洪水來臨之時，對沿岸堤防橋梁等進行防護，對住民等進行保護。在第三款火災中，要求警察平時必須對容易發生火災的場所進行注意，重點是「湯屋、燒芋屋、鑄冶廠及貯藏場；火藥、煙花、火柴製造廠及貯藏所；石油、生石灰的貯藏所及販賣所；薪炭、柴草、及其它易燃物的貯藏所；工廠、空屋等地。」當有火災發生時，必須快速到達現場，盡力進行滅火，一面敲鐘通告警察署。〔註9〕

在人命緊急事項方面的警察實務分為：創傷、打擊傷及骨折傷、火傷電傷、凍傷、負傷者的搬運、昏倒、假死、上弔、溺水、人工呼吸術、中毒、死的證狀及死屍的放置等十三款共計四十一小項。主要是警察對事關人命的事件如何求助、認定及處理等。〔註10〕

瘋癲是指精神病患者或者有精神障礙的人。他們已經失去或部分地失去意識，不能保護自己，或會做出傷害事件。警察對此類人要採取保護的辦法，並在警察署認可的情況下可將其拘禁於醫院內。〔註11〕

棄兒迷兒及失蹤者類警察實務主要是，當警察發現上述人員時，迅速上報並通過各種渠道與其家族取得聯繫，並對其實行保護。〔註12〕

難船及漂流物方面的警察實務，分為難船和漂流物等三款共計二十三小項。警察對遺失物處理時，如果知道確切的遺失者，應盡快辦理手續，將遺失物送回原主，但屬於應當沒收的物品則另行處理。警察官對遺失物的種類、品名、數量等進行清點，並就拾得物的日期、時間、場所、情況等進行記載。對第二款埋藏物及逸走畜類的實務，主要是當發現埋藏物申報時，應就其地點是否是官有地進行檢查。對埋藏物中是否有古代文物等進行確認，並注意不能在保存中損壞其原體。對逸走類的畜類，直接將其逮捉，送至警察署。如果畜類毀壞了植物等應立即上報。第三款盜賊放置物是警察管理上最應當注意的。當發現盜賊放置物時，特別是有兇器及血痕時，要注意保護現場。〔註13〕

〔註9〕 （日）《警務要書》，第340～341頁。
〔註10〕 （日）《警務要書》，第341～347頁。
〔註11〕 （日）《警務要書》，第347頁。
〔註12〕 （日）《警務要書》，第348～349頁。
〔註13〕 （日）《警務要書》，第350～351頁。

　　猛惡獸類警察實務，主要是對狗等飼養類動物及野生的猛獸類進行防範和監督。

　　聚眾鬥毆類警察的實務共計九項。主要是對於在路邊、廣場等地，多人進行喧嘩手吵、動手打仗等行為進行干涉與制止。〔註14〕

　　通過以上內容的分析，可以看出，當時日本的安寧警察即有高等警察的作用，也兼有普通行政警察的任務。

（二）宗教警察

　　所謂的宗教警察，就是監督保護宗教的安全，對其布教的張弛、信仰的消長等進行干涉。此類警察的實務分為教會及講社、說教及禮拜兩大方面。警察主要負責監督教會的信徒與其它宗教的關係，防止發生治安方面的爭端，注意講道時是否涉及到宗教以外的事情，是否有威逼挾迫等行為，是否有影響政治風儀等行為。對宗教組織及目的，教徒募集方法等情況，警察也必須詳知。〔註15〕

（三）衛生警察

　　所謂衛生警察，就是負責傳染病預防、飲食物的監督檢查及清潔衛生法的執行等，涉及到公眾健康的事情進行監督保護、干涉。其主要執掌實務有檢疫、種痘、飲食物、飲料水、游泳、著色料、醫藥、家畜、屠場、墓地、污穢物等十幾項。

　　檢疫類警察實務，共計十六小項。主要是針對六種傳染病進行預防及撲滅。平時以隔離、消毒等預防為主。傳染病患者實行申報制，警察平時必須注意傳染病患者的住所、姓名，並上報。當傳染病流行之時，必須注意以下要項：井泉、河流、水道及廁所等的掃除是否充分；對傳染病人排泄物及污染物的燒棄處理；對傳染病患者的死屍的火化埋葬處理；對從傳染病流行地區來的船舶的檢查或乘務人員、旅客及行李等進行檢查消毒處理。〔註16〕

　　種痘類的警察實務，共計七項。主要是在戶口調查之時，對小兒的出生加以注意。因為種痘最有效時期是出生以後七十日到一年以內。所以，要調查小兒是否在上述期限內種痘，當發現無故不去接種的小兒時，要懇切地加

〔註14〕（日）《警務要書》，第351～353頁。
〔註15〕（日）《警務要書》，第353頁。
〔註16〕（日）《警務要書》，第354～355頁。

以說教，不能說服者，報上官。對沒有能力付種痘費用時，指導他們到無費用的種痘地點，並給予手續。發現天然痘或類似患者時應馬上報上級。發現沒有許可進行種痘的醫生也要上報。〔註17〕

飲食物警察的實務具體分為要領、糕點類及蔬菜、鳥獸魚肉類、酒醬油、牛乳、冰雪等六款二十三小項。注意的要領是，要知道並發現天然有害物、不熟及腐爛變質物、粗造及假冒偽劣物等有損害健康的不良飲食物品。注意不良飲食物販賣，當發現行商、露店及其它小店陳列或販賣時，直接制止其販賣，並向上官彙報。當發現因飲食物引起吐瀉及其它重症時，迅速調查其物品的出處及性質，並向上官彙報。對於糕點類的著色料等參照「著色料」部分，糕點類陳列要檢查是否有防蒼蠅的布罩等。對市場出賣的肉類，檢查是否有署場的檢印、是否有沒有經過檢查就屠殺的牛羊豬肉、是否有混入其它肉類等情況發生。對賣肉所注意檢查以下內容：肉類是否用清潔的麻布或布巾進行覆蓋；案板及其它一切器具是否時時清洗保持清潔；肉體存放場是否通風流暢；與火爐等是否有隔離。對魚市場及魚店主要檢查是否有惡臭發出，魚棚及附屬器具的洗滌掃除是否衛生，有無內臟污物散佈等不潔現象。對酒醬油注意事項主要有：為了掩飾其腐敗而與其它物品混合販賣；使用藥品及染料以加強香氣或顏色的劣等品；冒充其它廠商的欺瞞行為。對牛乳的注意事項，主要是為了防止牛疫及在傳染病的流行季節牛乳的販賣，檢查牛乳中是否混入米汁、是否榨取病牛之乳汁、是否販賣腐壞的乳汁。檢查乳汁的容器是否是由亞鉛及銅製成，是否保持衛生清潔等。冰雪製造所貯藏所必須保持絕對乾淨衛生，如發現灰塵污水及不潔物混入時應馬上報告，對販賣不良製品者，勒令其停業並帶至警察署。〔註18〕

飲料水方面，警察主要注意井戶的衛生防護，檢查是否有在井水周圍洗滌不潔之物、將魚鳥骨腸等污穢物投擲或將洗滌物掛在井戶口附近的行為。上下水道是否有投擲污穢物或游泳洗滌等行為，當管道破損時馬上報告。對販賣的飲料水注意檢查是否混入不良的水及容器的蓋子是否齊備。〔註19〕

游泳方面警察應當注意的是，游泳場地的區域、期限、時間等，檢查游泳場是否備好臨時求援器具、是否有識水之人進行看護、游泳休息場的小屋

〔註17〕 （日）《警務要書》，第 355 頁。
〔註18〕 （日）《警務要書》，第 355～357 頁。
〔註19〕 （日）《警務要書》，第 357 頁。

是否安全、是否有人看管衣物等、是否有未成年人游泳、是否有不著衣游泳者、是否乘醉游泳者等。〔註20〕

衛生警察對著色料的檢查。主要是對糕點糖果類等著色料的用量等進行檢查。

衛生警察最重要的一項任務，是對醫藥方面的檢查，主要包括醫療、藥品兩大方面。在醫療方面，主要是要對內科、外科、眼科、產科、牙科、口腔科、整骨科、獸醫等開業許可進行檢查，並對開業醫生及產婆住所、氏名等進行詳細記錄。同時，警察還要檢查是否有沒有許可就開業的、或牙科等沒有許可就開業並進行投藥的、醫生嫌貧愛富的、醫生在患者死前不進行救治的、醫生在患者死後不進行檢查就發佈死亡證明的、利用封建迷信進行救治的、發生醫療事故等等。在藥品方面，警察主要檢查生產及經營藥類的藥鋪、製藥廠、藥店、及批發店等。檢查藥鋪時應當注意的是，精製藥與粗製藥是否分開、是否有文字的記載、是否將粗製藥當精製藥來賣出。毒藥、巨毒藥是否賣給沒有處方的人或年幼之人、是否在販賣時在其外裝上沒有明記藥名並封好、裝有毒藥的容器是否寫好名子並與其它常用藥品分開、是否有賣假冒偽劣產品的。另外警察還要檢查賣藥時是否有私下加藥的、缺斤少兩的、賣劣等藥品的、私自更改藥的用法及服用時間的、沒有許可就製藥賣藥的、不揭出看版的、不帶營業檻簡的等等。〔註21〕

另外衛生警察還要對家畜、屠場、墓地及火葬場、污穢物等進行檢查。

（四）風俗警察

所謂風俗警察，主要是對浪遊、狎猥、妄誕等擾亂社會風俗，迷惑人心，使人荒廢正業的事情進行監查防止。主要包括下以幾個方面：演藝場遊觀場及遊藝人、遊戲場、遊休場、居酒屋茶屋及秘密賣淫、徽章、祭奠及葬儀、賣卜符咒、賭博、富籤、乞丐及浮浪者。

警察對演藝場、遊觀場及遊藝人、遊戲場、遊休場的檢查，主要是看是否擁有營業許可證；是否有傷風敗俗的演出內容；是否有安全隱患存在；是否在晚上十二點後還在營業；是否有強迫婦女進行招客的行爲；是否有對客人進行敲詐勒索的行爲等等。

〔註20〕（日）《警務要書》，第358頁。
〔註21〕（日）《警務要書》，第358～359頁。

　　警察對居酒屋、茶屋及秘密賣淫等的檢查，主要防止擾亂社會治安及防止性病的傳染等。檢查是否有無賴漢及醉酒人的出入及打架鬥毆事件發生；是否有偷盜行為發生；是否有深夜營業影響他人休息行為；是否有記錄簿冊；是否有強行勸興行為；是否有讓娼妓出店引誘行為；是否有扣壓遊客物品行為；是否有娼妓秘密接客行為；是否有苛責娼妓行為；是否有秘密賣淫並謀取財物等等。

　　警察對徽章的管理，主要是對菊御紋章及其它勳章、褒章、從軍紀念章及文武官的服飾、提燈、旗號等與官職位爵相關的紀念章的檢查，防止其亂用及損壞。

　　警察對祭奠的管理，主要是對日常例行的各種祭奠行動，進行安全隱患方面的檢查及防止擾亂治安事件發生。對葬儀的管理，主要是檢查葬儀是否申報，死體有無火化埋卻等等。

　　另外風俗警察還要對賣卜符咒、賭博、富簽及乞丐及浮浪者進行取締管理。〔註22〕

（五）營業警察

　　營業警察的主要目的，是警防各種營業行為當中的奸詐不法行為，以保護公眾的便利，並適宜對各營業個體進行管理。主要包括度量衡、古物商及當鋪、雇人受宿、旅人宿、浴池、印版、相場所、市場、公司等幾個大的方面。

　　警察對度量衡的檢查，主要是對尺度、斗量、權衡等三類度量用具的使用情況進行監督，防止無檢印度量器具的使用及短斤少兩現象出現。

　　警察對古物商及當鋪的檢查管理，主要是對古物商及當鋪進行細分，對其進行監督及定期檢查，制止贓物的搬運、隱藏、轉手、授受等，來防止偷盜、行騙及掏摸行為等。

　　警察對雇人受宿及旅人宿的取締管理，主要是對受雇人及入住人的身份確定的檢查，防止無賴不良之人擾亂社會治安，防止逼良為娼及娼妓的秘密賣淫等不法行為發生。

　　警察對浴池的檢查，主要是對火爐煙筒的安全、是否有男女同浴及用水是否乾淨進行監督檢查。

〔註22〕（日）《警務要書》，第 363～369 頁。

　　警察對印版的管制，主要是對印章及紙幣、公債證書、地券、郵票等印刷物品的印紋進行監督管理，防止偽造。

　　警察對市場的管理，主要是對檢查市場是否侵佔或破壞道路；是否隨意陳列物品；任意停放車馬；任污物堆積；販賣未熟及不良物品；使用不正度量衡；買賣不當物品及監督市場掃除事宜等等。

　　警察對公司的管理，是對新成立的公司的組織、業務及發起人的履歷、財力、等進行調查，防止欺騙等行為發生，並對公司的職員的出入舉動、公司株主的變化及事業的興衰影響進行監督。〔註23〕

（六）河港警察

　　河港警察主要責任是對水上所屬各種防害物的清除，以保證船舶、水上建築物及往來船隻的運輸安全。其掌理業務有船舶、水上建設物、堤防、河岸地等四大項。

　　警察對船舶的管理，主要是對過往船隻的檢查證及檢印的有無進行查閱，同時對各類船隻設備安全是否合格進行檢查，並查察有無禁止物品及危險物品的走私等。特別是小型汽船的構造及附屬品、人員定員、船體防火措施、旅客的舉動等都是檢查的重點。

　　警察對水上建築物的檢查，主要是對燈檯、礁標、浮標、防波堤、棧橋、石垣、板柵、沈床等水上建築物進行檢查。

　　警察對堤防的檢查，主要是對堤防的石垣、板柵等進行安全檢查，防止其破損及有人為的破壞行為發生。

　　警察對河岸地的管理，主要是檢查對河岸地的掃除、有無柵欄的破損及樹木的枯死、有無沒有許可就使用河岸地、有無崩壞的河岸地不及時修補、有無河岸地的建築物等不按規定的、有無沒有申報就擅自在河岸地新築或改造的等等。〔註24〕

（七）道路警察

　　道路警察主要職責是保持安全暢通，防止危險發生，以求交通的便利及安全。其主要掌理事項如下：道路橋梁、渡船場、鐵道、電線、公園、車馬。

〔註23〕　（日）《警務要書》，第 369～375 頁。
〔註24〕　（日）《警務要書》，第 375～378 頁。

道路管理的要旨，主要是對路上的房屋及其它各種建築物的管理、車馬及污穢物等與道路相關事務的視察管理，以保證道路交通的安全暢通。

警察對渡船場的管理，主要是對渡船場的場地、費用標識、線路及乘客等進行檢查，排除安全上的隱患。

警察對鐵路的管理，主要是在警防過程中注意發現鐵道線路有無破損、有無石塊等橫在路軌之上、有無火炎及在鐵路上焚火現象、有無在線路附近挖土沙等等現象。在停車場內有無偷盜等行為發生、有無偷運危險物品等等。

警察要檢查有無往電柱上投擲瓦礫石塊及雜物的、有無在柱木上拴牛馬及船筏的、有無攀爬行為、有無電柱的動搖及破損、電線架設標識有無被拔除的、水底電線附近有無投錨及漁業採藻及其它防礙行為發生。

對公園，警察主要是檢查有無私自入園者、有無亂折花木的、有無破壞建築物的、有無投石上樹等行為、有無睡臥在草地上的、有無玩火者、有無沒有許可就經營小吃店、有無橫行吵鬧等行為發生。〔註25〕

（八）建築警察

建築警察主要負責房屋的正整、通行的安全及火災的防止等。其掌理主要有建築物、製造場兩大項。

建築警察主要是針對道路旁邊的公共場所建設的神社、佛閣、告示板、郵筒、燈籠、華表、碑石等及其它紀念物等的保護及看守，同時檢查房屋的牆壁、屋脊、煙筒有無安全隱患發生。對製造場的檢查主要是從防止危險、火災及不健康三個方面進行。〔註26〕

（九）田野警察

田野警察主要責任是監護田地、山林、牧場等，以求殖產的完全。掌理的要項有田圃原野、山林、牧畜、礦山等。

田野警察對田圃原野及山林牧場的檢查，主要是對風火水災及田地荒廢等的監督。對牧畜的管理，主要是對牧場清潔的檢查及檢查有無獸類傳染病的爆發。對礦山的檢查主要是防止礦主虐待礦工，防止不法行為及檢查生產安全隱患。〔註27〕

〔註25〕 （日）《警務要書》，第 378～385 頁。
〔註26〕 （日）《警務要書》，第 385～386 頁。
〔註27〕 （日）《警務要書》，第 386～388 頁。

（十）漁獵警察

漁獵警察主要掌理鳥獸獵、捕魚及採藻這兩大項，主要責任是保護禽獸魚介及其它水產養殖，防止漁獵上的危害發生。

漁獵警察主要對鳥獸獵中的槍隻等進行檢查，同時檢查防止捕獵用具等傷人事件發生。捕魚採藻檢查主要是對捕魚及採藻進行限止，保護魚類的繁殖及清查水路的障礙等等。〔註28〕

二、臺灣警察實務

1920 年田總督進行改革後，警察系統是在州設知事，知事之下設置警務部長作為事務官，在州作為警察的最高的執行官，受知事的指揮，掌管警察及衛生事物，指揮郡守、地方警視、警部、警部補及巡查。這與日本內地有明顯的不同，即州警務部長對郡守的指揮權。「郡守秉承知事的指揮監督，掌理郡內的行政事務，其具有警察權限是最顯著的特點，郡守有指揮監督配置在其管轄境內的地方警察的權力。而警務部長在警察及衛生等相關事務上，可秉承知事的命令指揮監督郡守。」〔註29〕各廳設廳長，廳長之下設警務課長，由地方警視充任，廳下設支廳，支廳長由地方警察或警部充任。這一改革從實質上來看，警察結構的配置與以前並沒有太大的改變，警察官署、警察官派出所、駐在所的警察職員這三者實際上構成了臺灣警察行政的「筋骨脈管」。

警察的行政的干涉能力主要體現在外勤上，所以本節將以臺灣警察的外勤事務與日本內地的警察進行對比，尋找臺灣警察在行政上的對社會的滲透能力與日本內地的不同，以尋找到殖民地警察特殊的「政治」特點。

（一）臺灣警察外勤的責任及分擔區（巡、警視區〔註30〕）

臺灣警察的外勤責任，主要是負責警備、巡邏、交通、警衛、理蕃、衛

〔註28〕　（日）《警務要書》，第 388～390 頁。

〔註29〕　（日）《警察研究資料・臺灣地方警察實務要論（第三版）》，公文書館藏檔：A05020353800。

〔註30〕　巡視區：二等以上的派出所或駐在所要在其管轄區域內設立巡視區，由巡查部長充任巡視區監督《勤務規程第七條》。一個巡視區內派出所及駐在所的數量，根據土地的狀況，交通的便利等而變化，普通兩個，最大六個。監視區：一等地以上的巡視區設監視區，由警部及警部補充任監視區監督。

生、戶口調查、保甲監督、臨時檢查及其它各種管理事宜，爲了能夠完成任務，警察官必須瞭解管轄區域內的基本狀況，對管區內的事務盡職盡責。

爲了便於警察官勤務，把警察派出所、警察官駐在所及直轄分管區分爲一個或幾個區，各區派巡查一人管轄，此稱爲「分擔區」或「受持區」。「分擔區」或「受持區」因土地的狀況、區域的範圍及人口戶數的關係差異很大，市區房屋比較集中、人口戶數多，蕃地及村落地域人口戶數就少一些。

爲了通曉轄區內的一切事物，警察必須熟悉其地理狀況、山川湖泊所在、房屋的位置、田野林地的狀況、道路的質量、交通的狀況等，更要瞭解管轄區域內的人們的民情及風俗習慣。外勤巡查對管轄區域內的各種事務，必須事無鉅細地進行瞭解，在巡邏、交通、戶口調查等各種情況下進行調查研究，及不在班時親自對管區內地理進行踏查，同時，聽取上司、前任及知情人說明，並要系統分析研究管區內的組織的歷史關係及地理關係，對區內的大小事件充分瞭解，遇事應「如囊中取物」一般熟悉。

對區內的歷史關係，警察必須瞭解：

（1）自古以來的民心傾向。例如何年月日發生匪亂，給地方人民造成的危害及負擔。

（2）區域內自古以來著名的人物及在歷史事實上的中心人物。

（3）建築物、官衙、道路、碑林等的沿革。

（4）管區內土地在歷史上的由來。

（5）管區內教育的變遷與發展。

（6）管區內宗教信仰的盛衰。

（7）管區內經濟狀況的推移。

（8）衛生狀況的變革。

對區內的地理關係，警察需要瞭解的是：

（1）管區現在的地勢、森林原野、田地、部落的所在，土地的肥脊，生產的豐凶，氣候良否。

（2）管區內人們的種族關係、親族關係、生產的狀況、職業的種類、貧富的程度、嗜好的種類、風俗習慣、日語的普及狀況、奢侈節約的程度、遊樂的方法、起居的時刻、稼業的勤勉、交際的風習、教育的程度、民心的歸向（文化地理方面）。

（3）管區內主要建築物及其它對象的狀況。

（4）管區內經濟狀態、產業狀況。

（5）管區內名所舊迹的現況。

（6）交通上的狀況，與相鄰地區的交通機關、通信機關及有事場合的緊急聯絡方法（交通地理方面）。〔註31〕

（二）臺灣警察外勤的簿冊類

　　臺灣警察外勤的簿冊主要分為記錄及編纂書類、勤務表、日誌、文書收發、手帖。其中最重要的是記錄及編纂書類。此類文書是派出所、駐在所等直轄的外勤警察，對其外勤巡查的整理，在大別上分為「記錄簿」和「編纂書類」兩種，其保存年限由各州廳自定。

　　其記錄簿的種類如下表：

名　　稱	內　　　　　容
日誌	記錄每天發生的事件及外勤的勤務狀態
須知簿	管區內的警察必須知曉的一切事項的大綱
戶口調查副簿	根據戶口調查而整理出來的管區內戶口調查的副本
除戶簿	從戶口調查副本除去的部分
戶口實查簿	戶口調查時攜帶的記入實查戶數及其狀況的戶口簿
催告簿	根據戶口規則記入對通告怠慢者加以催告的內容
交通簿	外出之時攜帶的記入互報事項的收授及書類對象的數量
學術講習簿	記入學術講習的實際情況
訓授錄	記入上級訓授的事項或訓授者自己記入的內容
阿片視察簿	巡視阿片狀況時攜帶及記入視查的狀況及視查事故等
營業臨檢簿	檢查營業狀況時攜帶及記入檢查的狀況及事故
種痘名簿	管轄區域內按期種痘狀況及發現新生兒及未種痘者時記入
埋火葬洗骨許可檢印簿	記入埋火葬洗骨等的請求的認可及其狀況
阿片煙膏買賣吸食特許臨時檻筍及附簿	阿片煙膏買賣吸食特別者檻筍的毀損或遺失之時記入臨時檻筍的姓名及其它事項。
巡邏路線圖	管轄區域內村落巡邏路線圖

〔註31〕　（日）《警察研究資料・臺灣地方警察實務要論（第三版）》，公文書館藏檔：
　　　　　A05020353800。

名　　稱	內　　　　容
簿冊目錄	每年年初整理的記錄簿編纂書類的名稱、冊數
備品保管簿	備品（桌子、椅子、書籍、鐘錶、國旗）的品名及數量
搜查續行冊	管區內犯罪及其它犯罪的搜查持續情況的記入及搜查狀況
屠畜臨檢簿	當收到屠畜檢疫通知時攜帶此簿，記入屠畜的頭數、種類、斤數及事故等
船舶臨檢簿	船舶出入時臨時檢查時攜帶，記入檢查的要項
累犯預防者賭博常習者視查名簿	管轄區域內的該當者的住所、姓名及其它所定事項
乞丐浮浪者視查簿	同上
起訴猶豫者視查名簿	同上
執行刑、緩刑者視查名簿	同上
假釋出獄者視查名簿	同上
保護少年視查名簿	同上
蕃人戶口簿	蕃人的戶口調查簿
蕃人除戶簿	編錄由蕃人的戶口簿消除部分
彈藥受拂簿	整理記入彈藥的受入消費狀況
遁付簿	書類特許發送時記入其名稱、品目、數量及受領者的印章

編纂書類的種類如下表

名　　稱	內　　　　容
府報	編纂及保存臺灣府令、其它訓示及臺灣日日新報附錄的府報等
州（廳）報	編纂及保存州令、廳令、告示、訓示登載的州報及廳報等
例規編	編綴由所屬官署送達的書類及將來執行的標準的訓令、內訓、通知等
司法搜查相關書類編	犯罪事件搜查相關通報、通知、通牒、復合、報告等的編綴
行政搜查相關書類編	對遺失物、離家出走、精神病等行爲不明者進行搜查的照會、通知等書類的編纂
親展書類編	需要親展的書類的總彙編

名　　稱	內　　　容
雜書編	編綴的其它書類
蕃情相關書類編	編纂與蕃情相關的通知、通牒及報告的復命案
勤務表編	每天編綴的勤務表,在第二個月的二號整理前一個月的表類向所屬官署通報

上述兩表根據亞細亞資料中心《臺灣地方警察實務要論》(第三版)整理而成。

　　須知簿在記錄簿冊類中最爲重要。它是把在警察事物上最爲重要的部分的事項進行登記記錄而形成的簿冊,使部內警察諸狀況一目了然。受持警、巡查要將部內須知簿放在座前,以便隨時進行公務參考。

　　須知簿是警察署、警察分署、支廳、派出所、駐在所等的必備之物,根據登載事項不同進行整理,一個月進行一次裝訂,每月初二依據它向上級進行報告。

　　須知簿登載的事項各州、廳有所不同,但內容大體一致。

　　(一)地理概要、土地的畝數及甲數。

　　(二)市、郡、街、莊、社、大字、小字名及種別、戶數、人口。

　　(三)重要的物產種類、年產額及其價格。

　　(四)部內人民生業的大別、戶數及其狀況。

　　(五)重要的官員、公使及學者、有地位、有名望的人的住所、姓名。

　　(六)新聞雜誌發行所、販賣及書店所在。

　　(七)屬警察管制的各種營業者的業別及人員。

　　(八)官公署的名稱及位置。

　　(九)學校、書店、圖書館、博物館、病院、養老院、重要的社會團體、市場、屠場等的名稱及持主、管理者、代表者的住所及姓名。

　　(十)神社、佛閣、祠廟、教會及塑像、紀念物、名勝、舊迹等的名稱、位置及祭祀的時季、狀況、沿革的大要。

　(十一)齋堂所在地及信徒的概數,素食者的住所、姓名。

　(十二)賣卦、乳童、地理師及其它祈禱、觀符等人的住所、姓名。

　(十三)火藥庫、火藥貯藏所所在地及持主或管理者的住所、姓名。

　(十四)職工人數較多或使用人力的工廠的名稱、位置及其狀況。

　(十五)有前科者、賭博常習者、受過處分教育的人、無賴漢、與蕃人交往密切者等一切需要警察注意的人的住所、姓名。

（十六）各種遊樂場所、渡船場、墓地、火葬場等屬於警察管制的場所的位置、撫育主或管理者的住所、姓名。

（十七）共同井、公共栓的位置。

（十八）消火栓的位置。

（十九）船舶的種類及所有者的住所、姓名。

（二十）阿片吸食特許人員的住所、姓名。

（二十一）瘋顛、白癡、不健全者的住所、姓名。

（二十二）孝子、節婦、義僕的住所、姓名。

（二十三）鄰近派出所及重要場所的距離。

（二十四）非常警戒地方的位置。

（二十五）部民黨派的沿革及其它重要者的住所、姓名。

（二十六）該當派出所、駐在所的沿革及所員的變動。

（二十七）前各項以外認為有必要的事項。

駐在所備附的須知簿除前記以外尚需要記載以下事項：

（一）蕃社的組織及相關蕃情的沿革。

（二）與其它蕃社的勢力關係及其它特殊關係。

（三）頭目及其它有勢力者的性行、經歷及不良蕃人的姓名、生年月日、略歷、性格及其勢力。

（四）蕃社內制裁的種類極其方法。

（五）蕃人的風俗、習慣變遷及迷信、口碑、傳說的概要。

（六）蕃社祭祀的時季及狀況。

（七）蕃人農作物的種類、播種及收穫的時期及狩獵的辦法。

（八）從事農業及狩獵以外行業的蕃人的業名及其狀況、及公職者的住所、姓名、簡歷。

（九）與內地人續弦、或寄居中的蕃人的姓名、出生年月日及其關係。

（十）蕃產物的交易狀況及貨幣使用狀況。

（十一）蕃人嗜好品的種類及其變遷。

（十二）蕃童教育所卒業生的狀況。

（十三）番地內企業的簡介、種類、狀況及對蕃人生活的影響。

（十四）巫婆、祈禱者的住所、姓名、生年月日。

（十五）特殊風土病分佈地域及其患病狀況。〔註32〕

（三）臺灣警察的查察心得、執行及援助事務

警備、巡邏、警衛、交通（聯絡）、護衛、留置人員監守、押送及護送、刑事要視察人視察等項都是臺灣警察的具體實務，其與日本內地並無大的差異，故在此不一一進行明列。但臺灣警察查察心得、執行及助長事務上與日本內地有很大的差異。也是殖民地警察的特點之一。

1、查察的「心得」

警察是為了保持社會安寧秩序而發展起來的，故不能允許有在人民請願、告知、告發及其它通牒之後才進行處理的緩慢迂遠的行為發生。社會儘管表面上風平浪靜，平穩無事，但隱藏著各種侵害公共秩序的危險存在。因此，要求警察要不分晝夜，不間斷地對社會表面、裏面及側面（各個方面）的真實情況進行調查給予瞭解，此即稱為警察的「查察」。

警察進行查察的方式主要是在對所轄區域內一般性警察巡邏工作及戶口調查中對各個人的品行等細緻盤查。特別從事對特定人或場所的各種營業視察、阿片視察、要視查人親查等工作時，要努力貫徹查察的趣旨。即使不當班時，也必須充分注意。查察時如發現一個蛛絲馬跡，就要作為警察事務上的大事來處理，要順藤摸瓜，進行深入細緻的調查，從而發現事情的真相。此種工作最大的難點就是缺少特殊的經驗。因百般事件現象在眼目之中，即茫然無知其端緒，不知如何理順，時間一長，心中已有的懷疑也會淡然，這樣往往徒使機會溜走。捕捉其機會的良策，就是凡人間百事皆有其常態，此常態我們已經習慣，因此違反此狀態即為「可疑也」。此異常狀態往往是警察事故發生的開始。所以，警察必須從此異常狀態著手，進行深入追究。異常行為事例如下：

（1）異常的聲音。例如家屋的倒塌、山體的崩壞、狩獵季節的槍聲、人的悲鳴之聲、狗的大聲吼叫、深夜人靜時戶障的開閉之聲、行人急速的腳步聲音、人不能居住場所的鼾聲、空屋中的聲響等有追究必要的聲音。

（2）異常的氣味。例如衣物、毛骨等的焦臭、死屍的腐臭、阿片煙膏的氣味及人體感到不適的氣味。

〔註32〕（日）《警察研究資料·臺灣地方警察實務要論（第三版）》，公文書館藏檔：A05020353800。

（3）異常的舉動。例如頭髮散亂、光腳急走、深夜之時站在門外或院外張望、不敢直視他人眼睛、在不是出入口的地方隨意出入者、在人前顯現出狼狽樣子的。

（4）異常的服裝。例如衣服不合身份者、衣服不合人體者、衣服不完整、衣服有奇怪的破損、衣服上有血迹污染等。

（5）異常的攜帶品。例如不適合人手拿的東西、不屬於私有物品的東西、不能報出準確數量的東西、不適合攜帶的物品、隱藏著刀劍的物品、不適合平常走路攜帶的物品等。〔註33〕

警察在日常工作中必須查察的事項如下：

（一）來往的行人及前記攜帶品

（1）把面部隱藏起來或者不是下雨天卻用衣服將臉蓋起來等可疑行為。

（2）是否有穿著奇怪服裝在路上徘徊的人。

（3）是否有攜帶兇器、疑似贓物的人或穿著帶有血痕衣服的人。

（4）是否有髮型不整或跣足疾走的人。

（5）有無棄兒、迷兒、病者、負傷者、精神病患者、醉酒之徒等需要保護之人。

（6）是否有乞討、強賣或強迫他人提供讚助費用給他人帶來麻煩者。

（二）道路、橋梁、溝渠及路旁

（1）有無破壞施工工地之繩張、目標等預防危險設備之行為。

（2）街道的撒水及掃除有無怠慢。

（3）有無沒有許可就擅自使用街道者。

（4）有無馬車及長大的對象等妨礙交通的行為。

（5）是否有建築物、堆積物、岩石及樹木等墜落倒壞之危險。

（6）有無用水及上下排水的障礙。

（7）電柱、郵筒、測量標識及其它樹木等的毀損或拔出。

〔註33〕（日）《警察研究資料·臺灣地方警察實務要論（第三版）》，公文書館藏檔：A05020353800。

（8）有無在郵筒中投入信件以外物品的行為。

（9）有無火藥類及其它危險物品搬運時的危險。

（10）路上或店頭有無引起灰塵的雜物。

（11）有無對小兒及小兒看護者的危險遊戲。

（12）有無在路上或人口居住稠密處玩弄氣槍、弓劍等行為。

（13）有無在房上、在二層窗臺上的盆栽或其它放置物品被風吹落而產生危險的可能。

（14）有無從屋內向路上潑水或揚其它東西的行為。

（15）有無在沒有防雨的場所放置易燃易爆品。

（16）在易燃物品的附近是否有爆竹及其它銀紙等易出火物品放置。

（三）就露天店及店頭要注意以下各項

（1）是否有皇族尊影的模寫畫像類在店頭排列任路塵污染的行為，或者有印有尊影的扇子、陶器、漆器、織物、染物及其它掛牌等有違尊卑之行為。

（2）有無妨礙治安有傷風俗的文書、圖書或其它對象的擺放。

（3）是否有假託開業或閉店等行為引誘買者。

（4）是否有以投球轉球及採用其它方法賭博的行為。

（四）夜晚時要特別注意的要項

（1）隔窗偷看或是在不是出入口的地方出入並拿有物品的。

（2）是否攜帶或搬運被認為是贓品的東西。

（3）異常的火光煙臭等疑是出火之地。

（4）是否有對行人進行拉皮條者。

（5）有無窗戶、曬物收取遺忘及遺失。

（6）有無槍聲、悲鳴及其它異常聲音。

（7）有無歌舞喧囂影響他人休息者。

（五）除前幾項以外還需要注意的問題

（1）是否有在遊樂場或店頭多人聚集而影響他人交通的行為。

（2）在人口密集區內有無叫嚷、打仗等行爲。

（3）有無燒卻物品的持去或盜竊行爲。

（4）有無行商強行進入民宅的行爲。

（5）有無在河川中使用炸藥或下毒等的捕魚行爲。

（6）有無違反其它法令的行爲。

（7）前項各號以外上官的命令。〔註34〕

2、執行

警察不單純是滿足日常的警戒與巡查，而且遇到警察事故發生之時，按照警察法規和執行手續的規定而相機進行處理，此即爲執行。警務的執行在警備巡邏、戶口調查、交通出張之時自不必說，就是在其它場合，諸如每天出勤或回家途中，如果穿著制服，在轄區內遇到警察事故或其它瑣碎小事決不能放任不管，必須進行隨機處理。爲了使執行百無疏漏，必須努力研究各種警察法規及執務手續等，從事故實際出發，順藤摸瓜，儘快處理完全。

警察具體執行的實例如下：

（一）如果有人尋問地名、街莊名、人名、地理、方位等時，要認眞告知。如果自己不知道時，要告訴他們能夠知道的最便利的方法。

（二）在路上遇到精神病患者、醉酒者、迷路人之時，要親切地加以保護。需要由親朋故舊領回時應先領到所屬官署。（參照《行政執行法》第一條）

（三）在路上遇到病人或受傷者時，要誠懇地加以幫助，及時送到最近的醫院進行治療。如果其親族舊故不在本地，要請求市尹、街莊長協議對其進行保護，並報上級官員。（《行旅病人死亡人及同伴者處理方法》明治三十二年八月府令第100號）

（四）檢查驗證死屍及犯罪遺迹時，不能改變其原有形狀。嚴令管制附近閒雜人員迅速離開，並馬上向上官報告。但限於諸如緊急求助之時，也可改變。（《變死傷者檢視手續》明治三十五年七月訓令第二百號）

〔註34〕（日）《警察研究資料‧臺灣地方警察實務要論（第三版）》，公文書館藏檔：
A05020353800。

（五）遇有爭鬥或爭吵時，要平靜地對雙方進行制止，並告誡以後不再發生此類事件，並把大意向上級報告。如若情況嚴重，要帶回所屬官廳進行盤查。

（六）遇有乞丐、強賣、強請時，要進行制止。如果情況嚴重時，要將其帶回所屬官署。（參照《臺灣違警例》）

（七）發現在公開場所進行賭博或做有傷風俗事宜，要對其進行制止，情況嚴重者，可強行將其帶回官署。

（八）遇有天皇陛下尊像在店頭擺放，任路上塵埃污染或其它不當處理及將尊像、菊御紋章等用於扇子、染物、織物及玩弄品時，要進行制止，並向上官報告。

（九）發現疑似傳染病患者之時，要密切注意並指導預防病毒的傳播，並儘快聯繫醫師進行診治。

（十）看見路上狂犬徘徊恐其傷人，要讓主人將其拴上。如果是野犬，就直接將其捕殺後報上級。（參照《野犬取締訓令》）

（十一）發現井、泉等飲用水不潔時，必須勸導對其進行疏濬、清理、修理等。

（十二）發現街道、路旁的房屋前及下水等不潔時，要說服進行清掃。如果發現有妨礙市街美觀的擺放物要命令其拿走。（參照《臺灣違警例》）

（十三）發現路上有鳥、獸死屍時，要將其進行處理。獸類的死屍要按照地方警察官署許可的埋處法處理或進行燒卻處理。

（十四）發現糖果等沒有法洗滌的、供食用的食品沒有除塵設備就進行販賣時，要對賣家進行教育。（參照《臺灣飲食物取締規則》）

（十五）認為建築物可能崩塌、堆積物可能墜落、或是斷崖等有危險地方，必須提醒行人充分注意。（參照《行政執行法》《臺灣違警例》）

（十六）在人居稠密之地要特別注意預防火災。樹葉、枯枝、木屑等易燃物必須放置於屋內，如果放置於屋外者必須嚴加注意。（參照《臺灣違警例》）

（十七）發現在電線架設之處放風箏或其它影響電流行爲時必須進行制止。（參照《臺灣違警例》）

（十八）必須注意是否有毀壞電柱、鐵道線路、橋梁、郵筒、測量標、街道樹林等行爲。（參照《臺灣違警例》）

（十九）發現馬車、長大對象橫在路上或陳列商品有障於道路交通時，必須進行制止和清除。（參照《臺灣違警例》）

（二十）道路、橋梁、下水蓋等穴、凹地或有腐朽之處，必須敦促其進行修理。在危險的地方要設立燈或其它標識。（參照《臺灣違警例》）

（二十一）認爲牆壁、橋欄、軒簷、立木等人易觸及到的地方有釘子或其它突出物易產生危險時，要進行取除。如果有墨或者油漆等易污損衣物的地方，要說服設立預防之法。

（二十二）發現夜間有門戶不締或晾曬的衣物忘記收回時，要加以注意。

（二十三）要注意行人的遺失物品及馬車等荷物的墜落等。（參照《遺失物法》）

（二十四）發現小兒攀爬橋梁、石垣，或在河岸及交通繁華地帶進行遊戲時要進行制止。

（二十五）發現違反《臺灣違警例》、《街路取締規則》、《人力車取締規則》及其它諸法律規則時，輕者要制止並進行說服教育。如果觸及到罰則，則要告之。〔註35〕

3、援助事務

臺灣警察從它誕生那一天開始就參與行政諸管理事物中，即爲「援助事物」。1920 年地方制度改革後，在本島西部廢止了廳與支廳，設立州、市、郡、街、莊。按道理警察只從事警察份內的事物，不再參與行政管理。但是，由於各州下的狀況不允許，特別是本島的東部的二廳及澎湖廳下各州，根據情況，警察仍然參與到行政管理之中，所以，警察必須全力處理。

〔註35〕 （日）《警察研究資料・臺灣地方警察實務要論（第三版）》，公文書館藏檔：
A05020353800。

警察在援助事物參與的程度上，在各州內依據警察署管區和郡管區情況，有很大的不同。在市的管區內警察幾乎不參與援助事物的，但在郡管區內，一律按以下要點進行處理。

（一）道路、橋梁的小型維修保養；道路的掃除及樹木的種植保護；負責的保甲事務及其它保甲事物；屬於其它補助行政事物但屬於監督保甲層面上的警察事物。

（二）部民的召集、夫役的賦稅等警察也應當給予一定的參與。

（三）學齡兒童及他種調查，要依據警察課或同分室及警察官吏派出所所備付的簿冊進行調查。庶務課人員、市街莊役所官員及學校職員要依上簿冊進行調查，警察要對之進行核對。但戶口調查及戶口調查副簿及其它屬於秘密進行的簿冊只限於特殊的指定場合。

（四）同化會、矯風會、自彊會、日語練習會及其它社會事業等警察要予以援助之項目。

（五）道路的開設、修繕、農會、水利組合、其它產業相關的認爲有必要的場合，警察可進行援助。

（六）從來就屬於外勤巡查調查的各種調查事項中屬於「援助事物」的，也可以責成街莊役所工作人員進行調查，警察可相機進行處理。

（七）除以上各項以外，認爲有必要讓警察輔助的事項時，由警察課長特命。

（八）助長事務相關各警察分室或派出所發放通牒、通知時，要有庶務課長、警察課長聯名。〔註36〕

（四）最能體現警察對社會控制力量的標誌——營業臨檢

所謂營業臨檢，是對屬於警察管理的各種營業者是否遵守警察管理規則擬定事項實地進行檢查，以期執業者堅決執行。它具體包括營業者的狀態、營業上的設備、經營品、是否正當經營、是否存在安全上的隱患等進行檢查。

〔註36〕（日）《警察研究資料‧臺灣地方警察實務要論（第三版）》，公文書館藏檔：A05020353800。

日本警察實務中也有臨檢一項，但由於日本警察細分為十類警察，所以，在臨檢事務上，不同種類的警察只臨檢自己業務範圍內的營業者。臺灣則不同，由於臺灣除高等警察以外，並沒有將警察細分為小的類別，是故所有臨檢事務就沒有細劃。臺灣警察可對各個行業進行隨機的臨時檢查，其對社會行政的滲透能力自是日本內地警察不能相比。

臺灣營業臨檢由負責的巡查來擔任。臨檢依據其營業種類在適宜的時間進行。對違反規則者進行告誡，以完成警察本職的目的。臨檢警察可以隨時出入店鋪、工廠及其它場所。臨檢時營業者要按規定提供備好的帳簿在上面記入年月日並捺印。警察在記入大致的內容，歸署後記入日誌及相應的簿冊交給上級官員檢閱。檢查是不能妨礙營業者正常的經營行為，也不調查經營上的秘密，要注意的是各類經營者是否遵守法令及擁有營業執照；有無安全上、風俗上及衛生上的各種隱患；是否有違法犯罪的行為及必需警察強制的事情發生等。

警察必須檢查的行業很多，在規則上規定的行業自不必說，其它沒有規定的，如果警察上需要管理的，也可以進行臨時檢查。需要檢查的行業、種類及回數由各州廳以州令定之。雖然臨時檢查所應當檢查的行業及事項根據種類是有所不同的，但其要項是在各管理規則及許可條件中明示的。一般情況如下表：

營業種別	回數（月）	營業種別	回數（月）
槍炮販賣	2	汽機汽閥	1
槍炮製造	2	木賃宿	2
爆竹製造	2	遊技場	2
火藥販賣	2	寄席	2
下宿屋	2	藝妓	1
煙花販賣	2	娼妓	1
鑄造業	1	遊藝稼	1
代書業	2	陶器製造	1
煉瓦製造	1	渡船場	2
席貸業	1	市場	2
刀劍仕板販賣	1	屠場	1
焦炭製造	1	轎業	2

營業種別	回數（月）	營業種別	回數（月）
折付木製造	1	印刷業	2
使用煙囪諸營業	1	觀物場	1
檔鋪	2	苦力頭	1
料理屋	2	乘合馬車	1
旅人宿	2	乘合馬車馭者	1
石灰製造場	1	轎夫	1
煙花製造	2	人力車營業	1
清涼飲料水製造	2	冰製造	1 .
清涼飲料水販賣	2	冰販賣	1
藥品製造	2	醫師	1
藥品移入	2	牙科醫師	1
藥品輸入	2	飲食店	2
藥品販賣	2	待合茶屋	2
藥品類似品製造	2	遊船及貨船	1
人力車挽子	1	劇場	2
竟賣（拍賣）	1	湯屋	2
浮船營業	1	印刻業	2
浮船船夫	1	硝子製造場	1
礦石場	1	牛馬山羊豬交配中介業	1
煆冶鑄物工廠	2	著色料販賣	1
古物商	2	著色玩弄品製造	1
貸座敷	2	著色玩弄品販運	1
理髮	1	獸皮化製	1
清涼飲料販賣	1	飲食物器具製造	1
飲食製造業	1	飲食物器具販賣	1
飲食販賣	1	周旋業	2
雜業	1	產婆	1
渡船業	1	針灸按摩	1
渡船船夫	1	醫生	1
蠣灰製造	1	藥劑師	1

營業種別	回數（月）	營業種別	回數（月）
引手茶屋	2	藥種商	2
獸肉販賣	2	葬儀請負	1
牛乳搾取	2	胞衣取扔	1
牛乳請賣	2	火葬場	1
煉乳販賣	2	拉骨醫	1
煉乳移入	2	煉乳販賣	2

※此表根據《臺灣地方警察實務要論》（第三版）內容整理而成。

　　需要警察臨檢的行業，在日本國立公文書館所藏的《臺灣地方警察實務要論》一書中劃分的十分詳細，遠比《警務要書》中的區劃明確周到。警察臨檢的行業有五大部類：醫藥衛生類、飲食服務業、社會服務業、工廠製造業、勞動力市場。

　　醫藥衛生類需要警察臨檢的營業種類有醫師、醫生、藥劑師、藥種商、賣藥營業、藥品類似販賣業、產婆、鑲牙拔牙、針灸按摩、胞衣處理等等。

　　飲食服務業需要警察檢查的主要包括牛乳業、清涼飲料水、飲食物、冰營業、著色料著色品販賣業、飲食物品器具業等。另外還包括公共衛生領域類的屠宰場、獸肉經營、獸屍火化場、火葬場等行業。

　　警察需要臨時檢查的社會服務業主要有市場、檔鋪、代書業、印刻、中介業、拍賣業、刀劍棍棒販賣業等行業。

　　工廠製造業需要警察進行臨時檢查的行業主要有鍛造、鑄造業、槍炮製造業者、槍炮商、火藥商、緩燃導火線、煙花、爆竹營業、木材加工製造業、印刷業。

　　勞動力市場方面需要警察檢查的行業主要有苦力、苦力頭、轎夫、轎夫頭、渡船業、人力車相關營業、雜業等等。

　　從《警務要書》來看，日本的警察也有營業臨檢的任務，但其完全包含在十大部類警察之中，沒有就其單部進行細劃。但臺灣的警察則不同，不僅詳細地規定了需要臨檢的行業及每月的次數，還就每個細部進行細緻的規定，使其行政警察的特點更為明顯，也表明在殖民統治的特殊政體下，警察所具有的特殊預防功能被大大強化。

小結

綜上所述，臺灣警察的實務與日本警察有很大的不同，日本的警察其職別劃分非常清楚，這樣各相關警察即可就自己職責範圍內的事務進行干涉。但臺灣不同，臺灣除了高等警察與水上警察外，沒有資料證明其有明確的劃分。這樣，警察其自身的司法及行政權力就大爲增加，其對行政及民眾的干涉能力也就更強。僅從營業臨檢一項，就可窺視到臺灣警察對社會的各個角落都有監督及干涉的權力。由於絕對的權力必然導致絕對的腐敗，所以，臺灣警察亂用職權，漁肉人民的事件時有發生。

第六章　警察對抗日運動及民族運動的鎮壓

　　社會治安的維持，社會秩序的穩定，是任何社會繁榮發展的前提。各帝國主義國家在對外擴張殖民地過程中，也創建了所謂「文化的殖民地」理論。此理論認爲「治安的維持」與「社會的安定」爲殖民地發展的必然前提，且爲絕對的條件。臺灣在割讓給日本之前，社會治安也相當混亂，致使劉銘傳的臺灣改革措施挫折重重。日本統治臺灣後，由於臺灣人民的長期強烈的反抗，日本統治者所期望的社會穩定難以達成，從穩定殖民地統治大局出發，總督府當局即傾全力於社會的安定與治安的維持。這一措施，在臺灣平地，於 1903 年，即獲得一定成效，至於臺灣山地，則一直到 1919 年才大體告成。從警察政治學的視角來分析，其具體可分爲警察對武裝抗日運動的鎮壓及警察對臺灣民主運動的壓制這兩大時期。在這兩個時期中，絕大部分的鎮壓與控制力量，是依靠於總督府完備的警察力來完成的。

一、警察對武裝抗日運動的鎮壓

（一）憲兵警察對武裝抗日的鎮壓

　　憲兵鎮壓時期基本上是指日本入臺的頭三年時間。這一時期臺灣的反抗運動是以清政府的殘餘軍隊和臺灣義民爲中心，而負責鎮壓的則是日本的憲兵警察。

　　1895 年 5 月 8 日，清政府與日本交換了「日清媾和條約批准書」。但臺灣

島內卻不能苟同清政府的行爲，早在 4 月中旬，就開始了阻止日本割占臺灣的行動。鑒於此，日本政府決定派遣正在滿洲征戰中的近衛師團前往臺灣，協助接收。5 月 10 日，伊藤博文晉升海軍軍令部長樺山資紀爲海軍大將，同時，任命他爲臺灣總督兼臺灣陸軍軍務司令暨臺灣接收全權代表。6 月 1 日，樺山資紀與李經芳，在臺灣外海的「橫濱丸」上完成了臺灣的交接。〔註1〕

　　早在日清條約媾和之時，臺灣巡撫唐景崧就想乘著俄、德、法三國干涉還遼成功的機會，也採用同樣的手段使臺灣免於割讓，但清政府怕因此使遼東半島的歸還化爲烏有，於是下令讓唐景崧回大陸。但臺灣紳民和南澳總兵、臺灣防務幫辦、黑旗軍首領劉永福等共同謀劃，不墾放走唐景崧，並在 5 月 25 日成立「臺灣民主國」，反對清政府將臺灣割讓給日本，堅決反對日本入臺，並發佈宣言，實行抵抗。當時臺灣的防衛軍共有 150 營，約 5 萬人，主要布置在臺灣北部的基隆、臺北、淡水。〔註2〕

　　5 月 29 日，在日本軍隊從臺灣東北部的澳底登陸，擊退數千名防衛軍，佔領了瑞芳，進向基隆。6 月 3 日，日軍炮擊基隆，臺軍死 250 多人，傷者無數，日軍終於佔領了基隆。第二天，唐景崧就離開了臺北，並於 6 月 7 日由淡水返回廈門。基隆陷落後，臺軍退守臺北城，臺北一片混亂。後來被臺人稱爲「第一號臺奸」的商人辜顯榮，主動去日本軍營迎接日軍進入臺北城。6 月 17 日，樺山在臺北城內舉行了「始政典禮」。

　　另一方面，劉永福以臺南爲根據地，指揮全島軍隊反抗日軍的入臺。臺灣人民熱情支持，各地抗爭不斷，勢不可侮。日本政府面對強大的反抗，派高島中將爲臺灣副總督，配合樺山總督策劃鎮壓。日本憲兵兵分三路，第一路由北川宮能久親王率領近衛師團，經彰化、嘉義向臺南進發；中路由乃木希典中將率領第二師團，在枋僚登陸，經鳳山，向臺南進發；第三路由貞愛親王親自率領第四混成旅，在布袋登陸，向臺南進發。10 月 19 日，劉永福迫於形勢，不得已由安平乘座英國輪船回到廈門。次日，三路日軍會師臺南。於是以清政府官員組織的反日鬥爭基本告一段落。當時有 50,000 槍隻和 100,000 發彈藥散在民間，加上當時臺灣人的強烈的反日情緒，致使此後的日本統治仍舊不能安定。但這一階段，臺灣的警察制度尚未創建，一切的鎮壓活動都由軍隊及憲兵來承擔。

〔註 1〕黃昭堂：《臺灣總督府》，第 48～49 頁。
〔註 2〕黃昭堂：《臺灣總督府》，第 54～55 頁。

　　臺灣民主國以武裝抵抗日軍接收的鬥爭，以 8 月 9 日新竹尖筆山戰役的失敗為標誌，整個北部地區全部被日軍所佔領。此後，臺灣武裝抗日，開始以團體化、地下化、游擊化的方式出現。密謀抗日的首例，即是臺北大安莊的道士兼醫生吳得福。吳氏在割臺戰爭時加入義軍，後被俘虜。他趁隙脫逃至三角湧，後潛回大安莊，與同鄉黃賜暗中糾合秘密抗日。

　　以吳得福起事為標誌，臺灣新的自發式的抗日運動蓬勃展開。1895 年 12 月 28 日，宜蘭的林大北、林李成發動新的抗日起事。金包里的簡大獅、錫口的詹振、文山的陳秋菊與陳捷升、石碇的盧振春與許紹文、新竹的胡嘉猷等積極響應，一時聲勢浩大。林大北率領義軍，突然從臺北與宜蘭內山之間的大聚落——頂雙溪出擊，先往北一舉攻下採金重地——瑞芳，然後再從山林攻向蘭陽平原，收復羅東、頭圍、礁溪等地。次年 1 月 1 日，林大北的義軍包圍宜蘭城的日軍長達一個星期。總督府察覺情勢危急，急忙調派大批軍隊登陸蘇澳，援助宜蘭之圍。義軍不敵，林李成逃至臺北，林大北向南逃往花蓮奇萊。

　　宜蘭之役雖功虧一簣，但所號召北部義軍的行動，卻讓總督府深有「土匪蠭起」之感。1895 年 12 月至 1896 年 12 月，各地義軍反抗不斷，整個臺灣分成八個地方重要鎮壓地區——北海岸、淡水、臺北城、士林、松山、三峽、桃園、新竹。〔註3〕

　　在北海岸方面，日方派出 6 名憲兵前往追捕，但是義軍聞訊遁走。1895 年 10 月，義軍們又騷擾三芝一帶，日軍駐淡水分隊派出憲兵與步兵進行掃蕩，但僅捉拿到 3 名義軍，其餘仍被逃逸。同年 12 月 31 日金包里義軍首領許紹文，以及追隨者約五百人，趁地方舉行迎神廟會之際，攻擊金包里憲兵駐屯所。此屯所憲兵除了 2 名突圍逃至基隆報警，其餘 9 名均被擊斃。許紹文乘勝追擊，隔日進攻基隆。但由於輕敵，在半路遇到日軍伏擊，許部死傷慘重。日軍遂大舉攻入金包里，並屠村、焚屋洩恨。〔註4〕

　　在淡水方面，1895 年 12 月 31 日北部各路義軍密約，以大屯山舉火為號，夜襲各處日軍據點。日軍死守各處反擊，惟義軍彈藥用罄無從補充，只能放慢攻勢。日軍不意出陣反攻，義軍紛紛棄守戰場遁入山林。蔡白、

〔註3〕　（日）竹越與三郎：《臺灣統治誌》，博文館，1905 年，第 154 頁。
〔註4〕　臺灣憲兵隊著、王洛林總監譯：《臺灣憲兵隊史》（上），海峽學術出版社，2001 年，第 64～70 頁。

蔡池見局勢不佳，渡海逃往廈門。簡大獅與其它人逃入大屯山。〔註5〕

　　在臺北城方面，根據憲兵、警察的回報，來自新店街、深坑街、水返腳、和尚洲義軍，或以三百、五百、一千為群向臺北城靠近，攻擊臺北的西門與小南門。1896 年 1 月 1 日，日軍調派大軍出城掃蕩，在古亭莊、艋舺二地與義軍爆發激戰。〔註6〕陳秋菊部撤退，日軍亦尾隨至深坑內山——旺耽、升高坑追捕，但被熟悉小徑的陳秋菊逃脫。

　　在士林方面，有所謂「芝山岩國語傳習所事件」。1896 年 1 月 1 日，傳習所的 6 名日本教師欲前往總督府慶祝新年，不料在途中遇襲全數被殺。聞訊趕來的日本步兵 14 名，也在路途中伏，其中有 10 名陣亡。總督府獲悉大怒，調派大軍圍剿士林地區，並且捉拿可疑人士，不經審判即予殺害。〔註7〕

　　在松山方面，1896 年 3 月，當地義軍領袖詹振，會同從宜蘭逃亡過來的林李成，率部 200 人襲擊錫口憲兵駐屯所。然而義軍因彈藥不足，最後還是撤退逃至山區。〔註8〕

　　在三峽方面，1896 年 11 月 11 日，三角湧憲兵駐屯所與守備隊聯合出擊，主動攻擊轄區內的犁舌尾、十三店、打鐵坑，並逮捕嫌疑犯 13 人。不料抗日義軍約 300 餘名隨後來攻，日軍立刻調集大料崁守備隊來支持。22 日總督府調集軍、憲、警百餘人，三路包夾抗日份子的根據地——暗坑、十六僚。抗日義軍不敵，紛紛逃往番地躲藏。〔註9〕

　　在桃園、新竹方面，1896 年 2 月初，日軍得到情報，得知在龍潭坡一帶有抗日義軍出沒。總督府主動出擊，先攻破銅鑼圈義軍的根據地。然後由北往南進掃蕩至鹹菜甕，之後又尾隨義軍的行蹤，往南追至北埔。〔註10〕

（二）由憲兵轉向警察鎮壓階段

　　此階段自 1897 年至 1902 年。從第二任總督桂太郎開始，逐漸加強警察

〔註 5〕 李汝和主修：《臺灣省通志稿》（革命志抗日篇），臺灣省文獻委員會，1971 年，第 15 頁。
〔註 6〕 程大學編譯：《臺灣前期武裝抗日運動有關檔案》，臺灣省文獻委員會，1976 年，第 143～144 頁。
〔註 7〕 鈴木明著，謝森展譯：《外國人眼中臺灣真相》，創意力，1991 年，第 105～1106 頁。
〔註 8〕 臺灣省文獻委員會編：《臺灣史》，眾文出版社，1990 年，第 666 頁。
〔註 9〕 臺灣憲兵隊著、王洛林總監譯：《臺灣憲兵隊史》（上），第 84 頁。
〔註 10〕 程大學編譯：《臺灣前期武裝抗日運動有關檔案》，第 151 頁。

力量的配備，在其任內，臺、澎警察署的設立已經基本完成。各警察署也對其管區進行了細緻的劃分。特別是在北部地區，當時擔任臺北縣知事的橋口文藏在他的轄區內，對每個警察署以沿襲清時期的「堡」界作爲依據，進行了區劃。這樣對照警察署或分署的管區，日本人對象陳秋菊、詹振、簡大獅、林李成等義軍潛伏的景尾警察署、景尾警察署深坑街分署、臺北警察署、淡水警察署、基隆警察署頂雙溪分署等加強了警力。

總督府還大量增加警察人員（到 1901 年底，當時警部有 173 人，警部補 296 人，巡查 3469 人，巡查補 1734 人，且幾乎都是日本人），先是將警察權統一於警察機關，再加大警察的投入；整頓並確立警察制度，充分發揮警察系統的綜合性與機動性；設立警察及司獄官練習所，努力提高警察人員的素質；獎勵日本人警察學習臺灣話，並採用臺灣本島人作爲警察，用以來把握民情；統一充實保甲制度，對抗日份子進行搜索與防範。

當時臺灣的治安極爲不穩。總督府首要征討的目標，即是盤踞在臺北盆地東南側的陳秋菊、徐祿。1898 年 2 月，日本憲兵進入大坑莊進行搜索開始，之後軍、警形成合圍進剿之勢，陳秋菊在四面楚歌之時，終於在 10 月接受臺北縣知事村上義雄的勸說，帶領部眾 1，354 人投降。〔註11〕

1898 年 7 月 28 日，後藤新平親自入宜蘭接受林火旺、林少花等七百多名義軍的歸順儀式。之後，兒玉總督還親自巡視臺灣各地，接見地方參事、街莊長及父老，親示總督府當局的主旨。日本人這種軟硬兼施的誘降政策，取得了「輝煌」的成果。次年，斗六柯鐵所部陳權、林親慶、林朝海等，首先於 3 月「歸順」。繼之，柯鐵、張呂赤等又被誘降成功。接著南投的李鹿、陳猜、莊祿，臺灣中的林顯、王式金，彰化的陳夔番、陳爐，苗栗的張程材、劉進發等義軍也先後投降。

陳秋菊、林火旺、林少花等被總督府招降撫後，北部最大抗日勢力領袖只剩下簡大獅。他與中部的柯鐵，南部的林少貓合稱爲「抗日三猛」。1898 年 3 月，簡大師先發制人，率部攻打金包里瑪溪憲兵駐屯所。該所憲兵不敵，向基隆日軍求援，簡大獅恐遭到反包圍，又率部撤離。由於根據地已經曝露，所以日軍、警大舉包圍竹仔湖。簡大獅乃把所部化整爲零，獨自突圍到更內陸的內僚山。5 月中旬，簡大獅有計劃攻擊金包里、基隆，可惜事泄，日軍已

〔註11〕陳慧玲：《反抗、妥協與認同——以日據初期陳秋菊的抗日與歸順爲例》，《東南學報》，第 27 期，2004 年 12 月，第 353～367 頁。

有防備，游擊隊反遭到襲擊。9 月，簡大獅苦於孤掌難鳴，亦率部下出降。總督府分配他們修築士林到金山的道路。不料工程進行當中，簡大獅的部下與日警發生衝突，簡氏憤恨日警殘暴，又意圖率眾舉事。簡大獅以臺北非抗日長久之地，暫時南下至桃園、新竹交界山區繼續頑抗。11 月簡大獅又潛回臺北山區躲藏，並招集舊部以圖再舉。〔註12〕

　　儘管日本人的本意是意在消滅抗日，瓦解義軍，並非真心地接受愛護義民，但由於經過一次歸順後，日本當局對義軍的性質、實力、實體所在位置已經了若指掌，警察可以順藤摸瓜。1898 年 12 月，總督府調派步兵 400 名、憲兵 50 名及若干騎兵與炮兵，向燒焿僚及附近的抗日據點進攻。由於日軍攻勢猛烈，游擊隊幾未接戰即倉皇撤離。簡大師在這次攻擊中，幸運地潛逃出境回至福建，不料日方與清廷交涉，引渡簡大獅回臺受審。1899 年簡大獅被總督府處死，而他的死，爲割臺五年以來臺灣北部的抗日運動畫上了句點。〔註13〕

（三）警察進行鎮壓時期

　　1902 年，總督府以誘惑、欺騙、強迫等手段，殘酷殺害武裝抗日首領及同志數千人後，臺灣各地開始平靜起來，但實際上各地反日義士攝於日本人的威權，反日情緒處於埋藏期，一旦有導火線，反抗運動就像火山一樣爆發。此時臺灣的警察制度已經基本完善，鎮壓工作主要以警察爲主。

1、北埔事件

　　北埔事件爆發之時，正值佐久間總督加緊征討山地，派遣一批批軍隊及警察隊討伐番人。當局擬召北埔管內之隘勇，援助大溪嵌，隘勇們不願意前往，心存怨氣。居住在北埔支廳月眉莊的蔡清琳，素仇恨日本人。他到處宣揚已經與祖國軍隊約定好，祖國大軍將從舊港登陸，先攻佔新竹，漸次擴展到全島，最後光復臺灣。隘勇們皆信以爲真，表示願意參加。蔡清琳採取同樣的方法，勸誘山地同胞，山地同胞更是表示支持。特別是五指山一帶的泰亞族總頭目趙明致，顧念自己的職務乃是清政府所奏授，更是率領族人共同參加。

〔註12〕李汝和主修：《臺灣省通志稿（革命志抗日篇）》，第 19 頁。
〔註13〕陳漢光：《簡大師文獻四則》，《臺北文物》，第 8 卷第 3 期，1959 年 10 月，第 33～35 頁。

1907 年 11 月 14 日夜，蔡清琳招其弟弟何麥榮、何麥賢及同志 100 多人，攻取了鵝公髻分所，殺死巡查田代；次日攻取一百端分遣所、長坪頭分遣所、大窩分遣所，殺死巡查香川文四祀、殯海野重助、長友平藏。後抵大平警察派出所，又殺死了警部補德水榮松，巡查安屬及附近居住的日本人。〔註 14〕15 日上午，他們揭起「安民」及「復中興總裁」兩面大旗，攻取北埔支廳，殺支廳長渡邊龜作，警部補高野正、弓削則明、德永榮松三人，郵局局長姬也淳一郎，及巡查 13 人，巡查補 1 人，郵差 1 人，眷屬 22 人，民間日本人15 人。〔註15〕

事變消息快速報到新竹廳。廳長里見義正急派警部高比良率臺北守備隊一中隊，警察練習生 120 人至新竹廳，會同松田警察大隊共赴北埔討伐。此時，蔡清琳已率隘勇及山胞恰好在距離新竹城不到十里的水仙嶺，自知不是日本人的對手，急忙向北埔退走。里見廳長急稟總督府戰況，警視總長大島久滿次請示民政長官祝辰巳，祝辰裁示調派第一混成旅團的竹內少佐，率領步兵大隊與警查練習生近千人趕赴圍剿。由於義眾知道中國兵之來是虛假之語，自是軍心大亂，逃入番界，蔡清琳藏匿於趙明政家裏。日本人於是利用漢人與原住民的矛盾，諭示跟著蔡清琳舉事的泰雅族，若提著蔡氏的首級來獻可以寬免其刑。趙明政恐怕蔡連累自己，遂將他殺害。〔註 16〕日本軍及警察隊，一路未受到任何抵抗就到達隘勇線附近，搜捕蔡清琳同黨，被殺 81 人，逮捕 100 多人，其它同黨大部分歸順。總督府依府令第 117 號，12 月 13 日在北埔設立臨時法院，命高田富藏爲裁判長，土屋達太郎、小野隆太郎二人爲陪審員，西內金吾爲檢察，開庭審問，以一審結案。何麥賢等 9 人，以重罪之名被判死刑。有證據不足者 97 名，各被課以行政處分，還有 3 名無罪釋放。〔註 17〕

2、林圯埔事件

林圯埔事件起源於林啓楨事件。南投廳大坑莊中心嶺人林啓楨以農爲業，依其所有竹林，經營製造紙業。該地方之竹林，自清朝以來，並無明確

〔註 14〕井出季和太著、郭輝編譯：《日據下之臺政》卷二，第 409 頁。
〔註 15〕曹永和總編纂：《日據前期臺灣北部施政紀實》（警治篇／政治篇），第 35～358頁。
〔註 16〕（日）臺灣總督府法務部編：《臺灣匪亂小史》，臺灣總督府法務部，1920 年，第 33～34 頁。
〔註 17〕井出季和太著、郭輝編譯：《日據下之臺政》卷二，第 410 頁。

的歸屬，莊民只繳納少許稅金，皆得自由採伐，來補助日常生活費用。日本入臺後，依據土地調查結果，將其全部編入官有林地，並且大部給與日本的大財閥——三菱株式會社，僅留下小部分，讓莊中所謂紳士保管，並設置竹林組合，禁止莊民自由採伐。莊民之憤慨已達極點。

　　一日，林啓楨在竹林伐竹時，被三菱日本巡視員所發現，遭到毒打至重傷，莊民們非常氣憤，為林啓楨抱不平。林將日本人欺侮一事向當地的反日人士劉乾敘述，劉認為這是一個好時機。

　　劉乾居住在南投廳沙連堡羌仔僚莊，以卜筮以業，平素吃齋念佛，對人以慈悲為懷，鄉親們多敬重他。他對日本警察欺壓鄉村小民，素抱憤慨不平之心，常以聚眾宣傳佛法為由，宣傳反日議論，聽者常為其所感動。日警以劉乾平日幫人看相，有妖言惑眾的嫌疑，遂沒收占卜用具勒令其「轉業」。劉乾不得已前往林圯埔田子山（曾為柯鐵據點），結草庵為寺廟成為齋堂居士，並得到鄰近居民捐獻的香油錢糊口。

　　林啓楨事件後，劉乾借機招集莊民集會，藉神佛指示，宣傳曰：「我前日在國姓爺廟，夢見三聖人對我指點，命我為明朝崇禎帝義子，驅逐日人，救民於水火，故你等須聽我之命令指揮，共成大事，事成之日，得地得管，皆從所欲，如有不聽命令者，余必處之死刑。」〔註18〕1912 年 3 月 23 日清晨，劉乾指揮同黨，襲擊了距林圯埔約十里的頂林派出所，殺死日本人巡查飯田助一、川島與川及巡查補陳霖仔。〔註19〕

　　林圯埔支廳獲得警報後，立刻派遣警察隊，趕到頂林莊中心嶺，進行大規模的搜查，即日逮捕劉乾、蕭啓二人，南投廳警察隊及壯丁團，亦被派入山中，從事搜索。到 30 日，殺死同黨 1 人，逮捕 12 人。4 月 7 日，在南投支廳開設臨時法院，任命複審法院部長萬田富藏為裁判長，臺中地方法院村上武八郎及複審法院判官富島民治為陪審員，於 4 月 10、11 兩日開庭，對劉乾以下被告 13 人草率宣判，死刑 8 名，無期徒刑 1 名，有期徒刑 3 名，無罪 1 名。〔註20〕

3、土庫事件

　　嘉義廳大埤頭莊青年黃朝，平素非常關心祖國的各種事情。辛亥革命成

〔註18〕井出季和太著、郭輝編譯：《日據下之臺政》卷二，第 411 頁。
〔註19〕井出季和太著、郭輝編譯：《日據下之臺政》卷二，第 412 頁。
〔註20〕程大學編譯：《臺灣前期武裝抗日運動有關檔案》，第 325～401 頁。

功的消息傳到臺灣，給這個年青人很大的鼓舞，他與忘年交黃老鉗，爲祖國
革命情懷所感染，相互稱爲同志，討論以何種手段獲得同志，認爲：祖國革
命成功，推翻滿清二百餘年帝業，定中華民國基礎，我亦人也，豈不能驅逐
日人，而爲臺灣國國王乎？林圯埔劉乾只有十餘人，猶能擊殺警察，而使頂
林派出所全滅，我若廣集同志，又何愁革命大業不成。

　　黃朝策謀革命一事被當地某甲長張龍知曉，向派出所告密。巡查圓崎部
治即命臺灣人巡查補陳讀，前往黃老鉗家，命令解散信徒，不許集會。當時
黃朝迴避不出，等待巡查走後，出來召集會眾，討論起義事宜。第二天（5 月
27 日），圓崎與巡查陳讀再來黃家，命令黃等數人去派出所。黃趁機襲擊了圓
崎。但由於警察快速到場，黃等逮捕，押送至臺南地方法院。8 月 10 日開庭，
9 月 3 日宣判，根據《匪徒刑罰令》，對 16 人宣判如下，黃朝被判死刊，其它
無期徒刑 2 人，有期徒刑 12 人，行政處分一人。〔註21〕

4、苗栗事件

　　苗栗事件，即是羅福星革命。羅福星別號羅東亞，又名羅國權，曾加入
中國國民黨，後旅行南洋、新加坡等地。1912 年 12 月 8 日，羅渡來臺灣，以
臺北大稻埕爲活動基地，招集革命同志，宣傳革命思想，號召以革命手段推
翻日本帝國主義。羅福星與華僑黃光樞、江亮能及臺胞謝德香、傅清鳳、黃
員敬等人相互聯絡，以華民會、三點會、同盟會，或革命黨名義，向各方面
宣傳，努力召集同志。他們的宣傳範圍除臺北外，擴及到基隆、桃圓、新竹
等各地。

　　羅在北部籌劃革命之時，中南部亦相前後發生四起抗日事件。他們與羅
福星革命合在一起，稱爲苗栗事件。此四起事件主要是臺南關帝廟事件（李
阿齊）、南投事件（陳阿榮）、新竹大湖事件（張火爐）、臺中東勢角事件（賴
來）。

　　李阿齊又名李阿良，住臺南廳關帝廟地方。其父曾參加武裝抗日團體，
曾爲一方之首領，後爲日軍所殺害。所以，李阿齊與日本人有不共戴天之仇，
常思量如何報仇。他居無定所，常入番界，進行宣傳。1913 年夏間，他頻繁
往來於關帝廟支廳及大目降支廳各地，從事宣傳，謂在番界已經駐有抗日義
民七八百人，且現在北臺灣，抗日軍快要起事了，日軍必疲於奔命，我若振

〔註21〕井出季和太著、郭輝編譯：《日據下之臺政》卷二，第 415 頁。

臂一呼，番界之同志即可下山擊殺日本人，報我殺父之仇，救我同胞於壓迫之中。李之宏偉為一般人所相信，承諾參加起義者很多。

陳阿榮住在臺中廳上棟東堡水底僚莊，富有民族意識，對於日本人之統治，素抱不平。適逢祖國國民革命成功，認為臺灣革命時機發展到來。於是在 1911 年初冬開始活動，奔走於南投、埔里及東勢角各地，宣傳革命思想，招募會眾，得到隘勇徐香外等八十多人的支持，組織了會黨，並擬俟時機成熟，舉兵向南投進攻。

張火爐住臺中廳棟東下堡何厝莊，因武昌起義，祖國革命成功之影響，對於驅逐日本人起義，越發增強信心。於 1912 年晚春時節，得黃炳貴、紀碭二人為同志，籌備組織革命黨，準備等待時機成熟，即從臺中廳之大甲，及新竹廳之大湖，一同起事。

賴來住苗栗三堡圳僚莊，平素非常關心祖國之事，當辛亥革命成功，中華民國政府成立之時，深受鼓勵，與朋友謝石金密渡上海，目濱革命後的新生景象，大有「有專者亦若是」之概。1912 年潛回臺灣，開始以驅逐異族，光復臺灣為己任。計劃首先襲擊東勢角支廳，奪取敵人槍彈，再擴大招募同志，直迫葫蘆墩，及大湖、苗栗，然後攻取臺中，漸次收復臺灣全省。同年12 月 1 日，賴來帶領同志十幾人，突然襲擊了東勢角支廳，殺日本人巡查佐佐木、荻原及巡查補賴鎮漢。但由於受到暗襲，賴來等人戰死。

1912 年 5 月間，日本警察探聞新竹廳後壠支廳，有組織革命黨之風聲，但沒有掌握具體的實情，只好對之進行嚴密監視。其後，日本警察又探悉臺南廳關帝廟支廳管內，亦有革命黨，首領為李阿齊。同年 11 月，新竹廳大湖支廳倉庫內，忽然失去槍支六把，日本警察發動保甲組織開始進行大搜查，大湖區長列名指謫為革命黨之所為。於是在重陽節之日，在大湖天后宮，檢舉被指為革命黨員者共計 8 人，此後擴大檢舉範圍，最後達到整個臺灣島。在秘密檢舉過程中，又有東勢角事件發生，總督府當局深感不安，檢舉非常嚴密。到 1914 年，逮捕嫌疑者 531 人。

羅福星在日本警察未開始搜查以前，就感覺到局勢發展的不利，於 1912年 12 月 16 日，潛至淡水支廳，藏於農民李稻穗家，等待時機希望從淡水密渡回國，暫避其鋒芒。但日本警察已經利用保甲壯丁，日夜在該地警戒。羅的蹤跡，為興化店派出所警察所查知。淡水支廳長，於 18 日夜半，派出大批警察，包圍李家，羅福星遂為日本警察所逮捕。

全臺大檢舉告一段落後，臺灣總督府於 1914 年 2 月 14 日，開設臨時法院於苗栗。任命安井勝次為裁判長，富田元治、大里武八郎，二人為陪審員，小野得一郎、松非榮堯，二人為檢察官，對以上事件主要參與者進行審判。臨時法院自 16 日開庭，審判範圍為以苗栗之羅福星為首，關帝廟之李阿齊、東勢角之賴來、大湖之張火爐、南投之陳阿榮等，及各派黨員共計 921 人。3 月 3 日，臨時法院閉庭。判決死刑者 20 名，有期徒刑者 285 名，行政處分 4 名，無罪者 34 名，不起訴者 578 名。〔註22〕

5、六甲事件

六甲事件之領導者為羅臭頭。臭頭由民族意識，發生仇日心理，雖抱有驅逐日本人，光復臺灣之志，但自覺力薄，隱居於烏山以後，經常下山，物色同志，與大丘圓莊陳條榮相約為同志。

羅等在山中，決定於 1914 年農曆 7 月，揭竿起義，首先攻取六甲支廳。諸同志於所約日期以前，在 5 月 5 日，從店仔口支廳大埔派出所內，偷出村田手槍二把。當時正值羅福星革命結束不久，日本當局得此情報，大為緊張，開始進行大規模的搜查工作。羅等認為必須先發制人，於是在 5 月 7 日夜，企圖攻取六甲支廳，順路襲擊了大坑圓、王爺宮二派出所。適逢兩所警察皆不在，沒有取得收穫。六甲支廳早已接到報告，急派警部補野田又雄，率巡查一隊，趕至羅必經之林地。羅率隊至此，雙方交戰，野田中槍即死，但羅部漸次不支，退入山中，羅臭頭與同志羅陳、羅其才不願被捕，自殺而死，日警逮捕義軍 100 人。

1914 年 11 月 13 日，在臺南地方法院開庭審判，以《匪徒刑罰令》，判死刑 8 人，無期徒刑 4 人，有期徒刑 10 人，無罪 1 人，行政處分 15 人，不受起訴處分 68 人。〔註23〕

6、西來庵事件（噍吧哖事件）

西來庵事件是日本據臺時期最後一次武裝反抗事件。主要領導人為（閩）福建人余清芳。余清芳，又名余清風，字滄浪。初期臺灣民主國戰爭時，他參加地方團練，曾投身於武裝抗日事業。民主國挫敗後，余隱藏抗日感情，多次充任巡查補，勤務於臺南、鳳山、阿公店等地。他性格豪爽，廣交朋友，逐漸顯露出反日的言行，常出入臺南廳下各處齋堂，來擴大反日範圍，並加

〔註22〕井出季和太著、郭輝編譯：《日據下之臺政》卷二，第 420 頁。
〔註23〕井出季和太著、郭輝編譯：《日據下之臺政》卷二，第 421～422 頁。

入鹽水港十八宿會。他的反日言行被日本人所發覺，強行送至臺東加路蘭浮浪者收容所。出所後選擇保險員為其工作，以便接觸更多的民眾，宣傳反日。

余清芳以西來庵廟作為籌劃革命的基地。西來庵為清代所建廟宇，供奉道教玉皇大帝神祇，香火鼎盛。余清芳常藉寺廟修繕募款來捐募革命資金。他對信徒傳播，日本原本只有佔領臺灣二十年的運，現在已將要期滿，屆時中國大陸會調派軍隊相助，我們應該裏應外合，迅速將日本人擊退。〔註24〕他還宣傳日本暴政，喚起群眾的民族意識，而且利用扶乩請神諭等方法，讓信徒們相信臺灣革命一定成功。

儘管余清芳等人的活動極為隱蔽，但日本人還是有所查覺，警察密探報蕃薯僚、甲仙埔、噍吧年等各支廳，及臺中員林地區，皆有起事之迹象，但卻不能查出實情。於是日本警察在上述各地及附近地區加強了警戒。5月23日，警察在基隆企圖渡廈的乘客中發現了臺南廳阿公讓人蘇東海，他是被列入日本警察手中的「要視察人」，於是將其扣押於基隆支廳。警察此時還不知蘇東海是余清芳陣營的人，只是覺得他行為不軌。蘇東海在囚禁中，委託同日被囚禁的一名日本妓女，請她帶信函給賴淵國。賴為革命黨同志，早就被警察編入「要視察人」名冊中。不料此女竟把信件交付警察，信中告以形勢危急，以後如被檢舉，應如何答覆等。此信使警察獲得了余清芳等人反日行動的線索，總督府立刻調派大批軍警南下緝捕，同時進行全臺灣的大檢舉。〔註25〕

余清芳得到消息後，自知不能再居住在西來庵，於是退入深山，潛往噍吧哖山區。日本警察沒有捕捉到余清芳等義士，於是在臺灣各地發佈畫像，高價懸賞。此時，臺南廳警務課接到密報，說有類似羅俊者，向大目降方面行進。臺南廳向嘉義廳警務課通報，要求協力，兩廳警察共同出動，6月29日，在嘉義東保竹頭崎莊尖山森林中，發現羅俊（余清芳部下）一部，並將羅俊逮捕。此後抗日義軍主要隱藏於嘉義、臺南、阿猴這三廳交界的掘子山之中，總督府動用警察270餘人，圍山一周餘，依然沒有收穫。7月6日，義軍們在臺南廳噍吧年支廳牛港山仔山交火，雙方各有死傷。7月9日，義軍們

〔註24〕蘇乃加：《日據時期臺灣武裝抗日事件之研究——以西來庵事件（1915～1916）為探討主題》，私立中國文化大學日本研究所碩士論文，2002年6月，第20頁。

〔註25〕喜安幸夫：《日本統治臺灣秘史——霧社事件至抗日全貌》，武陵出版有限公司，1995年，第94～95頁。

襲擊了甲仙埔支廳。9 月 2 日，又襲擊了噍吧年支廳下的南莊派出所，十二名日警全部被殺。

總督府認為事態嚴重，派出臺南步兵第 2 聯隊約一千人，同時大目降還有三百名警察也來支持。日軍警定下誘殺義軍詭計，打出安撫招牌，聲言降者免死。但等莊民大多數歸莊（後厝、內莊、左鎮、茶僚）後，以分別善惡為詞，命莊中老小集中在野地，命其掘壙，待壙成，即以機槍掃射，進行慘無人道的大屠殺。〔註 26〕根據當地人盛傳，死難者達 3,200 餘人。〔註 27〕這場屠殺是 1895 年乙未戰爭以來規模最大者，因此有不同的數據留傳，最多者有謂屠殺 30,000 餘人。不過根據考證，三千餘人是一個較可信的數字。〔註 28〕9 月 22 日余清芳餘部也遭日本軍警逮捕。

臺灣總督府於當年的 5 月，開始檢舉抗日義士，同時以府令第 58 號，在臺南開設了臨時法院。以《匪徒刑罰令》，來處置抗日義軍。8 月 25 日，開庭公判，至 10 月 30 日終結。被告共計 1,957 名，被判處死刑者 866 人，十五年有期徒刑 18 人，十二年有期徒刑 63 人，九年有期徒刑 372 人，行政處分者 217 名，不起訴者 303 名。〔註 29〕

此事件被判死刑者人數近千人，這在大正時期的日本國內也掀起軒然大波。下議院議員大島久滿次，對臺灣總督府的上屬單位——內務省進行了質詢，當時民政長官內田嘉吉被迫引咎辭職。〔註 30〕不過 800 多人被處死，對日本國內造成的震撼實在太大，因此，內閣藉口大正天皇登基不久，為沐「皇恩」遂把判死刑者全部減刑為無期徒刑，不過已有 95 人已被執行。〔註 31〕

二、警察對民族運動的壓制

以 1915 年的「西來庵事件」為分界，大規模武力反抗活動基本停息。此時正值一戰爆發及俄國十月革命的勝利。當時列寧提倡殖民地解放與民族獨

〔註 26〕陳春木：《噍吧哖事件「左鎮」第區遭難採訪記》，《南瀛文獻》，第 24 卷，1979年 6 月，第 95～113 頁。
〔註 27〕莊德：《余清芳革命四十年祭》，《臺灣風物》，第 5 卷第 10 期，1955 年 10 月，第 14～20 頁。
〔註 28〕王曉波：《臺灣史與近代中國民族運動》，帕米爾書局，1986 年，第 91 頁。
〔註 29〕井出季和太著、郭輝編譯：《日據下之臺政》卷二，第 564 頁。
〔註 30〕程大學：《日本國會有關噍吧哖事件之質詢紀錄》，《南瀛文獻》，第 24 卷合刊，1979 年 6 月，第 92 頁。
〔註 31〕程大學：《噍吧哖事件八百人的死刑》，第 93～94 頁。

立的思想，對世界產生了很大的影響。同時美國威爾遜總統的「民族自決」理論，也使殖民地統治下的人民燃起了希望。受此影響，於 1919 年在朝鮮發生獨立爲目標的「三一事件」。像這樣殖民地解放的世界潮流，對臺灣人也產生了重大影響。

（一）臺灣議會設置請願運動

在此背景下，1919 年，東京留學生組成新民會，後以新民會中心，發展成爲臺灣最初的文化啓蒙運動——「六三法」撤廢運動，繼而發展爲臺灣議會設置請願運動。新民會成立不久，田健治郎發表了關於賦予臺灣總督律令的法律（1896 年法律第六十三號）存廢問題的意見，謂本島的實況尚未達到可廢棄本法之境界。新民會的主要成員認爲，縮小臺灣總督的權力，提倡發動撤廢「六三法」的運動是非常必要的。由於林呈祿認爲，「六三法」的撤廢運動否定了臺灣的特殊性，肯定了所謂內地延長主義。於是，新民會決定中止「六三法」的撤廢運動，發動代之設置強調臺灣特殊性的臺灣特別議會運動。這使「六三法」撤廢運動急轉，變成臺灣議會設置請願運動。

從表面上看，臺灣議會設置請願運動似爲單純的政治運動，具體要求是要臺灣如日本內地一樣，有地方府縣會一類的地方議會。但實際上請願運動的主要目標，是要求臺灣特別立法的協贊權。此目標暗藏指，將臺灣特別立法的制定委任於總督一人，是違反立憲的根本精神的。但如果單純要求撤廢「六三法」，其根本意旨是和內地延長主義思想相一致的，所以，提出要求尊重臺灣特殊情況和徹底的立憲主義，這是民族自決、民族自治的前提。「本運動並非以設置單純的地方議會爲目的，而明顯帶有民族運動的色彩。」〔註32〕另一方面，臺灣議會設置請願運動，其本質和設置縣市議會並不相同，它是隨著臺灣殖民地人民的文化向上，產生政治上的願望而發起的帶有民族自治、民族自決性質的反抗運動，不論其中的「祖國派」還是「本島派」，根本上都是欲脫離日本的殖民統治，這一點在當時還具有幻想性。

鑒於此運動的性質，日本人認爲，如果一次性採用鎮壓是不可能的，這會反而容易激化，因此，應當採取「取締與緩和」並用的雙軌政策。即向臺灣人民明示日本政府不可能設置傾向於殖民地自治的臺灣議會；不立即禁止其活動，與運動的領導人進行溝通，分化他們；在表面上對一般政

〔註32〕《臺灣社會運動史》第二冊，海峽學術出版社，2006 年，第 13 頁。

策允許範圍內的參政議政運動和地方自治改進運動，以收買人心。〔註33〕

　　1920 年 12 月末，林獻堂、蔡惠如等相繼來到東京，和新民會幹部商議決定，向第 44 次帝國議會提出臺灣議會設置請願狀。1921 年 1 月 30 日，由林獻堂以下 178 人簽字，經貴族院江原互六、眾議院田川大吉，向日本議會提出了請願書。請願書提出後，總督田健治郎認爲：「本件請願完全違背了統治臺灣的大方針，像這種做法斷然不能容許。」〔註34〕田健治郎還對林獻堂等人嚴厲警告說，絕對不能允許設立臺灣議會，並要求撤回請願書。同時，總督府又以既有的「臺灣總督府評議會」來代替臺灣議會，並把林獻堂及與總督府協作的八名臺籍「御用紳士」，一併任命爲評議會委員。林獻堂不顧總督府的懷柔，毅然策劃第二次請願。

　　林獻黨等將視線轉回臺灣本島，計劃歸臺。蔣渭水等人計劃開歡迎大會等，但林家卻接到「逆賊林獻堂！你歸臺後如若沒有悔改，將取你性命！」〔註35〕等語的恐嚇信。儘管這樣，林獻堂、蔡培火在歸臺後仍然努力宣傳請願運動，召開宣傳會啓發民眾。在他們的努力下，又獲得了島內 350 人的簽名，於 1922 年 1 月，進行了第二次請願運動。

　　田健治郎總督一邊設法說服林獻堂，一邊向債權者的金融機關施壓，迫使林獻堂一時脫離設立臺灣議會請願運動。這時候，設立臺灣議會請願運動已經與臺灣文化協會分開，並有新設「臺灣議會促成同盟會」的構想。因被臺灣總督府察知，而立即將國內法的「治安警察法」適用於臺灣，以對付新設立的臺灣議會期成同盟會。

　　由於請願運動越來越受到島內與日本的關注與支持，日本統治者擔心，如若緩行取締之策，恐怕會招致事態的擴大，因此開始在島內運動中心的臺中州，採取具體的取締措施。他們利用保甲、街莊長或群眾會，向民眾宣傳總督府不容許從事請願活動，並規定有公職人員不得參加請願活動；當議會請願及文化協會做宣傳演講時，派精通臺語的警察臨會監督，如發生不服從警察的行爲時，依照違警條例處分。

　　第二次臺灣議會設置請願運動之後，蔣渭水等人深感結社的重要，遂於請願運動進行到第三次時，組織「臺灣議會期成同盟會」。1923 年 1 月，蔣渭

〔註33〕《臺灣社會運動史》第二冊，第 20～21 頁。
〔註34〕《臺灣社會運動史》第二冊，第 38 頁。
〔註35〕《臺灣社會運動史》第二冊，第 41 頁。

水等根據《治安警察法》〔註36〕，寫下臺灣文化會不涉及政治的保證書。1月
30 日，蔣渭水等人向臺北警察署提出成立「臺灣議會期成同盟會」的結社組
織狀，並提出臺灣議會期成同盟會的結社申請，但被總督府以「保持安寧秩
序」爲理由禁止結社，並以林獻堂的堂弟參加臺灣議會期成同盟會爲由，把
林獻堂的總督府評議會委員職位罷免。

　　2月2日結社遭到強制禁止，因此，活動就移到東京。2 月 21 日臺灣議
會期成同盟會在東京重新成立。此舉造成日本當局檢舉臺灣議會期成同盟會
會員，12 月 16 日，在總督府警務局的主導下，全臺除花蓮、臺東、澎湖外，
同日同時展開大檢舉，共有 99 人遭受迫害。1924 年一審判決，被告全數無罪。
然而檢察官三好一八不服提出上訴。10 月 29 日二審，蔣渭水等 13 人被判有
罪，被告隨即提出上訴。1925 年 2 月 20 日，三審宣判，維持二審宣判。最後
蔣渭水、蔡培火被判四個月徒刑；蔡惠如、林呈祿、石煥長、林幼春、陳逢
源被判三個月徒刑，其餘 6 人被判罰金百圓，歷史上稱爲「治安警察法違反
檢舉事件」，即一般所稱的「治警事件」。

　　由於總督府在治警事件中行動規模巨大，且事後又封鎖消息，再加之「西
來庵事件」日本警察殘暴鎮壓，導致全島人心惶惶，連帶使第四次臺灣議會
設置請願運動連署人數大爲降低，僅 71 人簽署請願書。在此環境下，《臺灣
日日新報》、《臺灣新聞》、《臺南新報》三大報也沉默以對。然而該事件也激
起了請願者的雄心，許多入獄者在獄中所創造的詩文也被剛創刊的《臺灣民
報》加以刊登。日本警察的殘酷行動，反使民報的銷售及發行數突破了一萬
的大關，無形中又促進了四百萬臺灣同胞政治覺醒。

（二）臺灣文化協會

　　第一次設立臺灣議會請願書提出後，在臺灣島內醫師出身的蔣渭水企圖
創立「臺灣文化協會」後，以作爲島內民族運動的指導團體。蔣渭水在與林

〔註36〕《治安警察法》是日本的法律，於 1900 年 2 月 23 日制定，3 月 30 日實施。
　　　　此法全文共 33 條。該法律與《治安維持法》是戰前日本有名的治安法。1925
　　　　年時曾進行了修改。第二次世界大戰結束後，根據 GHQ 的指令，於 1945 年
　　　　11 月 21 日，以敕令第 638 號《治安警察法廢止之件》廢止了該法律。臺灣於
　　　　1923 年 1 月實行了該項法律。參見：《治安警察法講義》、《御署名原本・大正
　　　　十五年・法律第五八號・治安警察法中改正（勅令第百九十八號參看）》、《治
　　　　安警察法の廢止に關する件》，公文書館藏檔：A04010501400、A03021589
　　　　000、A05032377200。

獻堂商議會，訪問了總督府川崎警務局長，向警方陳述了文化協會創立的趣旨，以求諒解，並於 8 月 28 日（1921 年），向總督府各局長、各州長、內務、警務兩部長、教育課長、市長、郡守、警察署長、各郡警察課長等，寄附了文化協會創立計劃的致詞書。臺灣文化協會以「助長臺灣文化的發展」爲目的，集結 1,000 多名會員，林獻堂爲總理，蔣渭水爲總幹事，蔡培火等 41 人當選爲幹事。

　　臺灣文化協會的成立是得到警察許可的，其活動也必須受其嚴密的監督與限制。在此種高壓下，文化協會在表面上是不能從事政治運動，而只能巧妙地以啓蒙運動爲名進行各種政治運動，並不得不以個人身份來參加一些政治活動。儘管如此，由臺灣文化協會主辦的各類講習會及演講會經常遭到警察的中止及解散。

文化協會講堂次數及解散中止處分統計表：

州名	講演次數				解散處分次數				中止處分次數			
	1923年	1924年	1925年	1926年	1923年	1924年	1925年	1926年	1923年	1924年	1925年	1926年
臺北	4	51	99	97	3	11	4	10	7	9	5	19
新竹	—	—	22	68	—	—	1	15	—	—	10	61
臺中	25	47	103	27	2	1	1	1	11	21	31	24
臺南	6	34	67	88	—	—	1	3	1	6	18	16
高雄	1	—	24	35	—	—	—	6	—	—	—	37
計	36	132	315	315	5	12	7	35	19	36	64	157

　　此表根據《臺灣社會運動史》第一冊第 206、207 頁之講演次數及解散次數、講演人數及中止處分次數二表整理而成。

　　根據上表，在 1923 年舉行的 36 次講演中，被中止 19 次，5 次被解散，占總演講次數的 66%；1926 年時被中止和解散的次數也是占到總演講次數的 60% 強。此中可以看出警察對文化協會活動的監督及干涉之殘酷。

　　那麼爲什麼總督府沒有取締文化協會呢？「對於文化協會的啓蒙運動，及其它文化協會員以個人名義所做的各種運動，因爲這些運動具有深遠的民族根底，絕非一朝一夕所可掃滅，所以推想當時日本人採取的取締方針，可

能是懷柔政策。」〔註37〕日本人之所以採取此種策略，是因為當時民主主義思想正風靡世界，並日見強化。即使是在日本國內，也不宜採取強硬的取締手段，於是他們便對運動的統率者進行分化。日本人利用林獻堂的姐夫彰化街長楊吉臣，對當時任文化協會總理及臺灣議會設置請願運動的統率者林獻堂進行勸說，總督及總務長官也找機會親自說服。因此，在第三次臺灣議會設置請願運動之時，林獻堂的態度已經顯著軟化，態度消極，避不簽署請願書；蔡惠如則在中國活動，似乎對運動並不熱心。但正是由於他們的消極態度，反而使青年們反應更加強烈，運動更加激烈。鑒於此，總督府加強了文化協會活動的取締。具體措施是：對利權營業者、學校教職員及運動相關聯者，進行訓誡，求期反省，仍不服從者，則加以整頓；利用街莊長會議、保甲會議及其它群眾集會等機會，告誡一般島民不可妄動；公務員及街莊長等不得參與此類運動，如果要參加，必須先行去職；在議會請願及文化協會幹部進行宣傳演講時，派出精通地方語言的警察列席會場，一旦有妨礙治安的言行時，要作相應的處理。〔註38〕

1923年1月，治安警察法在臺灣實施，總督府召集文化協會主要幹部進行詢問，促使文化協會的態度明朗化。1月16日，臺中州警務部長向林獻堂以具體事實說明，文化協會雖然在當初聲明不與政治發生關係，但其後卻在實際活動上，直接間接地涉及了政治，並告以：「若有意以政治結社繼續存在，應該履行法律的手續等」〔註39〕注意事項。當時林即表示：「文化協會設立的主旨是專以文化運動為目的，即使將來也無意變更其方針，絕不涉及政治運動。」〔註40〕在臺灣，臺北州警務部長對蔣渭水也告以同樣的注意事項。在警方的嚴厲督促下，林獻堂、蔣渭水等文協領導只好聲明文化協會並非政治結社，不擬進行政治運動，且提出承諾書。〔註41〕儘管如此，日本人仍然不能放心，各地警察開始調查文協活動情況，警務局綜合當時各州的調查狀態，認為文化協會林獻堂以下的十數名幹部，民族處決的信念堅強，沒有回轉餘地；370名文化協會會員中，三分之一會員雖然可認為是過激分子，但明顯地可認定有脫離日本統治念頭的人為數極少數，只不過十幾名而已，其它的人

〔註37〕《臺灣社會運動史》第二冊，第234頁。
〔註38〕《臺灣社會運動史》第二冊，第236頁。
〔註39〕《臺灣社會運動史》第二冊，第236頁。
〔註40〕《臺灣社會運動史》第二冊，第236頁。
〔註41〕《臺灣社會運動史》第二冊，第198頁。

思想標準不甚明顯；整個文化協會，按其會員數來說，不但全體未達到同一思想水平，相反，竟有一部分穩健的有識者，對於幹部的行動表示不贊同，但他們並沒有足夠的能力來抨擊幹部的行動，決定對急進的過激分子，屬行嚴厲的取締方針，對其它的人，則加以誘導。〔註42〕所以，總督府才在 12 月對臺灣議會期成同盟進行檢舉，出現了歷史上的「治警事件」。

「治警事件」沒有讓臺灣人民屈服，反而民眾更關注文化協會的活動。從 1923 年至 1926 年四年之間，文化協會就舉辦各式講演約 800 次之多，在臺灣各地吸引聽眾總計超過 30 萬人。不用說演講會，所有文化協會的活動都是根據治安警察法，在警察的嚴密監視與管制下進行的。但是，警察的干涉或與警察的衝突，反而增進了臺灣人意識。臺灣文化協會創立至分裂的六年期間，可以說是「臺灣人的復興」。此六年，是所有各派勢力凝集在一起的一個重要時期，被稱為臺灣民族運動的「統一戰線時期」。

所有勢力結合的「統一戰線」，反而孕育著分裂的種因。文化協會分裂後，右派的蔣渭水與蔡培火等人，於 1927 年 7 月組成臺灣史上最早的合法政黨「臺灣民眾黨」，並在蔣渭水的領導下漸漸傾左。右派的林獻堂和蔡培火等又脫黨，另外於 1930 年 8 月組成「臺灣地方自治聯盟」。1931 年 2 月的禁止結社命令，使成立不到四年的「臺灣民眾黨」被迫解散。另一方面，1928 年 4 月成立的臺灣共產黨於 1931 年控制了臺灣文化協會，但是，同年 6 月臺灣共產黨員全部被逮捕，年底臺灣文化協會幹部也遭到擄舉，臺灣文化協會遂壽終正寢。

（三）臺灣共產黨

臺灣共產黨發起自 1926 年 1 月在東京成立的日共的外圍組織「臺灣新文化學會」。此學會是由比謝雪紅更早到莫斯科接受共產黨教育的許乃昌創建，人員有商滿生、黃宗九、蘇新等臺灣左派留學生。後來由於受警察對日共的「三一五大逮捕」影響，改名為「臺灣學術研究會」，繼續進行對臺灣留學生的共產主義運動。

1928 年 4 月 15 日，由謝雪紅、林木順、翁澤生等人，在上海成立臺灣共產黨，屬於日本共產黨臺灣民族支部。由於他們在組黨後便以「上海臺灣讀書會」為掩護進行實踐活動，被上海日本總領事館的警察所發覺，於是，日

〔註42〕《臺灣社會運動史》第一冊，第 237 頁。

本警察於 3 月 12 日、31 日及 4 月 25 日前後三次，將謝雪紅等多名讀書會成員逮捕。

1928 年臺灣共產黨成立後日本警察檢舉臺共一覽表：

搜查時間	搜查地點	被檢舉人
第一次 1928 年 3 月 12 日	上海租界外北青雲路天授里 20 號及寶山路協興里 107 號	黃和氣、江水得（徒刑一年六個月）、陳氏美玉
第二次 1928 年 3 月 31 日	上海共同租界崑山路嬰童花園	陳粗皮（徒刑一年年）
第三次 1928 年 4 月 25 日	上海法租界辣斐德路東升里 389 號	張茂良（徒刑二年六個月）、楊金泉（徒刑三年）、林松水（徒刑二年）、劉守鴻（徒刑二年）

※此表根據《臺灣社會運動史》第 3 冊第 99、100 頁內容整理而成。

　　「上海臺灣讀書會事件」雖然是在未掌握臺共之核心時的行動，但對剛剛成立的臺灣共產黨也打擊甚大。

　　1928 年 9 月 23 日，陳來旺、林木順、陳來旺等再於東京戶山，成立了「臺灣共產黨東京特別支部」，完成了臺共東京機構，並由陳來旺為東京負責人，建立與駐上海及臺灣島內的黨幹部聯絡，並派得力的幹部回臺進行工作。

　　1928 年 10 月 6 日，日共中央委員長渡邊政之輔，為達成臺共的組織及活動而來臺灣。他從上海搭乘「湖北丸」至基隆港時，遭到基隆水上警察所懷疑，因在行李箱上的名子與買船票的名子不同，被迫與警察同行到水上警察署偵辦，在基隆碼頭以手槍先擊斃隨行警察，渡邊政之輔要跑走時卻被石釘絆倒，無法逃脫，許多警察前來包圍，於是自殺身亡，年二十九歲。這位與臺灣共產黨自創黨以來有密切關係的日共中央執行委員長的死亡，對臺灣島內組織打擊甚大。

　　緊接著，在 1929 年 4 月 16 日，日本共產黨就遭到日本警察的大逮捕行動，史稱「四一六大逮捕」。當時在搜查到的名單上發現了 3 名臺灣人。這導致日本警察對臺共東京特別支部成員的大檢舉行動。日本警察逮捕大批共產黨員，首先是日共中央事務局長間庭未吉（此人被疑為日本警察的間諜）遭警察逮捕，並被發現大量的日共組織資料，有關臺灣共產黨的文書也在其中。日警發動對臺灣人左翼團體「東京臺灣學術研究會」的搜查，逮捕會員 43 人，

從中查出這 3 名臺灣共產黨員即是陳來旺、林兌、林添進。這樣剛成立六個月的「臺灣共產黨東京特別支部」，即告消滅。陳來旺被判刑 6 年，林添進 4 年，林兌到 1931 年 3 月才被保釋出來。儘管其它學術研究會員被釋放，但在嚴密的監視下陷入了無力活動的狀態。同年 6 月 16 日，臺共成立時的「政治大綱」起草者佐野學（早稻田大學講師）也在上海被逮捕。於是，對於臺灣共產黨比較熟悉的日共幹部均被捕，臺共與日共的關係因而嚴重受損。

一方面，在「上海讀書會」受到破壞以後，日本警察對臺灣共產黨進行了更加秘密的偵察，基本上掌握了臺共在島內的情況。1930 年底及 1931 年春時，日本警察查知共產黨員陳德興及王溪森由上海歸臺後與翁澤生聯繫，帶回指令臺灣共產主義再復興的重大命令，於 1931 年 3 月 24 日實施了全面搜查，在臺北市上奎府街一丁目二九番地陳春木家中發現共產黨員趙港及陳德興。趙港匆忙間將桌上重要文件咽下，而陳德興則趁機逃走。此次搜查收繳了「改革同盟成立事宜」、「文協解消問題」、「臺灣運輸工會組織事宜」、「臺灣運輸工會運動方針」等十幾種文件。但當時的臺共並沒有停止活動，並利用陸軍紀念日當天的第一次防空演習的機會，進行革命宣傳。日本警察很快就查出爲共產黨員王日榮所爲並搜查其住處。王日榮被迫自首，並供出共犯爲林式鎔。由於王日榮的叛變，臺灣共產黨組織遭到毀滅性破壞，謝雪紅等 107 名共產黨員被逮捕，大量的重要文件被查收。1931 年 10 月，將以上被捕人員中的 79 人分批移送至法院，10 月 29 日，對其中 49 人提出預審，審判結果如下表。此後，臺共也積極地重建，但已經不能有大的作爲了。

1931 年臺灣共產黨員被判徒刑年限表：

氏　名	刑名 刑期	氏　名	刑名 刑期	氏　名	刑名 刑期	氏　名	刑名 刑期
謝雪紅	懲役 13 年	張朝基	徒刑 3 年	盧新發	徒刑 4 年	施茂松	徒刑 2 年
潘欽信	懲役 15 年	林式鎔	徒刑 2 年	郭德金	徒刑 4 年	陳朝陽	徒刑 2 年
林日高	懲役 5 年	王日榮	徒刑 2 年	張道福	徒刑 3 年	張欄梅	徒刑 2 年
蘇　新	懲役 12 年	莊　守	徒刑 8 年	林殿烈	徒刑 2 年	陳義農	徒刑 2 年
莊春火	懲役 7 年	顏石吉	徒刑 10 年	林朝宗	徒刑 2 年	林文評	徒刑 2 年
劉守鴻	懲役 10 年	簡氏娥	徒刑 5 年	吉松 喜清	徒刑 4 年	翁　由	徒刑 2 年

氏　名	刑名刑期	氏　名	刑名刑期	氏　名	刑名刑期	氏　名	刑名刑期
王萬得	懲役 12 年	津進助好	徒刑 2 年	宮本新太郎	徒刑 2 年	詹木枝	徒刑 2 年
趙　港	懲役 12 年	朱阿輝	徒刑 2 年	周坤棋	徒刑 2 年	陳振聲	徒刑 2 年
陳德興	懲役 10 年	洪朝宗	徒刑 3 年	高甘露	徒刑 2 年	李媽喜	徒刑 2 年
蕭來福	懲役 10 年	簡　吉	徒刑 10 年	吳錦清	徒刑 3 年	楊克培	徒刑 5 年
吳拱照	懲役 7 年	詹以昌	徒刑 7 年	林梁材	徒刑 2 年	翁澤生	昭和十年八年判徒刑 13 年
楊克煌	懲役 4 年	張茂良	徒刑 7 年	廖瑞發	徒刑 2 年		

※上表根據《臺灣社會運動史》第三冊，第 195～197 頁所附表整理而成。

（四）臺共的外圍組織農民組合

　　1925 年 5 月，高雄市陳中和的新興製糖突然發出通告，欲將七百甲土地收回自營，使耕作中的農民驚慌不已。臺北工業學校畢業的黃石順借機將農民組織起來，反對陳中和收回自營，地主因發現農民有組織而暫緩進行。這項團結的力量，鼓舞了臺灣農民。其後簡吉與黃石順結合陳賢、張滄海等，更進一步將「小作人組合」改為「農民組合」。當時臺灣各地的農民組合組織主要有：二林蔗農組合（對抗二林糖廠所凝聚）、鳳山農民組合（對抗陳中和物產所成立）、大甲農民組合（反抗日本退休官僚強佔土地）、虎尾農民組合（臺灣農民組合虎尾支部）、曾文農民組合（反抗明治製糖）、竹崎農民組合（對抗三菱竹林事件所組成）、臺灣農民組合嘉義支部等。

　　1926 年 6 月 26 日，以「合同協議會」決定，宣佈了「臺灣農民組合」的成立，中央委員長由簡吉擔任，其它重要幹部有陳連標、黃石順等，並於 1927 年 12 月 4 日，在臺中市初音町樂舞臺召開第一屆全島代表大會。當趙港報告臺灣農民組合發展經過時，警方以言論不當為由勒令中止，改由侯朝宗繼續報告，旋又受干擾，大會在第 4 日下午 2 時許，被警察命令解散，引發眾怒，當晚即臨時召集聽眾一千多人舉行示威演講會。

　　臺灣農民組合自召開第一屆全島大會後，全島農民迅速的自覺起來，農民鬥爭經常發生。在 1927、1928 年間，各地農民不滿受壓迫的事件，運用農民組合來領導，因此農民爭議達到四百二十件，但大部分都被警察的鎮壓下去。當時主要的事件有：

第一次中壢事件：1926 年日人高級退職官吏小松吉久等，見桃園大圳完成在即，故搶先組織「日本拓殖會社」以特權取得新竹州中壢、桃園二郡原本荒地旱田的三千甲，再招佃戶 360 人與其簽訂耕作合約。但次年因颱風將第一期稻米在收割前損毀三成。農民多次向拓殖會社陳情要求減租。日本拓殖會社完全不理會，並利用法院將在田中生長的稻米爲標的物執行扣押，農民大爲恐慌。農民在無助下向臺灣農民組合中壢分部請求出面向日本拓殖會交涉，分部派出黃清江等代表 4 人向日本拓植會社交涉減低地租。法院派來的執達吏將田中稻米強制收割，全體農民極度憤恨，因而發生肢體衝突。警察站在日本拓殖會社角度上進行介入。這樣引起民憤，約 600 百名農民包圍襲擊了中壢新坡警察派出所。警察逮捕黃石順、謝武烈、楊春松、黃又安等 8人。這樣反而激起更大反抗，日本人就又大肆逮捕 83 人，其中，33 人被處有期徒刑。

第二次中壢事件：第一次中壢事件結束後，總督府計劃要消滅農民組合，於是驅使警察在 1928 年 7 月 9 日解散臺灣農民組合的「桃園支部」與「中壢支部」。警察又以莫須有的罪名將農組會員呂戊巳拘禁，引發眾怒，中壢支部的組合員 700 餘人，乃邀請農民組合本部幹部簡吉、趙港等趕至中壢指導，以致趙港等幹部率眾 200 餘人到派出所投石示威反抗，結果又是警察肆無忌憚將趙港、張道福等 35 人逮捕，其中 14 人被處徒刑。

辜顯榮所有地爭議事件：在臺中州北斗邵二林莊原本屬林本源糖所有七百餘甲土地，被鹽水製糖接收後，這土地變成辜顯榮所有。辜顯榮在 1927 年3 月取消土地上農民的耕種權。於是，當地佃農乃在臺灣農林組合二林支部長蔡阿煌等的指導下進行鬥爭。辜顯榮即與鹽水港製糖會社相勾結，將農民十八戶的晚稻強行押走，因此，農民組合二林支部的組合員 80 多人前往鹿港街辜顯榮宅示威，並召開演講會，警察介入強加解散，逮捕了莊萬生、謝神財、張福生等農民組合幹部及組合員多人。

大潭官有地佃農爭議事件：總督府把高雄州東港郡東港街字大潭的官有地 157 甲由蘇隆明等地主 3 人經手，而放租於當地農民 100 餘人，其中的 70餘人加入農民組合，由薛步梯、陳崑崙指導，於 1927 年 11 月重新設立「東港農工協會」向蘇隆明等鬥爭，警察強力拘捕 31 人，壓制了此事件。

臺灣拓殖製茶會社土地爭議事件：總督府把新竹州苗栗郡三義莊、銅羅二莊的土地 4700 甲放領於特權的臺灣拓植製茶會社等經營茶園，因該會社禁

止當地農民上山伐木、種菜、放牧，與居民衝突不已，農民成立了「臺灣農民組合三義支部」與該會社抗爭。結果是臺灣拓殖製茶會社動員警察逮捕農民 110 人，以「共同盜伐」的罪名送法院處罰。

大寶農林砍蕉造林爭議事件：1921 年 1 月，總督府把臺中州大屯郡霧峰莊萬斗六、大平莊頭汴坑、北屯莊大坑等地的山林 2321 甲放領於日人經營的大寶農林會社以為種植樟樹和相思樹，但大寶卻又允許萬斗六的土地約 500 甲種植香蕉，並收取佃租。五年後總督府命令不得在放領地上種植香蕉。當地種植香蕉的農民得知後，九百十一戶（3900 餘人）寢食難安，組成臺灣農民組合大屯支部，進行反對運動。為阻止此事件，警察將臺灣農民組合大屯支部的李福松支部長逮捕。

在農民組合反抗鬥爭影響不斷加強的同時，臺灣共產黨希望臺灣農民組合完全置於臺共的領導之下，積極聯絡，並於 1928 年 12 月 30 日，指導臺灣農民組合在臺中市樂舞臺召開臺灣農民組閤第二屆全島大會。警察臨會監視，多次中止代表發言，最後臨監警察竟發出中止命令，致使場內一片混亂，簡吉等人被捕。

日本的「三一五大逮捕事件」，使日共黨員 3400 人全被逮捕。之後政府擴大警察機構，把「特別高等刑事警察」密佈於全國。鑒於此，臺灣也將「特別高等刑事課」設置於郡役所以上的全臺警察機構，其權力大於一般警察。特高課十分注意臺灣農民組合是否被納入由臺共領導，為了求證有無臺共介入其內，利用「違反出版法規」的罪名，於 1929 年 2 月 12 日，同時對全臺灣三百處的臺灣農民組合機構進行突擊搜查並加以逮捕，史稱「二一二事件」。

臺灣農民組合在二一二大逮捕之後，產生一種趨向，即幹部及組合員在思想上愈接近共產主義，因而多人加入臺灣共產黨，所以臺共在農民組合的地位更加鞏固。未被捕的中央委員與候補中央委員即在 1929 年 4 月 3 日組成臨時的「中央指導部」，重新任命各部工作的負責人。趙港、簡吉在 11 月開設「農民組合臺北出張所」，擬以此作為法庭鬥爭的據點及中央幹部的會合中心。然而，警察再次逮捕趙港、顏錦華等，於是，臺灣農民組合即把本部及各支部的組織等化整為零，轉入地下進行活動。

（五）臺灣赤色救援會組織運動

1931 年前後，臺灣總督府加強了對農民組合及文化協會的取締，領導幹

部相繼遭到逮捕，各種活動受到影響。臺灣共產黨於同年1月成立改革同盟，進行黨的改革，在5月召開第二次臨時大會，採用了新政治綱領，並確定利用農民組合、文化協會舊組織成立臺灣赤色救援會，來進行黨的活動。當時由文化協會的幹部詹以昌、陳崑崙會同農民組合方面的簡吉、顏錦華、張氏玉蘭、湯接枝進行協商，準備成立臺灣赤色救援會組織，發行救援會宣傳單，並指示威者黨員到各處進行組建活動。

　　隨著臺灣赤色救援會組織工作的進展，開始被日本警察所注意，並進行秘密的調查。31年9月，警察於臺南州嘉義郡小梅莊發現一本救援會的宣傳資料「三字集」，循此進行深入調查，11月，逮捕了在臺中州竹山郡散發同種傳單的林水福。得知這些宣傳資料是由陳神助及黃樹根在臺南州嘉義郡竹崎莊印行的。根據林水福的供述，發現並沒收了「二字集」、「三字集」及《眞理》雜誌八百多份。臺中州竹山郡還在阿里山中逮捕到資料的印刊者黃樹根。根據調查，這些行爲都與臺共有關係，於是臺南州派出中村特高股長率領部下到嘉義，在郡警察的協助下，發起了全面的搜查逮捕，於12月捕到潛伏在嘉義的陳神助。經過審訊，得知他們的活動是臺灣赤色救援會組織運動的一部分。根據他們的供述，又在陳神助的住處收繳了大量的文書及宣傳印刷器具。之後，警察又對臺南州進行了搜查，在基隆逮捕了吳丁炎。警察將此案與臺灣農民組合、文化協會之臺灣共產黨外圍運動檢舉合併，開始在各地搜查逮捕相關人員，逮捕人員高達310人，並有150名被移送到管轄區的檢察局，其中主要人物45人被起訴。

第七章　警察對原住民的綏撫與鎮壓

　　臺灣的原住民，主要是指居住在橫跨臺灣全島，特別是東部的新高山、次高山、秀姑巒、南湖大山、中央尖山、關山、大水窟內、郡大山、奇萊主山、大雪山、大霸尖山、合歡山、畢祿山、丹大山、能高山、南玉山、太魯閣大山、卑南主山、大武主山、安東郡山、卓社大山、關門山、大石公山等，崇山峻嶺中的臺灣原住少數民族。〔註1〕他們在漢人大批移居前就已經在臺灣定居了。明代及明代以前的文獻，多以「社」、「夷」冠之；清初開始稱之為「平埔番」、「高山番」，同時也有「土著」這樣的名稱，並以其與大社會接觸的多寡、是否接受當時政府的管轄，區分為「熟番」、「生番」、「野番」等幾種。他們生性膘悍，多以狩獵采集為主，還有「出草」獵取人頭的怪習。日本人入臺後，由於遭到各地民眾的一致反抗，致使普通行政以警察為實施主力，「番地」行政，也自然追隨此系統。但日本人在臺灣原住民地區採取了更為嚴格的「漢番隔離」政策，警察以外的普通人不能隨意進入「番地」，「番地」除了原住民以外，只有日本人警察。這種情況一直持續到日本戰敗為止，所以，日本人對臺灣原住民實施的是徹頭徹尾的「警察政治」。對臺灣原住民來說，日本殖民統治的前二十年，是日本警察以軍事力量，採取恩威並用的方式，征服鎮壓臺灣原住民的血淚過程；後三十年，警察則扮演著番地文明進程的監督者，及原生態文化野蠻破壞者這雙重身份。

〔註1〕　（日）《蕃地事情》，臺灣總督府警務局理蕃課，昭和8年，第74頁。

一、恩威並用時期（1895 年～1906 年）

（一）從「綏撫」向警察「取締」政策的轉變

日本早在十八世紀後半期，就對臺灣番地懷有染指之心。1874 年曾經以「琉球難船事件」為名，藉口「臺灣番地為無主之地」，出兵征討過臺灣番地，希望借助侵佔番地，最後達到佔領整個臺灣的目的。儘管此次侵略行動沒有得逞，但對臺灣番地及番地土人已有相當的瞭解。

第一任總督樺山資紀發佈的治臺方針中，明示日本對臺灣番地的政策是，「以愛育撫字為綜旨，恩威並行，使人民不敢生狎侮之心。」〔註 2〕入臺後，由於受到各地抗日軍民的一致反抗。為迴避日軍前方部隊與「番民」發生衝突，避免「漢」「番」聯合起來共同抗日，並能儘快地開發山地資源，樺山資紀於 8 月 25 日發佈了軍務當事者與番人接觸相關訓示：「生番個性，極為蒙昧愚魯，一旦心中對我懷有惡感，將無可挽回。若欲拓殖本島，非先馴服生番，而今恰逢此際。各地隨戰區的不斷擴大，難免我方前哨與番人之間發生衝突，如若番人視我為敵，本島之拓殖大業，必受障礙，因本總督專以『撫育』為旨，各官亦須體諒此意，訓導部下善守此道。」〔註 3〕

當時任民政局長的水野遵，也認為：「臺灣未來事業在番地，欲在番地興起富源，須先使番民服我政府，使其生活有保證，脫離野蠻之境界。而欲令番民服從，須用威力，同時兼行撫育。……可設置如前朝撫墾局之類，召集番人頭目，饋於酒食，與以布帛、器皿，從旁加以教導，當可得其好意。對於樟樹之砍伐，樟腦之製造，山林之經營，土地之開墾，道路之開鑿，可以期望由交涉而圖圓滿。」〔註 4〕這樣總督府確定了對臺灣原住民，實施「綏撫」的政策，隨後馬上進入了具體實施階段。

9 月 4 日，總督府殖產部長與臺北縣知事在大料崁與番人進行初次接觸，以酒肉煙布及牛一頭送於番人，並告喻臺灣已歸屬日本版圖。9 月 25 日，民

〔註 2〕　（日）《琉球ノ中城灣二於ケル樺山總督ノ諭示中蕃人制馭ノ要旨》，《理蕃志稿》（第一卷第一編），臺灣總督府警務局，1995 年複刻，第 1 頁。

〔註 3〕　（日）《樺山總督ノ生蕃接遇二關スル訓示》，《理蕃志稿》（第一卷第一編），第 2 頁。

〔註 4〕　（日）《水野民政局長ノ蕃民撫育二關スル意見》，《理蕃志稿》（第一卷第一編），第 3 頁；井出季和太著、郭輝編譯：《日據下之臺政》（第一卷），海峽學術出版社，2003 年，第 234 頁。

政局長下發通知，設置臺北縣大料崁出張所。這是臺灣番地官衙的嚆矢。〔註5〕10月又以訓令第10號發佈《警察官吏服務條例》，明文規定：「對番地土人更要殷勤應對，懇切恤愛。」〔註6〕

　　日本人一方面採取此種施恩政策，另一方面也加緊制定法律，來著手番地重要資源的掠奪。9月24日頒佈了《臺灣礦業規則》；10月30日發佈了《砂金署章程及砂金採取規則》；10月31日發佈了《官有林野及樟腦製造業管理規則》，以遏制原住民對番地資源的利用。〔註7〕

　　由於「綏撫」政策只是假意收買人心之策，原住民很快就看出日本人的真實目的在於謀取番地的資源，所以各地反抗不斷。1896年3月復歸民政後，總督府馬上加強番地的行政，4月1日，便以敕令第93號發佈了《臺灣總督府撫墾署官制》，在番地，設置撫墾署十一處，由內務部殖產課主管，掌理「番人之撫育、授產、取締；番地之開墾；山林及製腦事項。」〔註8〕當時的設計是，「每署配置巡查20名，採取恩威並施的方法，漸使番民歸順。」〔註9〕6月，總督府又公佈了《撫墾署處務規程》；同時，民政局殖產課也發佈了《撫墾署條例要項》。根據以上規程，當時撫墾署主要負責事項有：與地方廳交涉事項、番民撫育相關事項、物品交易相關事項、日本人及清國人番地出入相關事項、外國人相關事項、番民槍支相關事項、選擇殖民開拓地相關事項、番社名及戶口風俗調查相關事項、通事相關事項、樟腦製造相關事項、植樹伐木相關事項、森林所有相關事項、山火管理相關事項等等。〔註10〕

時撫墾署名稱、位置及管轄區域如下表：

名　　　稱	位　　置	管　　轄　　區
叭哩沙撫墾署	叭哩沙	宜蘭支廳管內
大料崁撫墾署	大料崁	臺北縣直轄管內基隆淡水兩支廳管內
五指山撫墾署	五指山	西南以紅毛河藤坪河為限　東北以新竹支廳管轄界為限
南　莊撫墾署	南　莊	西南以新竹支廳管轄界為限　東北以紅毛河藤坪河為限

〔註5〕　（日）《最初ノ蕃人接見》，《理蕃志稿》（第一卷第一編），第4～5頁。
〔註6〕　（日）《警察官吏服務心得》，《臺灣總督府警察沿革誌》（第一編），第44頁。
〔註7〕　（日）井出季和太：《臺灣治績誌》，1937年，第226頁。
〔註8〕　（日）《撫墾官制》，《理蕃志稿》（第一卷第一編），第11頁。
〔註9〕　（日）《撫墾署設立ノ稟議》，《理蕃志稿》（第一卷第一編），第11頁。
〔註10〕　（日）《撫墾署長心得要項》，《理蕃志稿》（第一卷第一編），第13～17頁。

名　　　　稱	位　置	管　　　　轄　　　　區
林圮埔撫墾署	林圮埔	雲林嘉義兩支廳管內
大　湖撫墾署	大　湖	苗栗支廳管內
東　勢撫墾署	東　勢	臺中縣直轄管內及鹿港支廳管內
恒　春撫墾署	恒　春	恒春支廳管內
埔里社撫墾署	埔里社	埔里社支廳管內
番薯僚撫墾署	番薯僚	臺南縣直轄管內及鳳山支廳管內
臺　東撫墾署	臺　東	臺東支廳管內

※此表來源：《理番志稿》（第一卷第一編），第 12 頁。

　　這樣，日本人開始把臺灣「番地」劃為特殊行政區域，導入「警察威力」來治理原住民。由於當時總督府正忙於對付平地人民的武裝抗日運動，在三縣一廳十二支廳之下的警察署及其分署，尚非常缺乏警察人員。所以，根本沒有力量為番地撫墾署配置警察，實質上番地秩序的維持，在行政名義上是由署員來擔任，實際上卻由憲兵隊與守備隊來完成。儘管這樣，從其制度層面上，依然能看出，總督府是欲將「番人番地」置於警察行政的控制之下的。

　　1896 年 10 月 14 日，第三任總督乃木希典上任，銳意刷新撫墾署的業務，命令各撫墾署進行番地調查，提出目前對原住民最為緊要任務是，番人鎖國感情的矯正；番人殺人的嚴禁；番人迷信的破除；番人之授產、衣食住行之改良及其智慧的啓發；番地的踏查及交通；番地的開墾及森林物產的利用等。〔註11〕

　　當時臺灣各地反抗激烈，總督府傾全力應對抗日義軍，同時，因臺灣經濟連續需要日本大量資金，日本朝野也出現「賣棄臺灣」論，臺灣各地更是民心惶恐，加之撫墾署的力量過弱，臺灣番人「出草」事件不斷增多。時內務部長圓月杉村向總督遞交了「生番取締相關意見書」，提出組織番界警察和設置番人懲罰法的意見，認為對付番民固然不可以普通警察充之，若用隘勇、隘丁等來組織特殊警察，像平地警吏那樣使用，即可減少經費，又可防止普通警察力之削減，且悉知番民性情與習慣，在取締管理上也來得方便。同時，他還提出，番地的取締管理相關事項必須移交到內務部，由警察來具體負責。〔註12〕

〔註11〕　（日）《蕃人蕃地二關スル調查事項》，《理蕃志稿》（第一卷第一編），第 29
　　　　頁。
〔註12〕　（日）《生蕃凶行取締二關スル建議》，《理蕃志稿》（第一卷第一編），第 71
　　　　～75 頁。

「總督府生番管理方法調查委員會」在兩次調查的基礎上，接受了圓月的意見，最後討論決定：番界警察署案依照決議，將來不設置特殊警察，但爲預防番人凶行，須增加警察費用，擴張普通警察，依其必要，在番界或番界附近增設警察署分署派出所，也可雇用熟番土人，專門從事預防番民凶行之事。警察配置之方法、地點、警察增加預定數額等等，各個詳細調查之後，由知事廳長具報。〔註13〕這樣臺灣總督府於1897年9月開始組織番界警察，從漢人中，採用隘勇，隘丁或警吏，同時又草擬了《番界警察規則案》及《生番刑罰令案》。根據《番界警察規則案》，以「番界警察署」的設置，來代替撫墾署，其業務偏重於「取締管理」。當時在六縣三廳之下，設立了77個「辦務署」，84個「警察署」。當時辦務署長及警察署長都是由「警部」來充任，番地行政和重心自然側重於警察業務。由於警察署的設立，使「撫墾署」降級爲隸屬於縣廳的特殊行政機構。這樣警察的職權就跨越了平地，顯示總督府對原住民的政策的重點，從「綏撫政策」向「取締政策」轉變，也開始進入警察控制番地時期。

隨著番地事務由「綏撫」向「取締」的轉變，爲彌補警察力量的不足，總督府接受陸軍中尉長野義虎提出的「組織義勇番隊」的意見書，開始創建義勇隊「護鄉兵」，來擔任治安任務。同時，著重隘勇線的建立。

隘勇線，早在清統治臺灣時期就已經存在了。其主要形式是開鑿番地的重要山嶺及溪谷，配置隘勇，以警備番，此被稱爲隘路。將隘路面向番人的一方草木割除，空出射擊的範圍。在隘路的要地建設隘僚。〔註14〕割臺當時，原有隘僚共計80處，隘勇1,758人，隘勇線長達150多華里。當時的隘勇線多集中在臺中、新竹等地方。隨著日軍的深入，清官隘已告絕迹，1895年底時，存在著私設隘僚131處，隘丁568人，隘勇線達180多華里。當時臺中縣阿罩霧廳的林朝棟及林紹堂等，向總督府申請不要解散該地隘勇團體，由私人出資繼續承辦，當時日軍征討雲林，隘勇曾配合日本人，爲總督府立過功勞，所以，日本人准其繼續存在下去。1896年10月1日後，隘勇團體收歸臺中縣所管轄，每月補助經費二千元。林家則要支付每人每月八元來雇用。這是割臺後最初的隘勇制度。〔註15〕

〔註13〕（日）《生蕃取締方法調查委員ヲ設ク》，《理蕃志稿》（第一卷第一編），第125頁。

〔註14〕（日）《理蕃概要》，臺灣總督府民政部番務本署，大正元年，第63頁。

〔註15〕井出季和太著、郭輝編譯：《日據下之臺政》（第一卷），第272頁。

（二）將番地行政納歸到警察事務

1902 年，臺灣平地的抗日運動基本上被平定，為了儘快地獲取山地的資源，總督府開始將番地警察事務作為行政的一個重點，並把一部分的警察力量轉向山地。番政改革的重點就是加強警備功能，重點措施在於建立番地專勤警察制度，以及加強隘勇線本身的現代化設施。

從制度層面上，1903 年 4 月，總督府以訓令第 62 號修改了《總督府官房及民政部警察本署及各局分課規程》，調整民政部警察本署的部分業務，將番地相關業務，從殖產局拓殖課轉移到警察本署長專屬，並設專門的番務掛，同時並通過《番務相關他局課事務處理方法》，將以前由殖產局、專賣局、警察本署分別掌管的番地事務，改為全部由警察本署主管，以謀求番地事務的統一。在總督府，番人番地相關事項由殖產局全部移歸到警察本署，森林原野礦山等與番人番地有關係的事項，殖產局長必須經警察本署長同意後才能實行；在專賣局，有關番地樟腦及樟腦油製造特許等事項，除了徵求相關廳的意見外，必須經警察本署長同意後方可實施；在地方廳，番人番地相關事項由警務課主管，由警部來兼任番地相關事務，有關森林原野礦山等與番地相關事項，在警察課與總務課合議的基礎上才能施行。〔註 16〕並確定了對「北番」主以施威，對「南番」施撫的方針。〔註 17〕這裡應當強調的是，警察本署的「番務掛」單位雖小，但直屬警察本署長，直接由警察本署長指揮監督。警察本署長透過「番務掛」，對下層的番地警備單位──隘勇組織，通過地方廳警務課來進行實質的領導，這樣就使得總督府的番地行政變成高度統一的警政體系。

「兒玉──後藤」的施政方針，是要把臺灣財政獨立列為首位。但番地由警察單位來掌理，難免偏重於「取締」而忽視經濟開發，於是總督府加強隘勇制度，將之置於警察的領導之下，並發佈各種專賣制度，將樟腦收歸官辦。1904 年總督府發佈了《隘勇線設置規程》（訓令第 210 號）、《番界警備員勤務規程》（訓令第 211 號）、《隘勇庸使規程》（訓令第 212 號）、《番界警備員勤務細則標準》（秘密訓令）等等。根據「細則標準」，番地警察人員包括警

〔註 16〕 （日）《蕃地事務委員會ノ審議》，《理蕃志稿》（第一卷第二編），第 282～283 頁

〔註 17〕 （日）《蕃人取締二關スル事務ヲ員警本署長ノ專屬トナス》、《蕃務二關係ヲ有スル他ノ局課事務取處方》，《理蕃志稿》（第一卷第二編），第 277、296 頁。

部警部補、巡查、巡查補及隘勇等。警察的主要責任是：監督番人有無在隘勇線附近出沒、有無集眾不穩之舉等，而隘勇主要負責防禦凶番、夜裏對隘勇線的巡邏、通過隘勇線及番地行人的保護與警備、隘勇線內外三十間以內草木及障礙物的排除、隘僚及掩體的修復及清潔、電話線的監督及保護、隘路的改良及執行長官的命令等。〔註18〕

這樣，日本人把傳統的隘勇制度，架接到現代警察組織之上，以圖達到「以番制番」的目的，並希求更快地從番地獲得資源。隨著隘勇組織由警察單位指揮監督趨於制度化，隘勇真正成為總督府在番地的尖兵。日本人充分發揮這一制度，將原先的隘勇線分為三等。一等線，每隔二里設置 1 個監督所，每一里設置 6 個分遣所、12 個隘僚；二等線，每隔二里設置 1 個監督所，每一里內設置 4 個分遣所、8 個隘僚；三等線，只設置隘僚，每隔二里至四里，設置一個監督所，每一里內設置四個分遣所。當時每隘僚配置隘勇二至四人、分遣所配置巡查或巡查補、監督所配置警部或警部補及若干巡查，必要時還配備醫生。〔註 19〕這樣在隘勇線上，警部、警部補、巡查、巡查補、隘勇共同構建起防番的屏障。

隘勇線實際的推進，一般是從最有經濟利益的地區開始著手的，且主要是在「北番」地區。1897 年，總督府開始擴充隘勇線及其警備。當時總督府使用警察成立了隘勇線前進部隊。其編製由各廳具體負責，如果廳長不擔任隊長，就由警務課長來負責。1901 年 5 月 2 日，總督府給番地關係各廳長發佈通知，就其名稱及編製進行了規定。前進隊長得在前進地設置前進隊本部，指揮副隊長以下人員，掌理隘勇線拓展事務。本部配置警部三到五名，警部補一到三名，巡查五到十名及隘勇若干人。另外設置運輸隊，由警部擔任隊長，直屬於本部，掌理拓展隘勇線時的物資運輸及文書配送。也可適宜編製分隊及別動隊，由警部或警部補來擔任隊長，來負責對番地的偵察、交戰及鐵絲網的架設。〔註20〕

到 1905 年，隘勇線延長到 918 華里。其包容面積增加至 1,092 平方華里，起自宜蘭東海岸線的蘇澳，經深坑、桃園、新竹、苗栗、臺中各番地，抵達

〔註18〕　（日）《隘勇線設置規程、蕃界警備員勤務規程、隘勇傭使規程等ヲ定ム》,《理蕃志稿》（第一卷第二編），第 356～357 頁。
〔註19〕　（日）《理蕃概要》，第 64～65 頁。
〔註20〕　（日）《理蕃概要》，第 69～71 頁。

南投廳下埔里社支廳管內北港溪右岸。防禦設備，除槍炮外，在必要地點，還埋設地雷。隘勇數額到 1905 年增加至 4,500 人。除常設的隘僚外，還有流動隘，再配加游擊隊、奇襲隊，警察與隘勇聯合的警備設施，已經達到攻守兼備的程度。〔註 21〕以隘勇、地雷、鐵絲網、木柵、掩堡、探照燈等構成的隘勇線，將番地與平地嚴格分開，以達到推進番地樟腦事業，從經濟上榨取臺灣之目的。總督府更在 1905 年 8 月 9 日，對《各廳事務分課規程》進行了修改，將粗製樟腦油製造及管理事項從專賣局移交到警務課來掌理，以警察的威力，來強制掠奪番地的資源。由於日本人採取了如此的高壓政策，使臺灣番地人民反抗不斷。1906 年，佐久間馬太出任第五任臺灣總督，開始了臺灣原住民的災難期。

二、鎮壓時期（1906 年～1915 年）

（一）「隘勇線包圍」政策

佐久間馬太，素有「生番的克星」之稱，日本政府讓其出任臺灣總督，就是欲藉其擊敗「生番」經驗，以謀求早日平定「生番」，促進「番地」的富源及經濟的開發。當時臺灣平地基本平靜，糖及其它平地產業的發展已經基本走上正軌，樟腦、林業及礦產的開發是總督府的當務之急，但這些都必須以平定「番地」為前提。佐久間一到任，就開始在行政上擴張「番務」機關，加強番地事務。1906 年 4 月 14 日，以訓令第 81 號對《總督府官房民政部警察本署及各局分課規程》進行了修改，在警察本署內，設番務課。〔註 22〕同時制定《警察彰功規程》、《廳警察官吏及警察事務從事職員旅費規則》等一系列番地相關勤務者的獎勵補助辦法，以鼓勵番地警察人員。

佐久間總督還確定了「五年理番」計劃，在一般預算中的「番界所屬費用」之外，再加上 50 萬元的經費，用五年時間對「番地」進行經營。其「理番」大綱仍然是以「北番」為主，主要採用引誘方式使其「番人」在其境內設置隘勇線，這稱為「甘諾」政策，等到警備線完成之後，再以雄厚的警察威力壓制「番人」，不再有抗日事件及騷攏事件發生。「甘諾」政策，是想促使「番人」心甘情願地由隘勇線的「線外」，全部遷居到「線內」去。

至於對待「南番」仍然採取「綏撫」政策。但這次是在番地內設置「撫

〔註 21〕井出季和太著、郭輝編譯：《日據下之臺政》（第一卷），第 311 頁。
〔註 22〕（日）《警察本署二番務課ヲ置ク》，《理蕃志稿》（第一卷第二編），第 445 頁。

番官吏駐在所」，由警察從事撫育工作。此設施實質上是了為避免「南番」的猜疑，以和平的面貌來漸次擴大警察所能控制的領域。「撫番官吏駐在所」的設置點，特別選擇在該「番社」中勢力最大的頭目所在地，這樣警察在平時就可以注意「番人」的動向，暗中偵察「番社」的內情，以達成「撫番」之目的。

在「北番」地帶，隘勇線的推進，是將原先為零散方式的隘僚，改為密集重點方式設置，並且加強和擴大不容易受人為因素影響的電流鐵絲網和地雷等的設置，來克服隘勇的素質不良和訓練不足及補給等管理上的困擾。這樣隘勇線從原來以人力為主的警備線，漸改為應用現代科技設施來發揮防禦功能的警備線。當時隘勇線分為二線，第一線是由南投廳濁水溪上游的「霧社番」起，越過中央山脈延伸到臺東廳花蓮港木瓜溪下游「七腳川社番」，這被認為是最有利益且最容易得手的首要之線。第二線是由深坑廳林望眼隘勇監督所起，經插天山北側延伸到桃園廳枕頭山阿母坪，而在此地銜接已設的隘勇線。

1906 年 3 月至 4 月，桃園廳彩山和卅八分方面，延長隘勇線 20 華里。在宜蘭及新竹方面警察隊討伐數回。在 9 月 4 日至 11 日，令宜蘭廳將鳳紗烏底嶺至狗溪左岸的隘勇線，延長了 18 華里。9 月 9 日到 10 月 3 日，由桃園、深坑兩廳聯合，出動警察 1,454 人，將桃園廳內隘勇線延長了 30 多華里，宜蘭廳下隘勇線延長了 27 華里，同時在新建的隘勇線上架設電流鐵絲網。11 月 26 日至 12 月 26 日，推進新竹廳下樹杞林支廳管內十八兒的隘勇線約計延長 18 華里。12 月 4 日到次年 11 月，臺東廳下東勢角支廳管內自毛社之全部，包括稍來及阿冷兩社之一部，隘勇線延長 26 華里。〔註23〕

1907 年，日本警察隊又對新竹、桃園、阿候、臺東各廳進行數次討伐，延長其隘勇線。4 月 27 日，為保護新竹廳下北勢番方面製腦地，以警察 400 人，自馬那邦山到鹽水坑隘勇監督所，延長隘勇線 21 華里。9 月 25 日到 10 月 24 日，自馬限至汶水，又延長了 39 華里。5 月 5 日，深坑出動警察 450 人、桃園出動警察 700 人，兩廳聯合起來共同行動，後臺中、南投兩廳警察隊支持，將隘勇線推進 66 華里，直到插天山及枕頭山附近。〔註24〕

1908 年 4 月至 6 月，總督府動用警察 1,500 多人對宜蘭廳下南澳番進行

〔註23〕井出季和太著、郭輝編譯：《日據下之臺政》（第二卷），第 426～427 頁。
〔註24〕井出季和太著、郭輝編譯：《日據下之臺政》（第二卷），第 428 頁。

征討，將隘勇線又延長了 87 華里，同時收服太魯閣一部之「巴多攏」番。在新竹廳，組織千人警察隊，自鵝公髻、鹿場兩山間，經假里山，經苗栗廳下之汶水溪，又推進隘勇線 102 華里。日本人在隘勇線上架設鐵絲網，並在附近埋下地雷，使番人受害頗巨。

1909 年，總督府又數次征討南投、臺東、新竹各廳，來推進隘勇線。上年 12 月 17 日至本年 2 月 25 日，出動警察 580 人，夫役 660 人，組織征討隊，將南投廳內霧社方面的隘勇線延長了 56 華里。2 月在臺東廳長的指揮下，以警部以下 215 人、隘勇 148 人征討花蓮廳內「止加河所灣」，延長隘勇線 44 華里，並架設鐵絲網。3 月，以警察 539 人，雜役 400 人，出兵征討了「哈古」番社。新竹廳以警察 465 人，夫役 120 人，桃園廳以警察 1,047 人，雜役 120 人，組成聯合討伐隊，討伐「加拉羅」番，延長隘勇線 36 華里。

到 1909 年底，日本人在番地共延長「隘勇線」達 744 華里，其線內土地面積達 1,266 平方里，使「北番」完全被 6,888 多警備人員包圍，且其包圍圈漸漸縮小。〔註25〕同時，由於「隘勇線」的推進，總督府侵佔了番人土地 282 公里，此外還在「番地」架設電話線 505 里，鐵絲網 66 里，通電鐵絲網 19 里。〔註26〕這些都對「番人」的生活造成極大的影響，因此，番人產生強烈不滿。總督府方面為了牽制「番人」，阻止其共同聯合，擴大抗日行動，於 5 月 11 日，從新竹廳馬福社開始推進隘勇線。此行動反促使「番人」抗日行動激化，形成北部深坑、桃園、新竹各廳的「大料崁前山番」、「大豹番」、「大料崁後山番」、「馬武督番」和「馬里可萬番」的聯合抗日。至此，總督府實施的「五年理番」計劃，在北部和東部屢次遭受挫折，以隘勇線推進內山「番地」計劃並沒有想像那麼容易，其「甘諾」政策又不能發揮效力，於是對原來的「理番」計劃加以大幅修改，開始了新的以「軍事討伐」為主的「五年理番」計劃。

（二）武力討伐前期

佐久間第一次以「隘勇線」加「綏撫」的「五年理番」計劃，實質上是企圖利用軟硬兼施、恩威利誘的辦法，來達到變「番人」的土地為「官有地」的目的，由於遭到「番人」的抗拒，也引起了漢人的不滿，引發了漢番聯合的抗日活動，鑒於此，佐久間又謀劃了第二次「五年理番」計劃。此計劃的

〔註25〕井出季和太著、郭輝編譯：《日據下之臺政》（第二卷），第 431 頁。
〔註26〕周憲文編著：《臺灣經濟史》，開明書店印行，1980 年，第 971 頁。

主旨即是從制度層面上強化警察對番地事務的主動權，爲武力討伐作組織準備。1909 年 10 月 25 日，以敕令第 270 號發佈《臺灣總督府官制》改革，重點在民政部新設「番務本署」，由番務總長出任番務本署長，主掌和指揮署內各課事務。其次，警察本署和掌管地方行政的總務局合併成立「內務局」，由警視總長充任內務局長，主掌和指揮廳長及警察官。第三，廢止民政部的土木局，在蕃務本署內設置「土木局」。〔註27〕這樣，民政部所屬警察，在制度上分爲「平地」的普通警察和「番地」的番務警察兩種。

「番務本署」的組織，除了有署長專屬的機密文書、署員考紀之外，另設了庶務課（文書掛、人事掛、經理掛、電務掛）和番務課（理番掛、兵器掛、測圖掛）。後又增設了「理番衛生部」及「調查課」。調查課專門管理「番地」的測量、製圖、編修、調查等。8 月在該課特設了「番地帳臺系」。同時「內務局」的組織，除了有局長專屬的有關政治、社團、集會、新聞、雜誌、出版、版權等業務，以及保安和高等警察的業務外，另設庶務、地方、警察、法務、學務、衛生等五課，共有二十三掛。從以上內容可分析看出，「番務本署」是類似武裝警察隊的軍事指揮中心，任務是以武力攻擊「番地」，迫使「番地」投降，開放給日本企業家。「內務局」則把地方行政業務完全地納入警察機構，實行眞正的「警察政治」。「土木部」擔任綜合「平地」與「番地」的土木建設，修築事業。以此「三部」的最高領導均由警察即「警視」來擔任，也可見警察對「理番」所起的重大作用。

爲了配合總督府官制的改革，當天以敕令第 282 號公佈《臺灣總督府地方官官制》改革，將 1901 年實施近二十年的地方制度進行大幅改革。把以前的 20 個廳合併爲 12 個廳，並依照行政區域的大小，廳治的難易又把 12 個廳分爲三等〔註 28〕，各廳長由警視充任，而一等和二等的各課長也由事務官或警視充任；至於原爲廳制的基隆、彰化、打狗、恒春、苗栗，經合併廢止之後，降格爲支廳，但支廳長仍由警視兼事務官充任，這與其它全臺設置的 82 個支廳長由警部充任有所不同。

總督府在制度層面上確立番地警察行政體系之後，編製了新的「五年理

〔註27〕（日）《總督府官制一部（警察本署を削り蕃務本署設置）改正》，《臺灣總督府警察沿革誌》（第一編），第 125～127。

〔註28〕第一等爲臺北、臺中、臺南；第二等爲新竹、嘉義、阿猴；第三等爲宜蘭、桃園、南投、臺東、花連港、澎湖。參見：（日）《地方官官制（廳の廢合高等官增置）大改正》，《臺灣總督府警察沿革誌》（第一編），第 564～566 頁。

番」計劃，申請經費 1,624 萬元，計劃對新竹廳下之「馬得吉灣」、「奇那之」兩番，桃園廳下之「交岸」番，臺中廳下之北勢番，南投廳下之「詩家瑤」、「沙馬漏」兩番，及東部的太魯閣各番，進行大規模的討伐。

「交岸」方面的討伐（1910 年 5 月～11 月）

「交岸」爲泰雅族之較大的部落，有番社十七個，人口一千多，散居在大料崁溪兩岸。1910 年 1 月間，該部落襲擊了宜蘭廳下九苢湖番務官駐在所及開山隊，又同新竹廳下之「奇那之」、「馬得吉灣」相聯繫，勸導歸順番共同抗日。因此，5 月，總督府聯合宜蘭、臺中、桃園、南投四廳，出動警察 680 人，前往宜蘭征討。警察隊被原住民所敗，損失嚴重，於是總督下令派出駐紮在臺北的步兵第一聯隊第二大隊及兩個中隊（224 人），步兵第一中隊（120 人）、炮兵一小隊，及正在訓練中的巡查 220 人，到現地增援。

聯合征討隊由「邦邦山」北部向南前進，在「詩那列古山」會合。至 6 月中旬，新竹方面推進至「烏帽山」之南，以牽制援助「交岸」番的新竹廳下的「奇那之」、「馬得吉灣」等番社。桃園方面，征討隊自「角板山」前進，至「加威籠」方面，基本達到目的。7 月，原住民在其根據地「詩那列古」山敗戰，勢力日見衰落。宜蘭方面，警察隊佔領了「邦邦山」西方的「古呂社」。桃園方面於 9 月 22 日，與新竹隊在「加威籠」方面匯合，佔領了最爲重要的地點「巴侖山」，築炮臺，以炮轟威逼，原住民最後不得不屈服。

霧社方面的討伐（1910 年 2 月～1911 年 3 月）

霧社、萬大、白狗等各社均爲泰雅族番社，位於南投廳下埔里社支廳管內濁水溪上游。日本據臺後，此地的原住民時有反抗事件發生。1910 年 5 月，隘勇線推至「交岸」番時，原住民趁警察撤退之際，襲擊了腦僚等地。南投廳長請求總督，親任征討隊隊長，帶領警察 1,000 多人，於 17 日，炮轟「多羅國」社，燒毀了原住民的房屋及糧倉，原住民被迫投降。警察又扣押了「多羅國」、「豆查」兩社以外的「霧社番」槍械。派人到「和高」社、「梅埔」社，勸說各社頭目歸降。同時炮轟「巴籠」、「詩寶」、「刀岸」三社，以威嚇之。

至 1911 年 2 月，霧社及萬大社基本鎮壓下去。只剩「白狗」、「梅巴拉」、「馬列巴」三部族而已。

（三）武裝討伐後期

佐久間的第二次「五年理番」計劃，在推行第一年即遭受北部原住民的

強烈反擊。同時，由於討伐的武裝警察隊，除了指揮者以外，大都是與原住民熟悉的隘勇和保甲壯丁，而且幾乎都是漢人，這種以漢人為主力的武裝警察隊，其作戰的意志消沉，攻擊能力也大打折扣，完全敵不過原住民的勇武。總督府認為警察隊的失敗，除了抗日「番人」的先發制人以外，歸咎於「以番制番」、「以漢制番」政策的失靈，以及警察不熟悉地理環境，未能適應深山之戰。於是總督府決定出動軍隊、山炮隊、迫擊炮隊等協助警察鎮壓原住民。由此開始，臺灣進入武力討伐原住民的第二時期，即由佐久間親帶軍警，到深山設立指揮中心，完全以「武力」圍剿「番地」。

為此總督府再次修改官制，於 1911 年 4 月 21 日公佈了《番務監視區規程》，將「番地」以南投廳濁水溪為界，分為北南兩個監視區，由警視出任區長，負責對「番人」的化育及監督等。〔註 29〕這可以說是輔助番務本署日益忙於「討番」，而另設的專管「撫番」的機構，以求完美地實現其「理番」事業。但由於其業務的擴大，總督府便於是年 10 月 16 日再次修改《臺灣總督府官制》，又恢復了警察本署。〔註 30〕

從 1911 年到 1912 年，總督府對「北勢番」、「多亞社」、「奇那之」等社進行了征討；同時在鯉魚尾、李岐山、埋巴拉、北勢的「老武高」、白狗「馬列巴」、馬利吉灣等方面將隘勇線向前推進。

1911 年～1912 年征討及隘勇線推進概況

年　月	征討及隘勇線推進地區	出動警察憲兵數	警察傷亡情況
1911 年 2 月～3 月	花蓮港廳：鯉魚尾方面	警察 33 人、隘勇 58 人、夫役 150 人	——
1911 年 4 月～6 月	新竹、臺中交界處的北勢番	警察 280 人、隘勇 1015 人、夫役 574 人	——
1911 年 7 月～9 月	阿候廳阿里港支廳管內的「多亞社」	警部 1 人、警部補 2 人、警察 277 人	

〔註 29〕　（日）《蕃務監視區規程制定》，《臺灣總督府警察沿革誌》（第一編），第 143
　　　　　～145 頁。
〔註 30〕　（日）《總督府官制一部（警察本署復活等）改正》，《臺灣總督府警察沿革誌》
　　　　　（第一編），第 145～146 頁。

年　月	征討及隘勇線推進地區	出動警察憲兵數	警察傷亡情況
1911 年 9 月～10 月	新竹廳下樹杞林支廳李岐山方面的「馬利吉灣」	警察與憲兵共計2157 人	警察死亡 78 人、負傷 65 人
1911 年 9 月～10 月	南投廳與埔里社支廳管內梅巴拉番	──	死亡 45 人
1912 年 1 月～3 月	新竹與臺中兩廳管內的北勢番「老武高」社	警察與憲兵共計2,464 人	警察死亡 28 人、隘勇 75 人
1912 年 4 月～6 月	南投廳埔里社管內白狗番	──	──
1912 年 10 月～12 月	新竹廳下之「奇那之」、「馬利哥灣」及「交岸」番一部	警察與憲兵共計2,385 人	陣亡 205 人、負傷 288 人

※此表根據《理蕃概要》第 73～109 頁及《日據下之臺政》第二卷第 432～442 頁之
內容整理而成。

　　總督府經過兩年的征討，僅剩下北番中以「奇那之」為中心地區及太魯閣地區這兩塊地方。1913 年 6 月 8 日，總督府對《臺灣總督府官房及民政部各局署部課規程》進行了修改，決定廢止番務本署調查課，〔註 31〕隘勇線內的「番務」，由警察本署的普通警察來管理。這樣，「番務本署」就萎縮成僅對「線外番」進行討伐，而線內番，則由警察本署統合。這樣線內的「番地警察」就可全力進行經濟開發，線外番地警察則配合憲兵全力圍剿剩餘的兩塊番地。

　　「奇那之」番在大料崁溪上游的「大野干溪」與「大啓仁溪」合流處，有 600 多人。佐久間於 1913 年 6 月 24 日，在李岐山設置警察討伐司令部，以民政長官內田爲總指揮官，警視總長龜山理平太爲副總指揮官，組織新竹、桃園兩廳警察 2,773 人的討伐隊對「奇那之」番進行討伐。

〔註 31〕　（日）《臺灣總督府官制中一部（行政整理に因る）改正》，《臺灣總督府警察
　　　　　沿革誌》（第一編），第 158～159 頁。

討伐「奇那之」番時新竹、桃園兩廳出動警察員額表：

區別	警視	警部	警部補	巡查	巡查補	警手	隘勇	翻譯	醫生	看護人	工夫	計
本部	3	4	5	51	1	18	40	1				123
部隊		10	26	790		366	1042				16	2250
前方運輸隊			2	44		40	40					126
炮隊		1	2	52			18					73
救護班				8					7	6		21
非常通信所				6								6
後方運輸隊			3	93		3	67					175
合計	3	18	44	1044		427	1207	1	7	6	16	2773

※此表根據《理蕃志稿》第三編下卷第875～876頁之新竹、桃園討伐隊編製整理而成。

6月26日，新竹隊的先鋒隊，佔領了「天他那」山脈前方。7月1日，總督命平岡陸軍少將，率領步兵一聯隊及山炮兵與特設隊，赴宜蘭方面備戰。一面，龜山指揮官令新竹隊，對「大野干」進行掃蕩。7月9日，警察與憲兵合作，對「呂毛安」方面進行征討，以打擊「奇那之」之側面。新竹、桃園兩隊也配合行動，在15日，新竹隊自「大野干溪」、「大啓仁溪」合流方面迫使「馬利吉灣」番投降。23日，召集該番頭目等75人，至溪底，令其繳槍器，餉以酒食。新竹隊於24日，招集「奇那之社」頭目令其繳械。此次征討，自宜蘭廳濁水溪上游「呂毛安」附近，越過西南之「比亞蘭」，經過南投廳下「詩家瑤」，出至「沙馬漏」，橫斷「哈古」、「馬列巴」一帶地域及上列「呂毛安」西方之大霸尖山支脈，包括新竹廳下「奇那之」及「馬利吉灣」兩番全部佔有地，更向西方前進，跨過「謝家羅」山，將新竹廳下「謝家羅」番踞地約270華里的地域，全部平定。於是，中央山脈以西各番社，全被日本人控制。

此後，總督府府征討的重點就放在太魯閣番。太魯閣番，主要分佈在北部中央山脈以東，方圓大約五百餘里，主要是泰雅族人。此番大約有九十七

個番社，一千六百多戶人家，人口有九千多人。佐久間視此次討伐爲「五年理番」事業成功的關鍵所在，爲了能順利地剿平太魯閣番，先後四次派探查隊，並根據勘察結果出版了《太魯閣事情》〔註 32〕，分發給準備討伐人員。總督府借助於警察與軍隊聯合，最後剿平該番地的。當時出動警察及相關工夫如下表，警察爲三十六隊，計有警視 5 人、警部 23 人、警部補 54 人、巡查 1,371 人、警手 491 人、隘勇 1,008 人、醫療人員 45 人，總計達 3,127 人。另外加上附屬員工 4,000 千多人，共出動警察 8,000 千人左右。當時由民政長官內田嘉吉任太魯閣討伐警察總指揮官，警視總長龜山裏平太爲副總指揮，總督府警視永田綱明任「達其利」方面討伐隊長，總督府警視松山隆治任「巴多蘭」方面討伐隊長。在警察與軍隊的聯合剿殺下，太魯閣番終於被征服，但日本人也付出相關的代價，佐久間總督在巡查前線時，自懸崖墜落摔成重傷，一年後死亡。

太魯閣番討伐警察及工夫隊編成表：

區別	隊數	警視	警部	警部補	巡查班長	巡查	警手	隘勇	醫生	職工	工夫	計
總督專屬	1	1	2	1	1	5				1	10	22
總司令部	1	2	2	2	1	10	5	20		5	64	112
討伐隊本部	2	2	4	4	4	30	20	60		20	200	346
部隊	12		12	36	108	1,080	396	792		24	3,216	5,676
炮隊	2		2	2	4	60	30	56		20	210	386
前線輸送隊	3		1	3	4	65	30	60		20	930	1,116
電話班	2			2		10	10	20			80	124
警察救護班	2	3				8			6		20	39

〔註32〕 （日）《太魯閣蕃調查事項ノ刊行》，《理蕃志稿》（第二卷第三編），第 481 頁。

區別	隊數	警視	警部	警部補	巡查班長	巡查	警手	隘勇	醫生	職工	工夫	計
非常通信班	5					15						20
救護班	2					8			6		20	36
軍隊附	4			4	8	80						96
總計	36	8	23	54	130	1,371	491	1,008	12	90	4,750	7,973

※此表根據《理番志稿》第三編下卷第 927、930 頁之太魯閣討伐警察隊編成表及警察隊附屬職工人夫表整理而成。

　　經過佐久間總督的努力，「理番」五年計劃到 1915 年基本達成目標。此計劃的完成，完全可以說是以「警察政治」兼「軍事武力」發揮其威力而成功的。

三、撫育同化時期（1915 年～1945 年）

　　1915 年，佐久間的「五年理番」計劃基本實現其目標。當時臺灣「番地」共有 680 個番社、戶口總數為 22,829 戶、總人口達 132,279 人（男 66,232 人、女 66,046 人），〔註33〕總督府統稱他們為「歸順番」。為了進一步加強對番地的有效統治，總督府的「理番」事業開始轉向新的政策。此政策乃是接受了總督府「囑託」丸井圭治郎，在 1914 年 9 月向佐久間總督提出的《撫番意見書》和《番童教育意見書》中的建議。此政策是採取一系列的「撫番」手段，使「番人」不經過漢化的「本島人」過程，直接脫離「野蠻」狀態，同化於日本，進而成為「日本國民的一部分」。〔註34〕

　　此「撫育」政策以「歸順番」為其對象，主要利用「警政」體系，發揮警察的軟硬兼施功能，重點在於精神誘導，其次配合物質教育，目的就是將原住民改造成為「純然的日本人」。此「撫育」政策與從前在掠奪山地資源時期的「撫育」政策有所不同，後者在於利用「物質文明」，來吸引番人的物品欲望，引導他們對「文明」的向往，進而由衷地服從殖民者的統治。這種策略的重點在於打破隱藏在原住民內心深處的傳統「習慣」、「祖先遺訓」及「迷

〔註33〕　（日）《蕃社戶口》，《理蕃志稿》（第三卷第四編），第 143～144 頁。
〔註34〕　藤井志津枝：《日治時期臺灣總督府理番政策》，第 269 頁。

信」思想。所以，總督府企圖利用警察來擔任「精神上征服」原住民的教化工作，以期在幾十年裏完全同化原住民。爲此，1915 年 7 月 21 日，總督府再次修改了《臺灣總督府官制》，將「番務本署」廢止，而在警察本署內設立「理番課」。〔註35〕9 月更改「番務官駐在所」爲「警察官駐在所」。〔註36〕從制度層面上，確立了以「警政」爲主的新的「撫育同化」政策。

當時採取的主要方法有普及適於「番人」的簡易教育，「都市觀光」及其它社會教育，獎勵適於「番人」的產業，改善物品交換制度，改善及普及醫療設施，對「番人頭目」以津貼，借給打獵專用的槍械彈藥等等。〔註37〕在其實早在 1912 年，總督府就開始著手培養警察對番人的教育能力，在警察及司獄官練習所進行爲期一個月的理番講習會，爲擔任番童教育的警察們進行培訓，當時主講的科目有：理番方針、衛生急救及防疫、番童教育、教育大意、國語修身、算術、手工圖畫、唱歌、體操遊戲、養蠶、畜產、煙草、植樹造林、木工用材、蔬菜果樹、撫育問答、作物肥料農具等等。〔註38〕此後，這種培訓也一直進行著，所以番地的「大人」們很快就進入實戰。警察主持的「撫育同化」政策主要集中在兩個大的方面。

（一）同化教育

就日本人的番地改造政策而言，最重視的是「番人教育」工作。「番人教育」又分爲學校教育、簡易教育、觀光教化、社會團體、言傳身教等幾類。

1895 年 5 月《臺灣總督府臨時條例》發佈之時，設置了學務部來掌理教育事務，但學務部重點在於漢人的教育。1896 年 4 月復歸民政後，以敕令第94 號發佈了《臺灣總督府直轄諸學校官制》，規定在全島樞要之地設置「語言傳習所」。但由於番地業務由撫墾署來掌理，所以，伊澤修二學務長命令下屬對番地事情進行調查，以便漸行番地教育。8 月，恒春國語傳習所所長相良長綱在恒春支廳管內番地「豬勞束」設立了番地的第一所「日語傳習所」，這是番地教育的肇始。當時教授的科目有修身、日語、習字、算術，教法是先用國語教授之後再用番語說明。由於「日語傳習所」主要是向成年人教授日語，

〔註35〕（日）《總督府官制中一部（警察本署廢止）改正》，《臺灣總督府警察沿革誌》（第一編），第 162～163 頁。

〔註36〕（日）《番務官吏駐在所の名稱廢止》，《臺灣總督府警察沿革誌》（第一編），第 603 頁。

〔註37〕藤井志津枝：《日治時期臺灣總督府理番政策》，第 271 頁。

〔註38〕（日）《理蕃講習會》，《理蕃志稿》（第四卷第五編），23～24 頁。

培養翻譯為目的，所以，在 1898 年 7 月，總督府以敕令第 78 號發佈《臺灣公學校令》，除恒春及臺東二廳外，廢止了「日語傳習所」，改為公學校。公學校科目分為正、副兩種，正科基本上與「傳習所」相同，副科則根據實際的需要，增加了一般農業農事相關的土質識別、農地的整理方法、水田旱地的區別、蔬菜雜糧等的試種、水稻的栽培方法等等。〔註39〕番人公學校在 1923 年時有 28 所，學生在校人數達 4,731 人。〔註40〕

　　簡易教育即是在番地組織番童教育所，由在駐警察來具體執行的特殊教育。最早在 1902 年 5 月時，蕃薯僚蛟仔只在警察派出所收容當地的原住民兒童，對之進行簡單的教育，這是臺灣番童教育所的發端。〔註41〕之後，此經驗在番地廣泛推廣，1908 年總督府允許各番地駐在所制定具體的教育標準及教育綱要。這樣，各番地警察派出所駐在的警察們，在從事番地管理的同時，必須負責召集管內番童進行日語、禮儀、農耕、畜牧及簡易的文字教育。這種教育，一方面有利於警察對原住民戶口及其它情況的掌握，同時也是馴服原住民的一種手段。警察教授番童掌握簡單的日語會話、修身的禮儀、衛生、實業、體育及簡單算術等等。在這些科目中禮儀與倫理最為重要了，教授的禮儀包括坐、立、注目、點頭、謹聽、欠身等基本禮儀常識，還有讓路、左避、隨行、門戶的開閉、日本和室的坐姿、他人食事的迴避、物品的授受等等；倫理教授忠、孝、順、愛、信、辭讓、公共心等。〔註42〕這些學習都有助於「日本式生活及日本書化」吸收及接納，目的是希望經過幾十年的同化，以達到「使此二十萬番人改造為純然的大和民族。在其自覺認同為天皇赤子，進而令他們擔負本島的守備任務，決心作赤誠日本臣民。」〔註43〕在 1923 年時，番地有番童教育所 142 處，學生人數 3,469 人。〔註44〕

　　公學校及番童教育所是日本洗腦教育「番人番童」的基地。但從下表分析來看，1931 年時番童教育所就達到 174 個，公學校卻只有 50 個，而就學率卻高達 60.23％。這顯示番地教育，實際上是主要通過警察負責的教育所來進

〔註39〕　（日）《蕃人教育沿革》，《理蕃志稿》（第一卷第二編），第 838～839 頁。
〔註40〕　井出季和太著、郭輝編譯：《日據下之臺政》第二卷，第 646 頁。
〔註41〕　（日）《蕃地事情》，第 78 頁。
〔註42〕　（日）《蕃人教育沿革》，《理蕃志稿》（第一卷第二編），第 844～845 頁。
〔註43〕　（日）丸井圭治郎：《撫蕃意見書》，臺灣總督府民政部番務本署，1914 年，
　　　　　第 84～85 頁。
〔註44〕　井出季和太著、郭輝編譯：《日據下之臺政》第二卷，第 646 頁。

行的。而在警察教育下成長起來的番童中，後來就有一部分人進入總督府的
番地警政體系內，成爲與「番民」接觸密切的「警手」。他們儘管自己在警政
中的地位官階低下，充當著日本人警察的「雜役」，但他們穿著警察的服裝，
領取政府的薪金，使用著日本的東西，過著純正日本式的生活，在原住民當
中充當著原住民向往的日本目標。他們自己也視自己爲日本統治番地的代
表，以身作則，努力協助推行日本的各種同化政策。〔註 45〕

各廳州教育所、公學校及人口就學比率表（1931 年）：

州廳別	教育所	公學校	合計	總人口	學齡者	就學者	就學率
臺北	21	─	21	5,874	1,020	878	96.80
新竹	27	─	27	12,265	2,505	1,350	62.10
臺中	31	1	32	15,234	2,320	1,493	73.72
臺南	4	─	4	1,619	27	131	84.81
高雄	38	4	42	29,767	5,351	2,485	50.64
臺東	24	25	49	11,802	2,097	870	48.85
花勞港	29	20	49	12,136	2,223	1,142	62.44
計	174	50	224	88,698	1,5786	8,349	60.23

※此表根據《蕃地事情》第 82 頁之《教育機關數（1931）》與第 82 頁之《廳州別就
學率（1931）》編製而成。

　　觀光旅行是日本懷柔教化臺灣原住民的另一種方法，分爲島外觀光與島
內觀光兩種。初期以島外觀光爲主，一般是去日本的大都市，主要參觀一些
神社、建築與軍事設施，以起到威嚇性作用。霧社事件以前進行的日本觀光，
刻意安排各種軍事設施與操練。例如在首次觀光中，爲展現日本人軍事力量
與炮火之巨，兩次安排番人參觀練兵場之炮火演習，並安排原住民到炮兵工
廠參觀。另外，還讓原住民藉由參觀神社、公園、學校等，親眼目濱近代文
明，以去除蒙昧思想。1915 年第二期理番事業結束後，由於番地基本趨於平
靜，同化原住民成爲觀光的主題，啓發性的觀光成爲主流，觀光的主管機構
也由番務本署、警察本署轉移到各州廳警務局。總督府要求各警務局規劃觀
光活動及日程，具體以實際生活相關事物爲參觀對象，並要求警察領隊向參

〔註 45〕藤井志津枝：《日治時期臺灣總督府理番政策》，第 273 頁。

加者指導說明。〔註 46〕在警察的監控下，後期的觀光活動不僅局限於大人，番童之「修學旅行」也規劃到其中。另外，警務局理番課還設置電影巡放班，配給各州廳放映機，製作或購買與理番相關的影片，派送到各地，進行巡迴放映。

　　觀光旅行等可以說對原住民的思想產生巨大的衝擊，改變了他們心中對外界的認知，瞭解統治者母國日本的發達，親身感覺到彼此間的差距，開始出現了認同殖民統治的想法。

　　番地所在的各州廳還獎勵原住民成立各種民間團體，由警察控制並對其進行社會教化。當時的番地民間組織有頭目勢力者會、家長會、主婦會、青年會、壯丁團、同學會、學友會、父兄會、日語講習會、矯風會等。1924 年時，共計有這樣的團體 527 個，會員人數達到 25,000 多人。至 1930 年，這樣的團體升至 865 個，會員人數高達到 46,002 人。〔註 47〕這類團體主要致力於日語的推廣、水田耕種的指導、共同墓地的設定、房屋的建造、勞動觀點的養成、儲蓄心的培養、衛生習慣的普及、群體居住的誘導等。下表為 1931 年時番地主要社會團體的概要統計。

1931 年番地主要社會團體一覽表：

會名	會數	會員數	會名	會數	會員數
頭目勢力者會	78	890	青年會	150	6,556
家長會	184	9,738	同學會	64	2,500
自治會	29	1,133	父兄會	8	208
婦女會	94	5,265	日語講習會	83	3,268
處女會	3	78	夜校	44	1,405

注：此表來源於《蕃地事情》，第 86 頁。

　　根據上表分析來看，日本警察似乎更注重利用家長會、青年會、頭目勢力者會、婦女會、日語講習會等來對原住民進行教化。這顯示番地教化的重點是放在兒童青年身上。警察通過家長會的活動，可以驗知番童在學校學習

〔註46〕鄭政誠著：《認識他者的天空：日治時期臺灣原住民的觀光行旅》，博揚文化
　　　　事業有限公司，2005 年，第 13～14 頁。
〔註47〕井出季和太著、郭輝編譯：《日據下之臺政》第二卷，第 785 頁。

到的知識的掌握程度，同時再將番童在學校或教育所學習到的農耕畜牧知識，與在家長會、婦女會等講授知識相結合，以促進整個番人家族對日本文化的接納，引導其向農牧業發展。另外，警察還利用這些社會團體進行日語的普及。這種普及最重要的是啓發番人的德智和涵養番人的國民精神。從下表內容分析，到 1931 年時，臺灣番地日語普及平均率高達 43.17%，各別地區達成 57.45%，足見警察監督指導下的教育力量的強大。

各州廳日語普及狀況（1931 年）

州廳	普及人員				總人口	百人中普及率	1931 年末同上
	上	中	下	計			
臺北	516	1,081	1,379	2,976	6,097	48.81	52.76
新竹	600	1,087	2,543	4,230	12,928	32.72	30.90
臺中	667	1,981	2,973	5,621	15,234	36.90	32.02
臺南	114	181	292	587	1,619	36.26	34.40
高雄	584	3,223	4,671	8,478	29,767	28.48	23.60
臺東	1,653	7,320	13,091	22,064	41,083	53.71	57.45
花蓮港	2,760	5,130	8,784	16,674	35,720	46.67	48.05
計	6,894	20,003	33,733	60,630	142,448	42.56	43.17

注：表中的「上」表示幾乎與日本人一樣，能使用日語自由對話者；「中」指能使用簡單日常用語的原住民；「下」是指知道常用語的原住民。此表來源於《蕃地事情》，第 86 頁。

　　總督府還採取了「漢番隔離」的措施，禁止原住民使用漢語與漢服；禁止漢番兒童同在公學校讀書；禁止漢番通婚等等。另一方面，日本人警察攜帶眷屬駐在番地派出所內，夫妻共同協力，言傳身教，懷柔示範原住民日本式的生活方式、日本的文化禮儀等，展開空前的國家主義同化教育。〔註 48〕「大人」們時而傳授外科治療知識，時而把自己使用的茶具及日常器具給予番人，並教會番人如何使用，有時，警察還親自指導番人釀酒等等。〔註 49〕

〔註 48〕藤井志津枝：《日治時期臺灣總督府理番政策》，第 271 頁。
〔註 49〕（日）《蕃地內警察官吏派出所狀況》，《理蕃志稿》（第一卷第二編），第 384～385 頁。

（二）幫助授產

授產，也是教化番人策略重要的一部分。早在 1902 年 5 月時，日本警察在恒春廳上番內獅頭社的薪桐腳溪設置了第一所「番人授產場」，當時在薪桐腳溪上游建堰四十間，圍成水田九千多坪，教授番人種植水稻，又開墾了一萬多坪的土地，教授番人種植花生等。在得到番民的認可後，開始勸誘番人移住到此地區，給與農具，贈送水牛等，鼓勵番人從事農耕，同時還送豬羊等家禽讓其飼養。但番人對這種定居的農耕生活方式並不習慣，紛紛回到舊番社。〔註50〕1903 年，臨時番地事務調查掛在其調查報告中兩次提出：「要想使番民成為帝國臣民，必須使之認識到自己所應當承擔的作為臣民的義務，承認其耕種納稅的土地私有，保護其土地自由買賣交換，這是重要的行政手段，在施行綏撫教育的同時，必須教授其農業生產方法。」〔註51〕此後，日本人便在番人及番童教育所裏增設了授產方面的課程，並在各征服地開始授產活動。佐久間的「五年理番計劃」完成後，總督府將番地政策由鎮壓開始轉向綏撫引導，採取恩威並行的手段，將大量多餘的警察力量轉向撫育授產事業。

由於原住民散居游牧，兒童教育、授產指導等都難以全面管理。為此，日本人擇選適宜於農業耕種養畜牧區及適合住宅地，在警察駐在所附近選地建房，讓原住民移住，這樣即實現了原住民的定居，也間接培養了原住民對房屋等製材的熟悉，還培養了建築技術者。同時，各州廳在山地的樞要之地，根據實際需要開設諸如水田指導所、養蠶指導所、教育所實習園、甘蔗指導園、鳳梨指導園、桔柑指導園、竹林指導園、果樹指導園、桐樹指導園、苧麻指導園、蓪草指導園、桑樹指導園、堆肥及養豬指導所、牧場指導所、家兔指導所、製桶指導所、冶煉指導所、工藝指導所、機械指導所、產業指導所、瓜豆指導所、椎茸指導所等各種授產機關。〔註52〕

在警察威力的強制下，臺灣原住民開始放棄以前的游牧生活，認可定居的農耕生活，土地開墾面積逐年增加。根據下表可以看出，番地僅水稻面積在二十年間，由原來的 250 甲增加到 3,918 甲。同時畜牧與種植業也都有了長足的進步。

〔註50〕　（日）《恒春上蕃地二於ケル蕃人授產場》，《理蕃志稿》（第一卷第一編），第175 頁。

〔註51〕　（日）《臨時蕃地事務調查掛ノ調查》，《理蕃志稿》（第一卷第二編），第290 頁。

〔註52〕　（日）《蕃地事情》，第 93～94 頁。

　　隨著臺灣原住民地區的開發，總督府又利用警察力量向原住民徵收各種
租稅，根據下表分析，臺灣番地稅收也隨著番地的開發逐年增加，在 1931 年
時就高達 133,186,35 日元。番地成為日本殖民者的一個富源。

公課租稅成績表（日本元為單位）：

年次	地租	附加稅	水租	農會負擔	土地整理費	戶稅	公學校負擔	營業稅	雜種稅	其它	總計
1923	58,294,10	21,871,98	6,717,57	7,161,54	989,92	3,243,09	──	25,34	8,90	32,49	98,345,93
1924	56,646,00	22,036,45	6,774,51	6,665,69	886,47	2,472,67	6,60	13,62	2,030,24	90,33	97,622,58
1925	57,243,29	20,795,45	3,058,43	7,491,75	785,41	2,758,20	6,60	90,04	7,412,33	──	99,641,50
1926	54,637,62	21,514,47	8,283,41	9,306,57	828,93	3,233,33	6,60	61,86	10,866,95	74,85	108,814,59
1927	55,440,55	24,543,39	8,337,59	9,802,39	873,85	4,266,07	──	73,36	9,273,50	2,209,98	114,820,68
1928	51,582,00	23,225,00	11,164,00	5,181,00	1,677,00	4,098,00	──	112,00	20,438,00	74,97	115,395,00
1929	51,483,69	29,030,51	8,605,86	4,997,10	873,46	5,616,28	──	163,32	12,952,31	9,286,53	123,008,03
1930	56,590,20	27,523,70	11,121,86	62,226,05	1,619,80	5,615,35	──	120,74	12,226,76	2,591,86	123,636,26
1931	59,327,18	28,981,10	11,430,65	7,931,96	1,622,28	4,774,10	──	179,96	13,095,82	5,843,30	133,186,35

※此表來源於《蕃地事情》第 107 頁。

小結

　　綜上分析，日本人的整個「理番」政策的實施，幾乎全部是借助警察系
統，採用懷柔、撫綏、鎮壓、撫育、同化等手段而完成的。臺灣的「番地」
行政，可以說是徹頭徹尾的「警察政治」。總督府借助警察系統，封鎖了一般
人民在「番地」的任何所有權或佔有權（1900 年律令第 7 號），限制一般人民
對於「番人」的通商行為（1917 年府令第 34 號）。因此，「番地」成為「特殊
行政區域」。根據 1927 年發佈的《番地取締規則》，普通人不能進入「番地」，
「番地」完全由警察控制。「番地」警察不但有警察權，同時還負責教育、授
產、衛生及撫慰等諸般事務。「他們即是警察，同時又是教師、醫生，且為生
產技術指導者、主持諸般世事的家長。」〔註53〕他們可以隨意裁量與運用「番
地」的所有法律，成為「番地」地真正的主宰者。

〔註53〕周憲文編著：《臺灣經濟史》，第 963 頁。

　　就臺灣整個社會來說，由日本警察主持的「理番」政策，使山地與平地都趨於基本安定，爲臺灣山地資源的開發利用提供了前提。同時「番人」的生活水平也有了一定的提高。應當承認，在日本佔領臺灣以前，臺灣先住民的生活，不論從文化還是從經濟上，幾乎都處於原始狀態。在日本統治的五十年間，臺灣「番地」的文化及經濟都有一定程度的進步。就「番地」兒童的平均入學率來看，到 1941 年底已經基本達到 86.35％；日語的普及率也很高，到 1942 年底，可用日語進行日常應用的成年人，平均男子達 54％，女子達 43％。〔註 54〕雖然這種語言教育，是日本殖民統治的一種方法，但其間接促進了教育的普及，使原住民文化思想有了很大的提高，從而奠定整個臺灣的近代文化思想。從經濟層面來看，先住民過去都是以打獵或輪耕爲中心，基本處於「自給自足」的原始狀態。1915 年「理番」五年計劃完成後，即著手推行「定置式農耕」，即以水稻耕作爲主，同時獎勵他們進行家畜家禽飼養。他們漸漸體驗到「近代農業生產」方式給生活帶來的變化，經濟方式也由「原始經濟」向「近代經濟」邁進。日本殖民統治者也常以番地的征服與改造而自豪，但實質上原住民樸素的民族情節並沒有被泯滅，「花岡一郎事件」就足以說明此問題。花岡一郎是日本理番政策下刻意培植的樣板，是被日本人認爲完全日本化了的臺灣原住民。他被日本殖民當局吹噓爲「番人沐浴在皇國的德澤裏，番人出任教職的第一人」。他取日本名子，與妻子川野花子以日式儀式舉行了婚禮，後來作爲霧社分社的乙種警察，派駐在波亞倫番童教育所任職。就是這樣一名「撫番榜樣」，在霧社事件暴發後，卻不願再作日本人的鷹犬，留下遺書，先槍殺了妻兒，再以番刀切腹自殺。〔註 55〕所以，日本警察在臺灣番地的前二十年，是征服番地的討伐者，而後三十年，則扮演著番地文明的進程的監督者及原生態文化野蠻破壞者這雙重身份。

〔註 54〕周憲文編著：《臺灣經濟史》，第 966 頁。
〔註 55〕李力庸主編：《高級中學歷史教師手冊》，全華圖書股份有限公司，2006 年，第 129～130 頁。

第八章　警察制度對日本殖民臺灣的作用

　　馬克思主義認為，殖民地在亞洲歷史上起著雙重使命，一重是破壞性的使命，即消滅舊的亞洲式的社會；另一重是建設性的使命，即在亞洲為西方式的社會奠定物質基礎。〔註1〕實質上日本對臺灣的殖民統治，也起著這雙重作用。歷史研究的任務是從多個視角、全面觀察歷史事件的由來和發展，單純地強調某一方面，而忽視、美化甚至否定另一方面，都不是對歷史負責任的態度。前述兩章就日本警察對臺灣抗日、社會運動的鎮壓及對臺灣番地的綏撫鎮壓作用進行了分析。由於日本警察的強制力量，使臺灣社會的治安得到了確保。「治安的維持」與「社會的安定」為臺灣殖民地發展的必然前提，也為殖民地後期的經濟繁榮奠定了基礎。這其中，最令日本人引以自豪的，就是臺灣近代衛生制度衛生習慣的建立養成，及臺灣經濟近代化的奠基。鑒於此，日本右翼的一些學者，鼓吹說「警察是臺灣的守護神」，甚至有人公開否認臺灣是日本的殖民地。臺灣也有一小撮人刻意美化日本的殖民地統治。李登輝就曾經說過，「日本對我的生命有巨大的影響，臺灣的發展歷程受益於日本。」〔註2〕那麼怎樣評介警察制度對日本殖民統治臺灣的作用呢？本章將就這些問題進行深入探討。

〔註1〕《馬克思恩格斯全集》(第9卷)，人民出版社，1961年，第247頁。
〔註2〕徐宗懋著：《日本情緒——從蔣介石到李登輝》，天下文化出版股份公司，1997年，第11頁。

一、警察在臺灣衛生行政及經濟方面的作用

（一）警察在衛生行政方面的作用

1、衛生組織的隸屬與警察系統

日本早在 1874 年第一次征臺之時，就因惡疫損失慘重。此次初一入臺就又遭此惡運。所以，日本人相當重視衛生事務。根據《臺北縣廳開始以來警察事務執行要項書》記載，在衛生行政組織沒有組建之前，臺北等地就由日本憲兵警察開始負責衛生事務。1895 年 8 月 6 日，日本中央政府發佈《臺灣總督府條例》，將總督府改爲軍衙組織，分衛生事務爲二，其中關於衛生、保健方面，由民政內務部警保課掌理；其關於醫事衛生方面，則歸陸軍局軍醫部辦理。

1896 年 3 月，以敕令第 88 號發佈《臺灣總督府條例》（4 月 1 日生效，在臺灣復行民政）中規定，除軍隊衛生外，一切衛生事務皆交由民政局主管。民政局接管衛生業務後，初在該局總務部內設置衛生課。總督府隨後又以訓令第 4 號發佈《臺灣總督府民政局各部分課規程》規定了衛生課掌理的事項。自此，總督府的衛生行政組織便告正式創立，其組織分爲總督府與地方兩個系統，各有其組織與職掌。地方組織一般爲警察課的衛生科或衛生系。

由於初入臺灣的幾年間，局勢一直不穩定，總督府與地方的官制幾經修改，但總督府的衛生系統一直都隸屬於民政部或總務部。此系統屬於文官組織系統。1901 年，臺灣地方行政區劃及總督府組織系統進行大改革，即開始兒玉——後藤的「警察政治」時代。改革的重點有二個方面，一爲廢縣置廳；第二則是在民政部內設置警察本署。是年 11 月，總督府以敕令第 201 號發佈《修正臺灣總督府官制部分條文》，其中第十七條規定：「民政部設警察本署及下記五局：總務局、財務局、通信局、殖產局、土木局。」〔註3〕同時，又以訓令第 354 號發佈了《總督府官房及民政部警察本署及各局分課規程》，其中第一章通則中第七條規定：「警察本署設置警務課、保安課、衛生課、但高等警察相關事項專屬警察本署長。」〔註4〕從此，臺灣的衛生系統開始被納入到警察組織系統中。此一衛生組織結構，既符合後藤新平提倡的「警察政治」之理念，也符合總督府當局「警察國家」的理想。後藤新平之所以會提倡衛

〔註3〕 （日）《總督府官制中一部改正》，《臺灣總督府警察沿革誌》（第一編），第 96 頁。

〔註4〕 （日）《各局分課規程改定》，《臺灣總督府警察沿革誌》（第一編），第 105 頁。

生課納入警察本署，除了與所謂「土匪平定」政策有關外，顯然還是基於另一重要考慮：「1896 年 4 月，總督府建立的衛生行政組織是以衛生課爲督導核心，地方官廳警察課衛生系實際執行。衛生行政既由警察單位負責，警察系統乃決定衛生行政的組織成效。然而此系統最初的問題在於總督府衛生課屬總務部，而不屬於警察部，與地方警務之衛生系統尙缺連貫性。」〔註5〕經過此次改革，使得總督府與地方的衛生實施組織眞正統一起來，便於指揮監督，從而使衛生系統從上至下敏活起來。1909 年廢止警察本署後，至 1911 年 10 月止，衛生課又改屬於民政部內務局，從 1911 年 10 月以後，再度改隸屬於警察本署，此後，直到 1919 年，才又從警察本署改隸警務局，其後維持警務組織系統之下的定位直至臺灣光復爲止。這樣，衛生課隸屬於一般文官組織系統的時間僅有七年，而其餘四十二年的時間，皆都被納入到警察組織系統中。臨時臺灣防疫課的情況亦是如此，從成立到廢止的六年時間裏，一直都隸屬於警察組織系統之下。

　　1901 年，衛生課收歸警察本署後，成爲處理保健、醫務、阿片、臨時防疫等衛生行政的臺灣總督府中央機關。1903 年霍亂流行，總督府又在衛生課以外設置了防疫課，一直到 1910 年 10 月合併到衛生課。在地方上各廳警務課內設置衛生系，配備警察醫及技手，處理衛生事務。同時令各廳所在地官立醫院院長爲廳衛生顧問，並成爲監督公醫及重要醫事衛生事務的咨詢機關。其次是在全島配置公醫，擔任受持區內的公共衛生及醫事、傳染病預防、檢驗、診斷、鑒定等醫事。另外，區長、保甲、防疫組合、衛生組合等，都在地方廳長的指揮下，有責任擔當衛生事務及維持清潔等任務。其中防疫組合是在 1910 年 5 月，爲遏制風土病，由總督指定而成立的。它作爲徵收費用的公法人，開始時在臺北、臺南二市成立，以後推到基隆、桃園、大料崁、嘉義、北港、鹽水港、安平、橋仔頭、打狗、鳳山、阿侯、蕃薯僚、花連港、璞石閣卑南等地。〔註6〕

　　從以上內容可以分析看出，臺灣的衛生行政組織與警察系統密不可分的關係，若說日據臺灣時期衛生行政業務幾乎是完全附屬於警務組織之下亦不算過言。這與我們今天對衛生行政組織系統的認知似乎存在重大差異，但實

〔註 5〕 范燕秋：《日治前期臺灣公共衛生之形成（1895～1920）：一種制度面的觀察》，《思與言》第 33 卷第 2 期，1995 年 6 月。

〔註 6〕 （日）東鄉實、佐藤四郎：《臺灣殖民發達史》，南天書局，1996 年，第 463 頁。

質上這一行政所屬，是完全與日本內地一致的。有一些學者在論及臺灣「警察政治」時，往往把衛生系統作爲例子，認爲這是與日本內地不一致的。其實這是沒有根據的說法，根據《警務要書》其中第三篇之「衛生警察」部分，就可發現，日本內地及臺灣的衛生組織，都附屬於警察系統內。臺灣的衛生組織所屬關係恰好表明了日本型的「衛生國家與警察」的特殊理念。此理念乃是將整個國家範圍內的全部地域的衛生行政執行，交給具有執行力與強制力的警察，由警察主導衛生系統，主要以預防爲主要目的。警察沒有治病的能力和任務。但是具有強大權力的警察，控制與國民健康相關的領域體製成立的結果，使健康、衛生與國家的強制力密不可分，由此強制力將民眾日常生活中的不健康、不衛生的「惡習」加以摘除，以強制力量使衛生觀念注入人們的思想文化中，此種「預防」是不可欠缺的。

2、警察力下的臺灣衛生工作

在臺灣警察權的作用中，衛生警察是指警察以衛生爲目的而實施的警察行爲。主要涉及的部類分保健、防疫、醫藥及鴉片四大類。

由於臺灣地處亞熱帶，自古以來就是多瘴癘之地，在日本統治初期，官民感染傳染病者不計其數。臺灣總督府於 1896 年 10 月 15 日以府報公佈了《臺灣傳染病預防規則》，其中第一條規定「本規則所稱傳染病爲霍亂、鼠疫、赤痢、天花、班疹傷寒、腸炎、白喉及猩紅熱八種疾病」。〔註7〕在這八種傳染病中，尤其以死亡率平均高達七成以上的鼠疫最令人害怕。殖民統治者爲了自保，也是爲了日本帝國的體面及國力，總督府從一開始就以憲兵警察作爲強制力量，全面推行防疫工作。當時曾任總督府臨時防疫課防疫醫官的日籍醫學博士倉岡彥助認爲，臺灣防疫成效不佳的原因是：「第一、領臺之翌年即遭病毒侵襲，匪賊尚在各地出沒，警察權未能普及全島。第二、本島人之家屋，因其市街極爲不潔且陰暗，故適宜本病之流行。第三、本島人不識鼠疫傳染病，在觀念中以爲是神佛作祟。第四、不肯相信鼠疫是因鼠類而起之說。第五、從事防疫工作者與本島人之間因言語不通，以致互相產生誤解。第六、從事防疫工作者之中多數不具防遏本病之經驗。」〔註8〕以後在臺灣經濟的建設中，警察一直擔當著衛生防疫相關工作的保障任務。

〔註7〕 許錫慶編譯：《臺灣傳染病預防章程》，《臺灣總督府公文類纂衛生史科選編》，第 26 頁。
〔註8〕 （日）《臺灣衛生要覽》，臺灣警察局，大正 14 年，第 268 頁。

　　總督府首先是從市政規劃上入手，開始了其在臺灣的衛生土木防疫工作。1898 年 11 月，作為衛生實施計劃的主管，成立臺北、基隆市區計劃委員會。委員會於 1900 年發表通過了臺北城內 35 萬坪的改正決議案。此議案是預測臺北市街道人口在將來達到 15 萬人時的城市規劃。此規劃從 1905 年由國庫及地方稅及其它收支而進行的。另外伴隨著基隆、打狗兩港築港計劃的完成，從 1909 年，對基隆的市街道進行了重新規劃；在 1911 年，又對打狗市街道進行了改造。

　　而在與衛生防疫最密切的上下水問題上，總督府採取完全中央給水法，於 1898 年著手在淡水、基隆修築水道工事，其後在臺北、彰化、金包里、北投、士林、斗六、大甲、璞石閣、叭里沙、打狗、嘉義等地的給水工程竣工。衛生警察首要的任務就是保證上下水道的安全。上水道的經營權實際上是屬於各市街莊，但對其保護則是警察的任務。警察根據《刑法》第 142～147 條及《違警例》第 1 條 81 號至 84 號等法律條文，對水源產生污穢、混入危害他人健康的有害物品對破壞水栓者進行懲罰。對於下水道，則根據《臺灣下水規則》及《臺灣下水規則施行細則》對臺灣的下水道進行保護。

　　另外警察還負責日常生活中的衛生相關工作。總督府於 1900 年發佈了《臺灣家屋建築規則》，以警察的強制力，達到新建房屋符合衛生標準。還發佈了《污物掃除法》及《污物掃除法施行規則》，以委派掃除監督員，對日常衛生進行監督管理。〔註9〕在巡查的督導下，對臺北、基隆、宜蘭、新竹、臺中、彰化、嘉義、臺南、打狗、安平等十個城市的現有污物垃圾進行清除。同時，在地方由警察命令可制定「大清潔法」，具體的實施由市街莊的公共團體與警察官署協議後進行，一般在春秋兩季，巡查就「大清潔法」實施情況進行檢查。另外警察還負責飲食物及其它物品的取締、一般飲食營業的取締管理、牛乳營業的取締管理、有害著色料的取締管理、清涼飲料水營業取締管理、冰營業取締管理、人工甘味質的取締管理、防腐劑取締管理、飲食物用器具取締管理、獸肉營業取締管理、屠場、墓地及埋葬、理髮營業的管理。

　　警察主要負責的工作為傳染病的預防、海港檢疫、種痘、鼠疫花柳病等的預防。還要負責檢查醫師、牙醫、公醫、產婆、護士、針灸按摩營業、醫院、藥劑師藥種商及製藥者、藥品等的檢查取締。

〔註9〕　（日）伊藤英三著：《臺灣行政警察法》，晃文館刊行，昭和 5 年，第 234～235 頁。

綜上，臺灣正是通過這種國家警察衛生系統，強力地介入到與民眾生活相關的衛生系統中，迫使人們接受並遵守現代衛生制度，培養了臺灣人的現代衛生觀，而且在衛生預防等方面也確實取得了一定的實效，到 1918 年，基本上消滅了在臺灣橫行千百年的鼠疫等地方病。

3、警察對鴉片專賣的作用

警察對臺灣鴉片專賣的作用是值得獨書一筆的。這涉及到警察對臺灣衛生保健事業的再評價問題。

日本在其本國，早就發佈刑法嚴禁鴉片之吸食。在日本統治臺灣以前，臺灣吸食鴉片確已成風。日本入臺以後，日本朝野大都傾向於採取嚴格禁止的態度。但臺灣總督當局卻認為臺民久食鴉片，惡習根深蒂固，很難於一時間絕禁，於是採用當時日本內務省衛生局長後藤新平所提出的「漸禁政策」。此種政策的實施有著多重意涵。一般研究認為，之所以採取鴉片專賣，主要是日本考慮自己為文明國家，若在殖民地鼓勵吸毒有辱國格，且當時臺灣武力抗日者多數感染煙癮，管制鴉片，可使其活動減弱。其實日本在臺灣實施鴉片專賣的最重要原因是為總督府增加財政收入。這一點可從鴉片煙膏一等品的出賣增加及吸食者沒有按正常自然死亡而減少來說明。

1896 年 3 月，總督府發出告諭，明令除政府輸入外，禁止輸入鴉片，臺民中如果有吸食成癖者，允許其在一定規定下，當作藥品來使用。1897 年 1 月 21 日，臺灣總督以律令第 2 號發佈了《臺灣阿片令》，並於同年 3 月以府令第 6 號制定了《臺灣阿片令施行規則》。根據《臺灣鴉片令》及「施行規則」規定，所謂鴉片是指生鴉片、鴉片煙膏及粉末鴉片。鴉片煙膏及粉末鴉片由官方發售。含有鴉片成分之製劑，不得輸入、製造或未經許可而買賣或持有。醫師、藥劑師、藥種商、製藥者得持有或買賣授受粉末鴉片，無需取得官方許可，但粉末鴉片之使用僅限於調劑或製藥用。粉末鴉片非經收取醫師處方或購買人所簽具數量、地址、職業、姓名之證明，不得販賣或授受。官方製造出售之鴉片煙膏分為三等。鴉片煙膏由鴉片煙膏經銷商，批售給中間商，再由中間商銷售給零售人。經銷商由臺灣總督府專賣局長指定，中間商由廳長指定。零售者每年須向地方廳交納「特許費」，申請取得零售許可證。經銷商和中間商不得零售鴉片煙膏或經營鴉片吸食所。鴉片煙膏限被認定已有鴉片癮者准其購買及吸食。吸食者須明記鴉片一日之吸食量，並附地方廳指定之醫師所開據的證明書，向地方廳申請取得購買吸食許可證。購買或吸食鴉

片時，須攜帶購買吸食許可證及「通帳」，由零售者將購買之煙膏品種、數量、價格、購買年月日、零售者姓名等填入。原則上，零售者不得賣出吸食證所載一日份量的三日份以上的煙膏量。另外，欲製造、販賣、零售鴉片煙吸食器具者、欲開設鴉片煙吸食所者、批發粉末鴉片者（限藥劑師、藥種商），每年皆須繳納「特許費」，向地方廳申請取得許可證。持有購買吸食許可證或吸食所開設許可證者，得購買或持有鴉片煙吸食器具。各種許可證發生毀損、遺失及因遷居、改姓名等而需要修改證面資料時，須經所轄警察官署或指定官署向地方廳申請換證或再發。再發之前，警察官署或指定官署得發給申請者暫時許可證，效力同原許可證。各許可證持有人因死亡、停止營業或廢止吸食購買時，須向地方廳交還許可證。獲得許可之鴉片相關營業人為鴉片相關犯罪或不法營業時，得酌情停止或禁止其營業。對於違反相關規定者，依據「鴉片令」處刑罰。〔註10〕

總督府當局除了制訂法規管理鴉片吸食者外，也著手宣傳鴉片之弊害，嚴格取締私製、走私、違法吸食等。1900 年，已經基本掌握了全臺大部分的鴉片煙癮者，並發放了吸食許可證。1902 年整理吸食者名簿，鴉片管理業務，始告一段落。

當時臺灣的鴉片事務，全部由警察來擔任的「鴉片監視員」來協助完成。臺灣恢復民政後，當時總督府鑒於當時的警察精通地方語言者，一署僅一、二人，多數警察對諸如掌握所有鴉片吸食上癮者、取締非法吸食鴉片者、取締私製、走私、私售鴉片等警察專有業務並不熟練，又由於人員變動，人員不足等原因，於是以內訓第 19 號制定了《阿片監視規程標準》，要求各地方官廳據之訂立監視規程，以期鴉片之管理的圓滿。〔註11〕該標準規定，警察部、警察課及警察署、警察分署須置鴉片監視員、鴉片監視員補，執行鴉片相關監視業務。監視員及監視員補須受上級長官指揮，處理所管區域內鴉片警察相關一切事務，且嚴密監視。

當時各廳都根據總督府的命令陸續訂立相關規程。如宜蘭廳於 1898 年8 月 23 日，以訓令第 74 號訂定《阿片監視員規程》，其中規定，警察課、辦務署、辦務支署、派出所置監視員及監視員補，處理鴉片警察相關一切

〔註10〕徐國章譯注：《臺灣總督府警察沿革誌》（第一篇），國史館臺灣文獻館編印，2005 年，第 270～271 頁。
〔註11〕徐國章譯注：《臺灣總督府警察沿革誌》（第一篇），第 272 頁。

事務。監視員承所屬長官之命令，指揮監督監視員補，處理鴉片相關庶務並完成監視任務。警察課監視員承上級長官之命令，督察、批示各署以下監視員之事務。警察課監視員須每年四次以上；各署、所監視員須每月三次以上，巡視其管轄區，並向所屬長官報告其狀況。監視員補承監視員之命令，一晝夜需要巡邏、查察五個小時以上，十小時以下，從事鴉片相關取締工作。〔註12〕

在警察的努力下，獲得許可之吸食者從 1900 年最高峰的 165,752 人，逐年減少，至 1934 年已經減少至 16,190 人。而未滿三十歲之吸食者，於 1924 年即已絕迹。另外關於吸食者之矯治方面，爲因應 1929 年 1 月 9 日起，《日內瓦鴉片協定》開始實施，臺灣總督於 1928 年 12 月 28 日發佈律令第 3 號，修正了《鴉片令》，開始強制矯治鴉片煙癮者，於 1929 年 12 月起實施醫療檢查，完成鴉片煙癮者調查，計劃於三年內矯治一萬七千人，並於臺北設立可收容一百五十人的獨立矯治機構「更正院」，其它各地官立醫院亦附設「矯正科」。矯治方法甚至包括使用藥物。自 1930 年矯治業務開辦以來，至 1934 年末，接受矯治者有 17,468 人，矯治成功者有 15,497 人。〔註13〕

各州廳鴉片矯正成績表：

州廳別	矯正受命者	矯正完了者							死亡其它	1935年現在
		1930年	1931年	1932年	1933年	1934年	1935年	計		
臺北	5,084	622	1,526	1,206	990	106	16	4,466	541	89
新竹	2,940	354	668	723	868	9	4	2,626	266	14
臺中	3,990	305	563	561	1,860	256	7	3,552	362	58
臺南	2,629	368	714	762	436	19	2	2,301	283	64
高雄	2,398	287	1,110	758	10	—	—	2,165	193	29
臺東	79	34	21	22	—	—	—	77	7	1
花蓮港	224	29	116	67	—	3	1	216	20	1

〔註12〕徐國章譯注：《臺灣總督府警察沿革誌》（第一篇），第 272 頁。
〔註13〕徐國章譯注：《臺灣總督府警察沿革誌》（第一篇），第 272 頁。

州廳別	矯正受命者	矯正完了者							死亡其它	1935年現在
		1930年	1931年	1932年	1933年	1934年	1935年	計		
澎湖	124	36	59	25	1	3	—	124	8	5
計	17,468	2,035	4,777	4,124	4,165	396	30	15,527	1,680	261

※此表轉引自臺灣總督府警務局編：《臺灣的阿片制度》（昭和十一年）第 26 頁。

　　我們在看到成績的同時，也有一問題值得思考，就是洪敏麟教授在《日據初期之鴉片政策》一書中提出的一個問題：「按其頒佈方針，在明治三十七、八年間獲許可癮癖者，當時平均年齡二、三十歲，在三十年後，皆達六十歲左右，若按當時本省人死亡年齡計，則大部已死歿，何以至民國十八年仍有二萬五千餘人，由此證實新吸食者之繼增。」〔註 14〕這說明總督府當局並不真心地實施漸禁政策。如果沒有臺灣民眾黨的強烈抗議，並向國際聯盟上書控告臺灣總督府之鴉片政策，就不會有後期鴉片癮者的矯治。如果從這個視角來思考，警察在鴉片專賣上也許是處於幫兇的地位。

　　綜上所述，在日本統治臺灣的五十年時間裏，其衛生課所掌理的事務大概可分爲兩大項，一是鴉片取締相關事項，二是傳染病、醫務、藥務等公共衛生相關事項。前者是爲了因應在臺灣施行鴉片令而特設的業務，後者則是一般的衛生事務。如前所述，盡管總督府的官制多次修改，但衛生系統幾乎一直都隸屬於警察系統，特別是地方衛生組織，全部都是依靠警察之威力而展開工作，所以，臺灣近代衛生事業的奠基是通過警察之手來完成的。

（二）警察在經濟方面的作用

　　日本在領有臺灣之時，即無充足的經營之資本，更無思想理論之準備。臺灣之所以在短短十幾年的時間就實現了經濟的飛躍，開始步入近代化進程。這與「警察政治」有著密切的關係。日據時期的財經專家鹽見俊二，在其《警察與經濟》一文的緒言中，給予明確的評價：「臺灣一切的經濟政策，必待警察的支持，始能推行。如果忽視了當時的警察，就不足以語臺灣經濟的發展。臺灣經濟政策的收效，一半就得力於警察的。」〔註15〕

〔註14〕洪敏麟主編：《日據初期之鴉片政策（附錄保甲制度）》第一冊，文獻委員會，1978 年，第 9～10 頁。
〔註15〕周憲文編著：《臺灣經濟史》，第 949 頁。

　　總督府借助於警察與憲兵之威力，使臺灣治安在平地，於 1903 年即收成效；在山地到 1919 年也告完成。這在客觀上促進了平地之糖米及其它產業的發展；山地之樟腦資源得以開發利用。

　　從警察法理學上講，一個國家的警察，即使其權力不超過「原來的目的」，其對社會經濟的作用主要是從維持社會治安穩定來說的，即爲經濟發展提供穩固的基礎。但「世界任何國家的殖民地，其警察權無不超過『原來的目的』，而深入一般統治權的行使；……固然，世界任何國家的殖民地，其警察力無不與其經濟政策的實施有關，但其關係之強烈與普遍，則世界任何殖民地都不如臺灣之甚。」〔註 16〕臺灣警察對於經濟的干涉，在本質上雖然是貫徹始終的，但在形式上可分爲前後兩個時期。以田健治郎對臺灣警察制度改革爲線，前後各二十五年。「在前 25 年間，警察機關是經濟政策的直接實踐者；在後 25 年間，警察機關是經濟政策的間接支持者、推進者。」〔註17〕1920 年田健治郎改革警察制度以前的臺灣地方制度，完全是警察行政。即兒玉總督所建立的地方制度，分全島爲 20 個廳，廳之下設置支廳，分掌廳內事務。支廳長由警部擔任，職員全爲警察官；結果警察官把握了全部行政，變成了經濟的實踐者。「支廳長明白地以警部充任，以下的官吏，全爲巡查；故其系統，表面上是『總督府——各廳、各課——人民』，而實際上是總督通過警察與人民接觸，由巡查擔任稅務、衛生、農政及其它諸般政事，人民所聞、所見的官吏，只有警察而已。」〔註 18〕這也就是說，日本統治臺灣的前二十五年，所有經濟政策的實施，都由穿制服的警察人員擔當。

　　1920 年田總督對警察制度的改革，就是欲讓警察回歸到其本來的「目的」。雖然從表面制度層面上，警察機關掌握行政事務的制度已經廢除，但由於優勢的警察陣容與郡守擁有警察權，以及警察仍舊支配著保甲制度，再加上臺灣殖民地統治的「總督擁有立法權」的特殊性格，警察在一般行政上，仍然有強大的影響力；各種行政，非得警察支持，絕對無法推行。因此，諸如道路的新建與維修、耕地防風林的設置、米糖兩大作物及其它熱帶經濟作物的耕作計劃、納稅成績的改善及其它各種經濟政策的實施，無不靠著廣泛

〔註16〕　周憲文編著：《臺灣經濟史》，第 948 頁。
〔註17〕　周憲文編著：《臺灣經濟史》，第 973 頁。
〔註18〕　（日）竹越與三郎：《臺灣統治誌》，臺灣總督府官房文書課，明治 41 年，第246 頁。

的警察權才得成功。特別是在日本統治臺灣的末期，強化經濟統制時代，臺灣的警察力更是發揮到了極至。那麼除了鹽見俊二在《警察與經濟》一文中，所主要闡釋的警察對日據臺灣時期治安的作用外，其對經濟的作用還可從以下兩方面表現出來。

第一、警察力完成的「人籍地籍調查」爲臺灣經濟的發展提供了基礎

在日本佔領之前，臺灣的土地就隱藏著若干特徵：一是隱田多；二是土地所有關係的封建性質；三是土地與先住民的關係。這些都成爲資本主義開拓的桎梏。資本主義開拓的先驅劉銘傳，曾致力於臺灣的土地丈量調查事業，但卻沒有成功。在日本佔領臺灣之後，在兒玉、後藤時期，依據明確的意識、周詳的計劃與強大的警察權力，進行人籍及地籍的調查。依據曾在日本內地實施之近代國勢調查的方法，進行以 1905 年 10 月 1 日午前零時爲現狀的第一次臨時戶口調查。關於土地調查，則於 1898 年即已經設立臨時土地調查局，實行地籍調查、三角測量及地形測量這三種事業。調查的結果，一面承認大租權，同時規定自 1903 年 12 月 5 日以後不許新設。1904 年，對大租權者，給以公債作爲補償，消滅其權利。此種方法就如同日本明治維新時的秩祿公債，藉以消滅封建遺制的大租小租關係，確定過去的小租戶口爲業主，使土地所有的權利關係簡單明瞭。關於土地權利的轉移，則於 1905 年制定土地登記規則，除了由於繼承或遺囑者外，強制以登記權利移轉效力爲發生條件。

人籍及地籍調查的結果，使自然地理更加明確，一方面使警察在治安的確保上更加便利，另一方面整理隱田，土地的甲數大量增加；又因大租權消滅，土地收益增多的關係，地租得以改訂增徵，財政收入增加；土地權利的確定，也使土地的交易獲得安全。從經濟利益上講，主要是對資本的引誘，給予日本資本家對於臺灣投資及企業設立以安全保障，爲日本資本征服臺灣確立了必要前提及基礎工程。

第二、警察監督下的「專買制度」

臺灣的專賣事業主要是指樟腦、鴉片、食鹽、及煙草四種，其中樟腦的產地主要集中在臺灣的山地，即是蕃界地帶，所以其專賣自然完全由警察負責。鴉片專賣也如前所述那樣，也是由警察來負責。食鹽專賣實行於 1899 年 5 月，當時總督府以律令第 7 號發佈了「食鹽專賣制度」，即在臺灣島內的食

鹽製造者必須從事食鹽的生產，並由政府給予一定的補償金，但政府收納時，給予的是公定的價格。警察對食鹽專賣的的作用主要是對鹽業生產的監督及對清國輸入食鹽的檢查，防止走私鹽的進入。1901年5月24日，臺灣總督府在發佈「總督府專賣局官制」的同時，廢止了原來的製藥所、鹽務局、樟腦局，將專賣事務統歸於專賣局，並將煙草作爲一專賣項目追加到專賣制度之中。警察在煙草專賣中的作用，主要是對走私煙草的檢查及對煙田耕作的監督。

臺灣專賣成爲臺灣財源的基礎之一，這一制度之所以取得成功，其中警察的作用是不可忽視的。

二、從警察法理學上來分析評價

警察（Police）一詞源於古希臘語的「Polis」，原意是指國家憲法，後引申到國家的目的和統治作用的意義上。現代意義上的警察制度，或者說，歷史上第一支正規職業警察部隊，產生於1829年的英國倫敦。對於警察的定義，歷來眾說紛紜，但有一點卻是公認的，即警察是國家專政機器的一個組成部分，是國家實行政治統治和社會管理的一種特殊的專門力量。它擁有國家法律賦予的權力，在一般的行政手段不足以解決矛盾時，警察以其強制性的力量，來保障國家統治與管理活動的順利進行。一般說來，國家的目標就是警察的目標。警察被創造出來不是爲了去改造社會現狀，而是爲了維持已有的社會秩序。警察的具體職能可概括爲：一是維持國家政權，鎮壓被統治階級的反抗；二是預防和打擊犯罪，維持公共秩序和執行國家法律；三是提供社會服務。警察的社會調控職能，從警察歷史上大致可分爲三個階段，即政治化階段、專業化階段（打擊犯罪階段）和社區警務階段。

日據臺灣時期的警察，如果從警察法理學上講，應當屬於「政治化階段」。這一階段指從現代警察成立到十九世紀末。新興的警察與賦予它生命的政治實體有著千絲萬縷的聯繫，黨派和階級傾向十分明顯。一方面，維護統治階級的整體利益，鎮壓敵對勢力的反抗，是警察的首要任務，警察是統治階級（甚至是少數利益集團）赤裸裸的鎮壓工具。另一方面，新興的警察作爲一個社會群體有著明顯的依附性，成爲統治階級實現政治目標的工具。「所以，警察不僅要依靠現實的法律去調解種族和階級衝突，而且在執法中還要在某

種方式上反映所屬政治派別的道德標準。」〔註 19〕在這個階段中，警察行使職能的一個顯著特徵是執法的雙重標準。當他們的支持者觸犯法律時，他們經常視而不見；當反對者觸犯法律時，便毫不留情地嚴加鎮壓。臺灣的情況即是如此。查閱臺灣民報的創刊號到 166 號，其警察濫用職權的記載文章僅從標題上就達上百篇。其主要篇目摘錄整理如下表：

臺灣民報 1～166 號所載警察濫用職權的報導要目

標　　　　題	日　　　　期	刊　　　號
《巡查姦淫人家婦女》	大正十二年十一月二十一日	第一卷第 11 號
《刑事巡查蹂躪人權》	大正十三年三月一十一日	第二卷第 4 號
《虎尾某出張所主任的淫亂》	大正十三年二月二十一日	第二卷第 2 號
《時事短評——警官的職權濫用》	大正十三年九月十一日	第二卷第 17 號
《警察界之活劇》	大正十三年九月十一日	第二卷第 17 號
《警官的威力》	大正十三年十月二十一日	第二卷第 21 號
《警官干涉民事！》	大正十三年十一月一日	第二卷第 22 號
《警察當局聽著！》	大正十四年二月一日	第三卷第 4 號
《狐藉虎威的臺灣巡查》	大正十四年五月十一日	第三卷第 14 號
《警察不可為民眾的怨府》	大正十四年六月十一日	第三卷第 17 號
《警官之態度其可不改乎》	大正十四年八月二日	第 63 號
《警官揮劍追訓導——新莊郡一巡查的暴狀》	大正十四年八月九日	第 64 號
《臺南市的警察無故刁難民報讀者》	大正十四年八月十六日	第 65 號
《竹南警察發無理之議論》	大正十四年八月三十日	第 68 號
《巡查的奸捉不得》	大正十四年八月三十日	第 68 號
《警察的面目休矣》	大正十四年十一月八日	第 78 號
《駁苗栗郡警察課長的聲明》	大正十四年十二月六日	第 82 號
《林氏慰勞會的盛況——警察的大警戒》	大正十五年一月三十一日	第 90 號

〔註 19〕R.H.Iangworthy and L.P.Travis Ⅲ : Policing in America, A Balance of Forces, P.50.

標　　題	日　　期	刊　號
《送迎請願委員——桃園警察神經過敏》	大正十五年二月十四日	第 92 號
《目無王法的酷刑》	大正十五年三月七日	第 95 號
《防疫警察是真了不起》	大正十五年三月七日	第 95 號
《請願巡查蹂躪人權》	大正十五年四月十一日	第 100 號
《巡查打傷孕婦致使墮胎了——怎麼沒有辦他的罪？》	大正十五年六月十三日	第 109 號
《警察隊出動的效果》	大正十五年七月十一日	第 113 號
《苗栗警察的小題大做》	大正十五年八月二十九日	第 120 號
《警察界的萬能》	大正十五年九月五日	第 121 號
《釋放殺人的幫手——臺南警察署的偏心》	大正十五年九月十九日	第 123 號
《桃園又鬧出不祥事——警官狂暴、「苦力」受苦》	大正十五年九月十九日	第 123 號
《國姓莊農村講演——仍受警察大干涉！》	大正十五年十月三日	第 125 號
《鳳山事件的考察——依然是警察挑發出來的》	大正十五年十月十日	第 126 號
《楠辛的警吏的威風》	大正十五年十一月二十八日	第 133 號
《斬除人家的芭蕉的——警察課長否認事實》	大正十五年十月二十八日	第 133 號
《巡查和課長前後毆打良民》	大正十五年十二月五日	第 134 號
《又是警察毆打人民》	大正十五年十二月五日	第 134 號
《穿官服的走狗——警察》臺灣	昭和二年一月九日	第 139 號
《提出控訴警察課長》	昭和二年一月九日	第 139 號
《新竹青年的旅行——警察當局神經過敏》	昭和二年一月二十三日	第 141 號
《又是巡查蹂躪婦女——大溪郡警察課的醜聞》	昭和二年二月十三日	第 144 號

標　　題	日　　期	刊　　號
《越法的警吏》	昭和二年二月二十七日	第 146 號
《巡查刁難農民》	昭和二年三月六日	第 147 號
《乞丐與巡查打架的趣聞》	昭和二年三月六日	第 147 號
《警察官的癡情鬧事——可歎的官界風紀問題》	昭和二年三月十三日	第 148 號
《強迫中國婦諾作人妻——新莊郡警察的亂暴》	昭和二年五月八日	第 156 日
《警察祖護竊盜者》	昭和二年五月八日	第 156 號
《新竹司法警官的暴狀——檢束！毒打！侮辱！惡罵！》	昭和二年五月十五日	第 157 號
《警察謀滅工友會》	昭和二年五月十五日	第 157 號
《請願巡查亂暴打人——把賣柴人兩個打的臉面紅腫鼻血雙流》	昭和二年五月二十九日	第 159 號
《莊巡查強姦未遂——被害者反被拘留中》	昭和二年五月二十九日	第 159 號
《豐原警官的虛像告發》	昭和二年五月二十九日	第 159 號
《新竹短訊——對警察暴徒的抗議》	昭和二年五月二十九日	第 159 號
《排斥農村警吏的威壓》	昭和二年五月二十九日	第 159 號
《打人的警官被告瀆職》	昭和二年六月五日	第 161 號
《雙溪擊鬥的前因後果——是警察造出遠因的》	昭和二年六月二十六日	第 163 號
《警察濫用職權——威壓行商人》	昭和二年七月十日	第 165 號
《業佃的耕作爭議——警察說不辦民事》	昭和二年七月二十二日	第 166 號
《警察壓迫農村講演》	昭和二年七月二十二日	第 166 號
《對警察的不法行為要嚴重究辦了》	大正十四年四月一日	第三卷第 10 號
《警察拷問致死事件——不但是蹂躪人權、是無視人命！》	大正十四年五月一日	第三卷第 13 號
《警察吏的根性》	十五年三月七日	第 95 號

標　　題	日　　期	刊　號
《眞是難得的警部——臺灣只欠這種日本人》	大正十五年四月十一日	第100
《感心的日本人巡查——用私財、貧救民》	昭和二年一月十六日	第140號
《警察制度的改善》	大正十五年六月二十七日	第141號
《違警例的濫用何多！豈無救濟方法？》	大正十五年七月四日	第120號
《警察行政須要監視》	大正十五年七月四日	第120號
《須要嚴戒警吏的挑戰的態度》	大正十五年九月二十六日	第124號
《好弄小策的警察界》	大正十五年十月三日	第125號
《集會與警察》	大正十五年十一月十四日	第131號
《須速廢止警察拘留權》	昭和二年七月三日	第164號

　　以上這些文章，讀後讓人感到臺灣警察的殘暴令人發怵，驚心動魄，悲傷不已。是什麼造成警察如此地蹂躪臺灣人民的人權與尊嚴。從警察法理學上，應從三個方面來探討。

（一）權力論

　　擁有權力是警察濫用職權的首要前提。正是使用和操作權力的固有特點，爲濫用權力提供了潛在的機會。統治階級不可能做到所有成員全部行使具體的權力，而必須委託一小部分人組成專門機關，以專職身份去行使管理社會的職權，這便是政府機構。權力的所有者和權力的具體行使者並非同一規模的一批人，後者根據前者的意志具體行使權力，承擔管理、控制、指揮、協調社會事務的職能。警察就屬於這種權力的代行者。他們受法律的委託，按照統治階級的意志去調控社會矛盾，維護社會安定。當統治者經授權程序，把執行法律的權力交給警察部門之後，具體行使執法權力的警察的個人意志，就自然地滲透到權力的行使中，如果警察的個別意志與權力所有者整體的意志不一致時，就很可能出現權力在統治者意志範圍之外運行的結果。如濫用職權、違法用權，甚至損害統治階級的整體利益來爲具體用權人牟利。這也就是說，統治階級在創建警察並賦予其執行法律、調控社會矛盾的權力的同時，也就提供了警察濫用權力的潛在機會。與其它權力代行者相比，警

察在行使權力的時候可以融入更多的個人意志，即所謂的「警察自決權」。由於特有的職業特徵，警察在代表法律調控社會活動的時候，常有較爲寬泛的處理權力，可自己決定選擇何種手段。這種自決權被看作是一種職業特權，警察自決權越大，就越容易使其職能行爲受到其個人意志的支配，就越容易把自己的私欲和個人化的追求體現於警察權力運用過程中。

　　日據臺灣時期警察的權力，來源於殖民地統治特殊的統治結構。《臺灣總督府官制》第一條明確規定：「由總督管轄臺灣」；第三條規定：「臺灣總督受日本內政部長之監督，綜理諸般政務」。〔註20〕即臺灣政務處理，概屬總督權限，甚至臺灣的司法權，亦不具有獨立性。《臺灣總督府法院條例》第一條規定：「臺灣總督府法院直屬臺灣總督，主司民事、刑事之裁判及有關訴訟事件之任務。」〔註21〕在所謂「國家權力的行使」上，不屬於臺灣總督的，只有陸海軍的統帥權及軍政權與貨幣金融等少數例外而已，此外一切政務，均屬臺灣總督一身，形成了綜合行政的典型。這與日本國內的行政制度根本不同。

　　日本的中央行政制度，是在天皇之下，分設行政各部，各部部長各執掌其主管事務，一方面以國務大臣的資格輔弼天皇，另一方面則有最高行政官廳的職權，內閣總理不是各部部長的上級官廳，他只有統一行政各部的任務。然而在臺灣，擔任相當於各部部長事務的局長部長，並非行政官廳，而只是總督的輔佐機關，毫無獨立的權限。日本政府對於臺灣總督的監督機關，五十年來雖時有變更，但始終不受各部部長個別的監督，只受內政部長或拓殖務部長的監督。這就使臺灣的「綜合行政制度」更能隨臺灣行政主管的意願運用。這種強有力的「綜合行政制度」，避免了日本國內所常見的所謂「各部割據」的弊病，使總督的政策可以得到各種行政機關的全力支持。總督府借助於強大的「警察政治」，將總督的權力實踐於日常生活中。因此，諸如道路的建築與修補、水利的開發與擴充、米糖等主要生產事業的推進以及人力的動員、配給的實施，無不是靠警察權力的「自由驅使」。又如思想的壓制，也是靠警察力量才得以實現的。臺灣人民的易姓運動，亦由警察的壓力，納稅成績的好壞、選舉投票的多少，無不出於警察努力的結果。權力之大盡矣至矣。正是臺灣的警察擁有這樣的權力，才使他們可以隨意濫用職權，動輒高

〔註20〕　（日）臺灣總督府警務局編：《臺灣總督府警察沿革誌》（第一編），第63頁。
〔註21〕　（日）臺灣總督府警務局編：《臺灣總督府警察沿革誌》（第二編下卷），第10
　　　　　〜11頁。

聲叱恫，動輒拳打腳踢，為所欲為，暴戾專橫，摧殘蹂躪臺灣人民。他們野蠻執法有時甚至不顧生命尊嚴和價值。「二個巡查因盜竊嫌疑事件，在臺中州下新高郡魚池分室，拷打一個妊娠中的臺灣女，強要她認罪，因她不肯認無為有，帝招兩巡查的拳腳交加，同女痛苦之極，致從陰部迸出多量之血，紅染訊問室一隅，終陷於人事不省，頃該之後醒來，發覺其三個月之胎兒墮於地上矣！」〔註22〕又如「虎狼似的乙種巡查陳大人，便就是亂打亂踢，又用小竹卷置在指間盡力挾將起來，施了各樣的慘刑，後來那個婦人受刑不起，不得不招認有偷了他的甘蔗，那時陳大人便就大聲喝說，好好，你既招認就要送往警察課治罪啦，可憐那孱弱的婦人驚得戰戰兢兢，啼哭哀求，他的家人亦跑來再三懇求。那陳大人一向不肯放手，強將那婦人捆上，帶出衙門。」〔註23〕再如「臺南州斗六郡斗南莊林氏秀，本年六十八歲，是個可憐的貧窮寡婦。往年她的女婿，為討伐生蕃，被抽做人夫，不幸死於蕃界。因此，衙門的大人很同情他，所以許可她做個小生意在度日。至今年3月31日，她依然在一所的軒下賣菜燕，以及諸食物，碰著新到任的大人屋代巡查巡迴到那裡。他不分不會地叫她立刻要收回所賣的東西，無奈她年老耳聾，一時聽不得清楚。她的女兒陳氏珠（四十六歲），連忙欲替她的老母收回這些東西，不意被他毆打得十分利害，他又把那排賣的諸食物踢倒滿地，方才甘願。屋代巡查在斗南屢次亂打細民，這回又復如此的亂來，遂惹起傍觀人們的公憤，叫她隨時把這層事情告訴給伊勢巡查部長知道，結局也無如之何。陳氏珠有懷三四個月之孕，因被他打得落花流水，那夜八時忽然墜了胎兒。隔日（4月1日）這個可憐的老人家提那個胎兒為證，再去告訴伊勢大人，仍然也是如某某。她要請斗六中川公醫前來診斷，方好證明這個事實，無奈中川公醫不肯做主。四月二日她不得已判案她的女兒往臺中杏林醫院調養一星期，一面託辯護士提出告訴了。至今仍沒有聽出什麼動靜，依然是犯無救的了。」〔註24〕

（二）環境論

警察職業的特性決定了他們總是處於同違法犯罪直接交鋒的領域。「警察工作的環境為腐敗活動增加了機會。環境本身不會導致腐敗，但為其它偶然

〔註22〕《警察當局聽著！》，臺灣民報，大正十四年二月一日，第三卷第4號。
〔註23〕《目無王法的酷刑》，臺灣民報，大正十五年三月七日發行，第95號。
〔註24〕《巡查打傷孕婦致使墮胎了——怎麼沒有辦他的罪？》，臺灣民報，大正十五年六月十三日發行，第109號。

因素發生作用創造了某種條件。」〔註25〕警察在行使職能時總是面臨大量非法要求和不正當行為，其中有各種各樣的誘惑和隨手可得的好處。在充滿腐敗因素的環境中，人自身的弱點就會放大。這種環境可以使警察或是嚴格守法執法，或縱容包庇違法活動甚至與其同流合污。這也是即使是素質很好的人加入警察隊伍後也走上腐敗道路的原因。同時由於警察工作的可見度低，警察通常是獨自一人或兩人一起執行任務，一方面，警員不能直接受到上級主管的監督，另一方面，他們的工作也不易受到公眾的監督。由於是單獨執行任務，警察要做出重要決定時，往往享有很大的自由權。可見度低加上自決權，就會造成一種腐敗活動滋生和泛濫的環境。警察作為一個封閉性的職業團體，使得發生的情況很難為外人所瞭解，甚至在警察內部的不同機構之間也是一樣。這種封閉的行為空間使得警察缺乏密切的直接監督，在客觀上為腐敗行為提供了便利，更主要的是，一旦在警察之中發生腐敗行為之後，這種團體的封閉性環境會使之難以及時發現和制止，甚至會持續和泛濫。

　　日據臺灣時期，警察以殖民征服者的身份監控著臺灣社會，維繫著日本統治者及一些特定特權階層的利益。他們是統治型的、居高臨下的權力的代表者，這就更容易造成其權力使用的殘亂。「警察成為政府和本地人之間的主要媒介，日本警察在中國助手的協助下累積了許多職務，他們大部分審理普通警察的案件，他們也徵收賦稅，有時甚至扮演郵差和教師的角色。在小小的轄區裏面，他們是至高無上的主人，他們通常對轄區居民專橫霸道，市民對他們唯一的感覺是又恨又怕。」〔註26〕臺灣民報有大量這方面的記載，我們可以從中感覺到臺灣人民對警察的那種即恨又怕的感覺。「據現在所查聞，臺中州彰化郡花壇莊字口莊八十六番地農民葉榮正，是一個老實純樸的小百姓，其妻葉邱氏綢（四十四歲），於 24 日下午四時，經過自宅附近的鐵道線路邊（新高製糖會社線路），見有脫落枯蔗一根，綢拾取而歸，突然間來了請願巡查竹林某，將綢踢倒在地，怒罵以怎樣盜取甘蔗，任綢怎樣辯明，竹林總不肯信，愈發大怒，毒打到自己拳腳無力，仍不寬恕，綢雖哭求饒命，只付之馬耳東風，竟將綢兩手緊縛，拉去派出所，其長男跪在路傍求赦，也被踢落水溝，並且將綢頸部勒索，綢已經不能堪，陷於人事不省的狀態。」〔註

〔註25〕塞繆爾・沃克：《美國警察》，群眾出版社，1988 年，第 207 頁。
〔註26〕Rapport Sur Formose, Reginald Kann：《福爾摩莎考察報告》，鄭順德譯，中央研究院臺灣史研究所籌備處，2001 年，第 8 頁。
〔註27〕《請願巡查蹂躪人權》，臺灣民報大正十五年四月十一日發行，第 100 號。

27） 又如「舊曆的新正，新竹街吳廷輝的私宅，有個穿灣服的，有個著消防衣的，有個穿洋服的等四名，自稱說他是巡查，不管他的家人在否，自由亂闖入，說他是受上官命令來押收請願團的紀念寫眞，吳君歸來大憤慨，穿私服來押收寫眞，無得到家人承認而亂侵入人家的閨房，這是太不法的做法，他答道『是我的權利，我是巡查，受命令來的……』。依什麼可認定你是巡查呢，你受命令沒有貼在額上，趕快與我往警察課，查公不肯。吳氏遂出手率他們到警察課，課長說『沒有法子他有權利。』吳氏說『何因他有那個權利呢？他說欲押收寫眞而實是家宅搜查，何因無正式命令而可任意侵入人家搜查呢，照你所說，只有強權而沒有正理吧！』課長代理答道『你若如此認定亦無不可。』吳氏憤然而出庭外，對群眾明言課長的無理，群眾受同樣的被害者不少，眾口和唱橫暴某某，又惹起一場把戲了，新正匆匆何等好事又何等省事呢。」〔註28〕

（三）人性弱點論（誘惑論）

從制度經濟學來看，「私有」是產生各種腐敗現象的經濟根源之一。像自私自利、損人利己、貪婪無度、不擇手段滿足私欲等固有行爲等，都是那些手裏握有權力的人，受私欲的支配，容易採取的以權謀私的腐敗行爲。公職人員特別是警察都是經常面對金錢、物欲等巨大誘惑的普通人。對奢侈生活的渴望，對金錢的崇拜，對物欲的追求，總使得許多人想要獲得法律所不允許的東西。臺灣警察也是普通的人，也有普通人的七情六欲。所以利用職權，以權謀私也是常有之事。例如「聞臺中州彰化西方有叫做新的港的地方，似有生殺與奪的巡警廳，某某甲乙兩種巡警常向民間婦女，要求滿足他們的獸欲，每以巡警之職權濫用，假公行私的實例很多，近聞日前乙種楊某以職權威咪姦淫其管內何某之女，後來有同僚甲種來，羨楊某之成功亦垂涎萬丈百方計劃，亦以職權咪之憤之，帝與何某之妻私染，然後延及其女，有一天甲種某與何某之女正在同衾之中，突被楊某捉見，隨即醋海興波，乙種痛罵甲種爲職權濫用紊亂風俗，報與何某知道，於是何某與莊中二三青年輩同往巡查廳訴與某取締知道了。此事一鬧普爲地方的大問題，現聞甲種某經轉入郡所爲內勤似乎欲糊塗是事了。」〔註29〕又如：「近日嘉義中埔莊方面發生了腦脊髓膜炎，所以當局就大驚小怪，馬上派了許多的巡查，駐在該處。那所被

〔註28〕 《警察吏的根性》，臺灣民報大正十五年三月七日發行，第95號。
〔註29〕 《巡查姦淫女》，臺灣民報，大正十二年十一月二十一日發行，第11號。

派的巡查，便就自作威福起來，強要莊民的薪炭，這還少可，甚至要酒（就日本清酒方可下咽）、要肉、天天向那做保正的強求起來，稍有不應他的，他們就打就罵，又再向被交通遮斷的老百姓，待遇像入監獄的囚犯一樣，不順他的意他就打罵起來，就是順他們的意，他亦要尋事，或弄人和玩物似的，至不可言者，就是膽敢在青天白日之下，戲弄那潔白質樸的村裏婦人，地方發生了瘟疫，當局替百姓預防、消毒得使這個瘟疫速速消滅，這是很好的事，我們做百姓的，亦該向當局道謝才是，無奈被派下級警察，不會體貼上意，以為村民可欺，便就作威作福，亂打亂罵起來，致使村內的雞狗都不安，那村民不知道瘟疫的利害要用什麼方法可以消毒預防，不過知道若有了疾病較異於普通的病症的時就被嚴酷的警官，禁斷了種種的自由，身體上就要吃苦，或被罵、或被辱，照這樣看起來，當局的意雖好，因下級官吏不會體貼，以致防疫的對於民心不但無功反成其害，這樣事不但中埔莊，全島是處處皆然的，這樣的防疫警察是真真的了不得的。」〔註30〕

三、從殖民統治者自己的評價來分析

　　《臺灣民報》中報導的像這樣警察恣意蹂躪臺灣人民的事件舉不勝數。或許有人提出，《臺灣民報》是左翼進步分子的報紙，或許在報導上難免有偏頗之處的疑問。但民報也有多篇對警察的讚美報導。例如在 1926 年 4 月 11 日發行的第 100 號中有《真是難得的警部——臺灣只欠這種日本人》一文。

　　　　2 月 22 日午前在臺北發五時五分南下列車至三叉間，乘客滿座，幾無立錐之處，有四十左右歲的一個警部，見一婦人（臺灣人）背著孩兒，似乎很艱難地站立著，該警部即起立讓與女人座下。他自己站立著，一直到那女人下車後他才歸座。過了一驛，上車愈多，更加擁擠不堪，內中有個白髮老翁擁擠得很乏，那警部又讓那老頭兒坐了。此警部的人品高尚，還抱著一視同仁之志誠，在我島內實在很難得。日本人尚能盡仿傚該警部的美點，那麼日臺人的差別，就無患不能融和了。

　　又如在 1926 年 1 月 16 日的第 140 號中的《感心的日本人巡查——用私財、貧救民》一文：

〔註30〕《防疫警察是真了不起》，臺灣民報，大正十五年三月七日發行，第 95 號。

　　　　白沙墩派出所的巡查益田昌作氏，是去年轉勤到該地來的。他
　　看見莊內有三四户極貧的人家，就動了惻隱之心，每月對那有貧的
　　各户給與白米三斤，其費用是從他的月給裏節約出來的。他平常又
　　很體貼莊民，不敢作威作福，所以莊民都很敬愛他。在臺灣無論什
　　麼地方都是聽著警察的職權濫用的時代，能夠在白沙墩聽見莊民稱
　　讚益田巡查的聲，老實是絕無僅有的事！

　　《臺灣民報》反映了臺灣人民的心聲。那麼殖民統治者是自己怎麼樣看
待臺灣的警察官紀的呢？他們自己也不得不承認，當初渡臺的人當時很多人
是「冒險家」，在僥倖射利心理的支配下，奢侈、虛華、輕薄、放蕩之風盛行。
他們利用警察這一「官笠」，蹂躪臺灣人民的人權，以警察官特有的權力來滿
足自己的私欲。僅從 1897 年 4 月到 12 月，短短八個月期間，就警察犯罪統
計數額為：巡查免職 123 名；罰俸的警部 2 名、巡查 79 名；點名批評的巡查
12 名。〔註31〕從中我們就可以推想出臺灣的警察是何等地飛揚跋扈了。

　　殖民統治者自己認為，警察之所以受到社會的批判，主要是由於警察官
紀的鬆馳、警察官員的素質及教養等造成的。其主要體現在三個方面：

　　第一，以官謀私，蹂躪人權。1899 年 10 月，艋甲派出所某警部補等二十
餘名警察，乘船去古亭町，來回都沒有給錢。其船主是日本人，此人不知道
這些人是警察，就向其討要船費，警察不但不給船費，反大打出手。1925 年，
臺中縣的柳刑事，用捕繩綁取行賭博犯人時，將其勒至窒息死亡。1909 年在
北門嶼支廳，巡查因一點小事就令百姓到警察廳，並向警部補進行報告，警
部補怒上心頭，擡腿就踢，最後將其活活打死。像這樣警察官瀆職、蹂躪人
權的事件有很多，另外的一些類似事件即使追究了也多數不了了之。〔註32〕

　　第二，警察官利用職務之便，謀取不正當利益的。其中有 1917 年的臺北
的「大○警部收賄事件」、1920 年的臺中疑獄事件中，相關「二三警部犯罪」、
1931 年臺南警察署刑事系的「潰滅事件」、1932 年臺中的「大○警部獄死事
件」、1934 年的「○山事件」及高雄州下的「疑獄事件」，另外還有巡查巡查
補的十二個事件等。除此以外，不被披露和揭發的類似事件也很多。〔註33〕

　　第三，由警察官個人的人品而造成的犯罪更是無以計數。其中有發現自

〔註31〕（日）中島利郎、吉原大司：《鷲巢敦哉著作集》Ⅱ（全五卷），第 86 頁。
〔註32〕（日）中島利郎、吉原大司：《鷲巢敦哉著作集》Ⅱ（全五卷），第 87 頁。
〔註33〕（日）中島利郎、吉原大司：《鷲巢敦哉著作集》Ⅱ（全五卷），第 88 頁。

己的妻子與情夫調情而怒而開槍殺之者；也有路遇美婦，不能抑制情慾之焰，將之強姦者；更有強姦之後將之殺死並消屍滅迹者。〔註34〕

殖民統治者儘管自己非常清楚地知道和瞭解警察胡作非為蹂躪臺灣人民的情況。但並不是從殖民地統治結構上來分析原因的。他們主要從「人性」來分析，認為來臺灣的官吏，冒險之流不在少數，他們諸事「不規律」，因此有「灣官」之稱。並認為導致當時警察恣意殺伐的最主要原因是，沒有帶家屬或沒有女人。由於其人性本能不能滿足，不得已而發泄到「殺伐」之上。另外，他們還把責任推卸給臺灣人民，認為臺灣在日本統治之前就有行賄之風俗。行賄是一種官場的習俗。並認為由於臺灣警察的對象之臺灣民眾的智識程度極其低下，使警察官缺少自我反省意識，而最根本的是警察沒有認清自己的真使命。〔註35〕

四、綜合再評價

警察的職務，是要保護人民的，若將其實際上的職分而言，比較別的官吏，是和人民最有特別而且直接的關係，所以警察的一舉一動，是直接影響於民眾，民眾對警察的信服和不信服，於治安上關係很大的，對國家政策的實施及國際影響都很大。所以各國對警察政策，非常注意研究改革，這是因為警察行政是統治上的最緊要的部分。警察於治安上的責任，在殖民地更重大，因為殖民地的人民是新附民，對殖民母國的統治方針不但常常懷抱疑惑，動輒生出反感，故凡百的政治非有特別的謹慎和考慮不可。殖民地的統治，在初期時代，統治機關幼稚，所以多靠警察的威力，對於警察附與強大的權限，而一方面，警察吏員的本質比本國的較低下，所以對於所授的權限不得善用，常常越權濫用，恐嚇和蹂躪無日不有，以至人民呼冤叫怨苦無天日。

臺灣受日本的統治，五十年之間雖非不久，然其統治機關，依然幼稚，人民對警察的怨聲，幾乎隨處可見。在臺灣的警察，日本人吏員則視臺灣人為低級的民族，以征服者君臨被征服者的態度對待人民，故其亂暴無禮。而臺灣人警察，無意識無自覺，不但奴性根深，而且眼孔細微，不知職權之低級，而敢效狐假虎威，凌辱自家的同胞，使一般的人民一見警察，如遇豺狼一樣。警察就如千手觀音一樣凡事插手。臺灣的土地雖說不大，而警察之數

〔註34〕 （日）中島利郎、吉原大司：《鷲巢敦哉著作集》II（全五卷），第88頁。
〔註35〕 （日）中島利郎、吉原大司：《鷲巢敦哉著作集》II（全五卷），第84～88頁。

顛多，況其權限過大，又兼民知未開，警察在都市呈威，至於農村，則更是
猖狂。「田舍皇帝」就是臺灣警察的代名詞，他們在鄉村裏頭，監督的眼光難
得照及，對象就是那無知識的農民，這般的農民不知警察的職權爲何物，不
曉得自己爲人的地位和人格，一任警官的呼喚和踐踏。警察不但不爲他們的
指導者，反乘他們的無知，靠著佩劍的權威，淩辱毆打、拷問等，無不任意
蹂躪，而一般的人民只是敢怒而不敢言。像這樣的警察，眞的能稱爲民眾的
保護者嗎？民眾的生命財產，社會的秩序安寧，果然得靠他們的保護嗎？

　　警察制度在臺灣獲得了一定的成效，這一點我們決不否認，它使臺灣社
會治安穩定，促進了臺灣產業的發展，改善了社會的狀況，培養了臺灣人的
衛生意識，提高了整個社會人的素質等。但它決不是像某些人所鼓吹的那樣，
「警察是臺灣人民的守護神」。事實上在警察所締造的文明秩序的後面，隱藏
的最根本目的是從政治上統治奴役臺灣人民、從經濟上掠奪臺灣資源、從文
化上同化臺灣民眾，以謀求達到爲宗主國謀取最大利益。其首要任務是貫徹
執行殖民當局的民族壓迫和經濟掠奪政策，以維護殖民主義的專制統治。

　　從警察法理學的角度來講，警察也是人，犯各種過錯也是可能的。但日
本殖民下的臺灣，連統治者自己都認爲其警察腐敗達到不能不治理的程度。
而腐敗產生的關健是臺灣警察的權力來源問題。現代社會中的警察執法權威
來自兩個方面：一是國家及其制定的法律，另一方面即來自於人民的授權。
而在日本統治臺灣時期，臺灣警察的權力不是來源於民眾，而是來源於殖民
統治當局。所以，它與現代西方警察文化不同，臺灣警察與人民的關係是統
治者與被統治者的關係，是服從與被服從關係，而不是服務型的關係。在天
皇大權授意擁有絕對權力的總督之下，警察政治是對臺灣人民人權的蹂躪和
藐視。正如臺灣民報所指出的那樣：

　　　　「警官須要民俗化」的一句標語，是對於野性的非人道的警察
　　　下一個針砭，要把在呻吟於專制政治下的無數小百姓拯救出來，顯
　　　現人類是有互助的美德，不是喜歡自相殘殺的動物，故在文明國家，
　　　不僅留意於警察制度的完備，而且對於吏員的選拔也是很大關心
　　　的。然在臺灣殖民地的警察制度，不僅沒有趨於民眾化，而且養出
　　　的警吏，大都是沒有理解警察的天職，只曉得如何做可使人民恐懼，
　　　得展其威嚴而已。其餘什麼品性的修養，學識的研求可說是絲毫沒
　　　有顧慮籌躇。唉！警吏的粗製濫造，眞是到了極點了。在臺灣的警

吏，全部有萬人以上，除了一部在東臺灣的蕃界勤務以外，大部分是在西部的平地，從事行政司法等等，和我們民眾的利害休戚，是非常密切的，而我們民眾因爲警察制度的不完備，受過莫大的苦楚，過去的歷史是可以證明的。「臺灣是警察國」前竹內警務局長曾有説過這樣的話，大家可沒有明白臺灣是警察橫行的地方嗎？

在來臺灣的橫暴警吏，是全然沒有重視民眾的人格，官尊民卑的氣習很濃厚，對上官只曉得迎合，對人民偏要強壓，那裡會吟味「警察民眾化的」意義？就中千名的臺灣人巡查，也大半是朋比爲虐，很缺了親切心，以爲警察是隨便可以拿人或打罵人，對於農工商階級，若稍有不稱意的時候，便加以巴掌而沒有忌憚了。我們在臺北市下奎府町（六月上旬）親眼看過一個臺人巡查，威風凜凜，怒打一個賣魚的行商，並且因爲要掩護自己之短，捏造了事實誣加他人的一個實例，愈感覺著警官們沒有反省自己的人格怎麼樣？而偏偏喜鬧出事端，招出行政上的許多損失，這是何等的不幸啊！警官本是以保民爲天職，來維持治安，圖社會幸福，不是以打罵人民爲能事的。若因爲感情的作用，而做出虛僞的報告，瞞騙上官，誣陷人民，不只是不能盡保護人民之職，反正是毒害人民了。故對於操行政事務的警吏，若沒有常情辦理職務，就很容易惹起極大的弊害哩。

然若舉臺灣的司法警察來説，更具有特別的權能，雖然在名義上禁止笞刑，訊問時沒有公然許可拷問，而往往因爲要達其目的，就沒有顧慮什麼手段方法，爲其所欲爲，若想起以前警吏對刑事嫌疑者的態度，實有可令人駭目驚心！以慘酷的手段拷問，或使飲石油、或灌水、或雕龍蝦等，雖弄到死而沒有憐恤的心懷。這種蹂躪人權的事實，在過去的時代，不幸常常出現於我們臺灣，此後能否斬絕這惡弊，眞是一個疑問了。拷問雖然這樣盛行，在政府卻依然否認，司法警察方面，自然沒敢公表，也只是從秘密地舉行，聽說近來很怕人們攻擊，還再考究一個巧妙的拷問法，使受刑者僅感苦痛，而沒有傷痕，這個叫做「抓軟骨」，因爲恐怕被人看出破綻，來加了攻擊，以致拋棄飯碗，所以總想出這種妙法來顧全了地位，咳！眞是可惱的呀！〔註36〕

〔註36〕 《警察制度的改善》，《臺灣民報》大正十五年六月二十七日發行，第111號。

　　根據以上的分析，日據臺灣時期的警察是「臺灣人民的守護神」，還是殖民統治者的保護者，這一點是不言自明的。我們承認它對近代臺灣開發有一定的積極作用，也就是說對臺灣的現代化進程有一定的作用，但我們更應當看到，它不僅是建立在對臺灣人民人權蹂躪的基礎上的，而且是建立在日本帝國鞏固在殖民地臺灣的利益基礎上的。

第九章　臺灣與朝鮮、滿州警察制度的對比

　　臺灣、朝鮮、「滿州國」雖然都屬於日本的殖民地範圍，但由於日本對臺灣、朝鮮、滿州初始佔領的方式不同，其警察組織的建構及作用也有所不同，臺灣屬於創建建構型，朝鮮與滿州屬於溶合建構型。又由於其三地的土地、住民的民風及文化的程度不同，警察作爲統治機關的運用模式也不相同，各有自己的特點。在警察的執行機關內，除警察官吏以外，在臺灣有警手，在滿州則有巡查捕及巡捕。而警察機關在朝鮮擁有民事訴訟調停、執行等事務，作爲援助事務還執掌著森林保護、關稅、征稅等事項。在臺灣則執掌戶籍事務，作爲援助事務還執掌著財務、專賣、學事、產業及通信等等事務。

一、朝鮮的警察制度

（一）憲兵警察階段

　　在日本正式吞併朝鮮以前，朝鮮已經擁有自己的警察制度。1894 年，日本政府向朝鮮政府推薦了警務顧問，並企圖對朝鮮警察制度進行改革，但由於種種原因，此次改革半途而廢。此後，朝鮮政府聘請了俄國、法國等國的警察顧問，這致使警察內部矛盾不斷。1904 年，日本政府再次向朝鮮政府推薦警務顧問，並由此進行了改革，確立了日本對朝鮮警察的控制體制。

當時的日本對朝鮮擁有領事裁判權，所以在外務省設置警察官來負責在留日本國民的保護管理工作。1905 年，根據新成立的日韓協約，廢止了公使館和領事館，設立了統監府理事廳，配置了統監府警察官。實際上在此之前，日本藉口保護其架設的電信設備就已經在朝鮮各地派憲兵駐屯。1906 年 2 月，即規定憲兵秉承統監的指揮，除了軍事警察的任務外，還兼掌行政警察和司法警察任務。當時憲兵主要掌理維持治安的警察工作，其職務的執行隸屬於統監，併兼由軍司令指揮，行使軍事警察的權力。憲兵及統監府警察官都在統監的統轄範圍之內，警務機關遲遲不能與軍方分離。

1907 年 10 月，日本政府廢止了統監府警察官制度，改爲由朝鮮政府招聘日本人警察官制度。緊接著在 1909 年 6 月，舊韓國政府以改革警察制度爲由，將警察的一部委託給日本政府，即廢止了以前的作爲內務大臣輔助機關的警務局、作爲觀察使輔助機關的警察部及其統轄的警察署及分署。1910 年 6 月 29 日，日本政府發佈統監府警察官署官制，配置了警務總長、警務官、警務部長、警視、警部、技師、翻譯官、技手、翻譯生、警察醫、巡查、巡查補。作爲統監的直屬，在中央設立警務總監部，各道設置警務部，它們獨立於地方行政機關以外，並且警務部長由日本駐在韓國的憲兵總長的陸軍將官來充任。〔註 1〕

警務部長由各道的憲兵隊長（陸軍佐官）來充任，秉承警務總長的命令，掌理部內事務。但首都京城由於政治及其它特殊的原因，由警務署長直接掌理警察事務，並且，警察署長要由警視或警部來充任。在沒有設置警察署的地方，警察事務由憲兵分隊或憲兵分遣所作爲警察官署來行使警察的任務，因此，作爲憲兵分隊長及分遣所所長的憲兵將校、準士官、下士及其它兵士都兼任必要的警視或警部。像這樣，韓國駐在憲兵隊的司令官及憲兵隊長，一方面作爲統監府的警察官指揮著一般的警察官，同時憲兵也受統監府警察官的指揮，掌理普通警察及衛生警察事務。除軍事警察以外，警察與憲兵其任務完全相同，命令也出於一方。這樣即避免了重複配置，增進了軍事警察事務的效率。〔註 2〕

1910 年 8 月，日本以與韓國締結合併條約的形式正式吞併朝鮮半島。10 月 10 日，將日本設在朝鮮的統監府廢止，設置了新的朝鮮總督府。第

〔註 1〕 （日）《朝鮮警察概要》，公文書館檔藏：A05020352800。
〔註 2〕 （日）《朝鮮警察概要》，公文書館檔藏：A05020352800。

三代統監——陸軍大臣（第二次桂太郎內閣）寺內正毅成為第一位朝鮮總督。現役的陸軍大臣兼任殖民地的總督，這是前所未有之事。寺內總督將國內的軍事組織原樣移於朝鮮，更加強化了「合併」以後的軍事支配制度。〔註3〕根據官制，總督必須從陸、海軍大將中來選擇，直屬於天皇，指揮在朝鮮的駐留日本軍，特別是除了保留日本政府的權限外，還擁有朝鮮的立法、行政、司法大權。在此種體制下，憲兵警察制度得以進一步整合。總督府於1910年6月30日，以敕令第296號發佈了《朝鮮總督府警察官署官制》〔註4〕，將統監府警察官署改為朝鮮總督府警察官署。

　　根據警察官署官制，朝鮮總督府警察官署屬於朝鮮總督管轄，掌理朝鮮的警察及衛生事務。朝鮮總督府警察官署分為警務總督部、警務部及警察署三大機關。警務總監部負責京城、警務部設置於各道、警察署設置於各必要之地，掌理警察及衛生事務。警務部長由朝鮮駐在憲兵之長的陸軍將官充任，警務部長由各道憲兵之長的憲兵佐官充任。〔註5〕

　　當時由於韓國與其它國家所簽訂的和約全部失效，本來在各國居留地存在的居留地警察也隨之撤去，憲兵警察統合制就更有了繼續存在的理由。12月，總督府對憲兵及警察管轄區域及職員配置進行了改正，由以往的集團制轉向分散配置，並漸次實施散在制。此點與臺灣相同，都由集團制漸次實施散在制。當時朝鮮一個駐在所的巡查、巡查補由以前的十名左右，降到五、六名左右，其中日本人巡查一名或兩名，朝鮮人巡查補兩名到四名。這樣，朝鮮各地，1624個地點，配置憲兵和巡查共計16,300人。〔註6〕

　　當時憲兵的任務如下：諜報的搜集、暴徒的討伐、將校下士（警視、警部）檢查事務代理、犯罪的即決、民事的訴訟的調停、執達使的業務、國境稅關的業務、山林監視、民籍事務、外國旅券、郵政保護、旅行者的保護、種痘、屠獸檢查、輸出牛的檢疫、雨量的觀測、水位的測量、海盜

〔註3〕　（日）中村新太郎：《日本と朝鮮の二千年》（下），東邦出版，昭和56年，
　　　　　第430頁。
〔註4〕　（日）《朝鮮總督府警察官署官制ヲ廢止ス》，公文書館藏檔：A01200156
　　　　　400。
〔註5〕　（日）《朝鮮總督府警察官署官制ヲ廢止ス》，公文書館藏檔：A01200156
　　　　　400。
〔註6〕　（日）中村新太郎：《日本と朝鮮の二千年》（下），第430頁。

及密魚船及密輸入的警戒管理及警備船相關業務、害獸的驅除、墓地的管理、勞動者管理、在留禁止者的管理、日本語的普及、道路的修改、國庫金及公家金的警護、植林農事的改良、副業的獎勵、法令的普及、納稅義務的宣傳。〔註7〕

從以上內容來看，日本在朝鮮的憲兵權力深入到朝鮮人的日常生活的各個部分。憲兵與警察形成強大的軍事警察網。除以上的憲兵警察以外，還以一個師團（約一萬人）或一個師團半，在 1915 年，二個師團的日本陸軍，常駐在平壤、龍山、羅南等地。

朝鮮總督府將舊韓國政府的官吏全部廢除，只採用了少數親日的官僚，大約有 287 人。在總督府組織了以李完用、寧秉峻等親日分子為中心的「中樞院」，作為總督府的裝飾物。總督府除了以前執行中的一些高壓法規外，新制定了《指紋法》、《朝鮮民事令》、《朝鮮刑事令》、《槍炮火藥管理法》、《犯罪即決令》、《笞刑令》、《保安法》等法令，來配合憲兵警察制度。

從以前內容分析來看，日本在朝鮮的警察組織最早也是由憲兵來承擔警察的任務，也經歷了軍事警察階段。而且朝鮮的軍事警察階段比臺灣時間要更長。臺灣從 1895 年到 1897 年屬於軍事警察階段，從 1897 到 1902 年基本上是屬於警察為主，憲兵回歸到本職階段。從時間計量來看，單純的軍事警察階段只有三年，復合其共計八年。而朝鮮則從 1906 年開始一直到 1919 年朝鮮總督府官制改革，廢止「警察官署官制」，設置警務局，並進行地方官制改正後，警察事務才從憲兵手裏擺脫，基本上實施與日本內地一樣的制度。這樣朝鮮的軍事警察階段大概有十四年。這種狀況主要由於這兩塊殖民地的佔領方式不同造成的。臺灣是由於馬關條約割讓給日本的，從近代國際法的法理上講，臺灣在被割讓以後，就屬於日本的領土，儘管臺灣人民極力反抗，但日本通過強力軍事鎮壓很快就平定臺灣，作為自屬的領土治理，自然警察力量要比憲兵的軍事壓力對人民及社會更為有效。所以，臺灣行政系統是全部出自於日本人自己之手建立起來的，屬於新建建構型，臺灣的憲兵警察階段自然比朝鮮要短許多。朝鮮與臺灣相比，其情況是大不一樣的，朝鮮是一個獨立的國家，通過《馬關條約》強行解

〔註7〕 （日）中冢明：《近代日本と朝鮮》，三省堂，1994 年，第 128 頁。

除了中國對朝鮮的宗主國關係，建立起了日本對朝鮮的控制力以後，日本對朝鮮的侵略是採取浸透性的，這表現在警察系統上即是採取先讓朝鮮聘請日本顧問，再派駐憲兵警察，即而奪取朝鮮的行政中的警察權，最後吞併整個朝鮮。這樣從形態上看，日本對朝鮮的佔領，是通過溶合滲透而達到目的的，所以其警察系統也顯現為與臺灣迥然不同的形態，即為滲透溶合型。以憲兵為主體的軍事警察階段漫長也是理所當然的。

（二）完全警察制度的確立

第一次世界大戰以後，世界各地的情勢都發生了巨大的變化。朝鮮國內對警察憲兵統合制度廢止的聲音不斷。日本人也認識到讓憲兵從警察執行機關退出，使警察還原成為普通警察的迫切性。1919年8月19日，日本人改正「朝鮮總督府官制」，在總督府設置了警務局，警務局長下以配置事務官、理事官、技師、翻譯官、屬、技手、翻譯生等，分掌警察及衛生事務，同時廢止了「警察官署官制」。

地方經過官制的改革，警察權全部轉移到道知事，在道設置「第三部」〔註8〕，由道事務官充任第三部部長，在各府郡設置警察署，由警視、警部補任為警察署長，同時作為地方官掌理警察衛生事務。此改正又在警視、警部之下設置新的警察補，廢止了歷來由朝鮮人充任的巡查補階層，將其一律改為巡查，以求警察官待遇的改善。〔註9〕

〔註8〕「第三部」在大正十年二月地方官官制的改革中改稱為警察部。
〔註9〕（日）《朝鮮總督府警察官署官制ヲ廢止ス》，公文書館藏檔：A01200156400。

朝鮮的警察組織一覽表：

朝鮮總督府 朝鮮總督政務總監	警務局 警務局長	警務課 保安課 圖書課 衛生課 課長 事務官、技師	
	道 道知事	警察部 警察部長 道事務官	警務課 高等警察課 保安課 衛生課 課長
	警察官講習所 所長（事務官）	警察署 警察署長 警視、警部	派出所 駐在所 出張所 警部補 巡查
	朝鮮總督府醫院 院長（醫官）	道慈惠醫院 院長（醫官）	

　　朝鮮警察制度的真正確立，與臺灣 1920 年田健治郎總督對警察制度的改革，幾乎在同一個時期，但從警察機關的設置來看，朝鮮與臺灣卻有所不同。臺灣是在總督府警務局下設「高等警察課、警務課、保安課、衛生課及理蕃課」等五課。而朝鮮則是在總督警務局下設置「警務課、防護課、經濟警察課、保安課、圖書課及爆破技術員養成所、衛生課」。儘管其基本的警察事務是相同的，但由於臺灣與朝鮮的情況不同，其警察機關的劃分也不盡相同。臺灣是由條約割讓形成的，經過三十幾年的統治與同化政府，其社會秩序已經相當穩定。而朝鮮則不同，朝鮮是通過勢力浸透逐漸達到合併的，朝鮮與日本的言語、風俗、習慣差異很大，幾千年朝鮮固有的文化思想系統仍然存在，其民族意識非常強烈。各地對日本的殖民主義強烈反抗，同時，朝鮮直接與中國接壤，中國境內的形勢經常引起朝鮮民族情

緒的波動。所以，在朝鮮更注意高等警察的建設，將高等警察事務又專分「防護課、保安課、圖書課及爆破技術員養成所」。

　　隨著朝鮮警察制度的更新，警察的管區也進行了整理，頒佈了一些新的法規。同時，警視以下人員增加了 10,561 人。其中將改正以前的憲兵變爲警察的總人數爲 10,501 人。事實上增加的人數只有 2,382 人。〔註10〕次年 2 月伴隨著警察官署的增設，又增加了警視以下人員 3,254 人。同年 11 月，國境駐在憲兵及守備部隊的減員，又增加了警視以下人員 621 人。這樣警察總計人數達 20,758 人，是日本合併朝鮮以來警察人數的最高值。1923 年及 1924 年，由於行政整理，警視以下人員減員 2,313 人。其後屢次增減人員。

內鮮人定員數如下表：

	內地人	朝鮮人
警視	77	8
警部	482	75
警部補	881	127
巡查	13307	7758
計	14747	7968

本表根據日本公文書館藏檔：《朝鮮及臺灣的現況》整理所製。

當時警察職員定員表：

種別道別	警察部長	警視	警部	警部補	巡查	技師	港務醫官	獸醫官	技手	港務醫官補	獸醫官補	屬	通譯生	總計
京畿道	1	14	71	113	2525	2			23	1	2	2	4	2749
忠清北道	1	2	19	56	632				4					694

〔註10〕（日）《朝鮮警察概要》，公文書館檔藏：A05020352800。

種別 道別	警察部長	警視	警部	警部補	巡查	技師	港務醫官	獸醫官	技手	港務醫官補	獸醫官補	屬	通譯生	總計
忠清南道	1	2	24	45	978				4					1014
全羅北道	1	5	23	44	1103	1			5					1182
全羅南道	1	3	33	66	1586	1			9			1		1701
慶尚北道	1	4	36	68	1659	1			6		1	1		1767
慶尚南道	1	5	44	77	1761	1	1	1	11		2	2	2	2006
黃海道	1	3	30	56	1289	1			6					1384
內安南道	1	6	34	60	1351	1		1	9				2	1467
平安北道	1	8	51	108	2564	2			9	5		1	2	2747

種別道別	警察部長	警視	警部	警部補	巡查	技師	港務醫官	獸醫官	技手	港務醫官補	獸醫官補	屬	通譯生	總計
江原道	1	2	34	64	1220	1			6					1338
咸鏡南道	1	6	42	83	2001	1		1	8		1	1	2	2148
咸鏡北道	1	10	44	88	1985	1			12		2		5	2147
總計	13	71	483	908	20062	13	1	3	112	6	8	8	17	22087

※此表根據日本公文書館藏檔：《朝鮮警察概要》中的《警察官配置表（昭得十四年到昭和十五年）》而整理製成。

根據昭和1933年日本政府編寫的《外地的警察組織》一書中，朝鮮與臺灣的警察官吏官員對比如下表：

殖民地別	警視	警部	警部補	巡查	總計	警手
臺灣	22	250	286	7376	7934	3252
朝鮮	60	420	760	17517	18757	

※此表根據日本公文書館藏檔：《外地警察組織》中的《外地警察官吏定員》整理製成。

從以上表中我們可以分析看出，朝鮮的警察總數均要遠遠超過臺灣，在 1934 年時，幾乎是臺灣警察的 1.5 倍。但實際上由於朝鮮的面積遠遠大於臺灣，一個巡查所擔當的人員數量卻是臺灣方面遠遠低於朝鮮。參見下表：

殖民地別	人　口	面　積	巡查一人受持人口
朝鮮	21058305	220740 平方米	1202
臺灣	4810273	35966 平方米	652

※此表根據日本公文書館藏檔：《外地警察組識》中的《外地巡查一人當人口》表整理製成。

　　當時朝鮮與臺灣的人口（1942 年）：朝鮮共有 2,6361,401 人。其中日本人 752,823 人，朝鮮人 2,5525,409 人，其它 83169 人。臺灣共有 6427,932 人。其中日本人 384,847 人，臺灣人 5989,888 人（內高砂族人 159,594 人），其它 53,197 人。〔註11〕由此可以推之，實際上當時警察對臺灣人民的控制要比朝鮮嚴厲。當時臺灣人巡查與日本人巡查比較如下表所示。臺灣的巡查人員當中，也是以日本人占多數，可見日本對第一塊殖民地所採取的高壓政策是何等的強烈。

臺灣的內地人與本島人別巡查數對比（1944 年 3 月末）

區　分	定　員	現　員	日本人巡查	臺灣人巡查
臺北州	1675	1283	1051	232
新竹州	1066	818	480	338
臺中州	1309	1074	750	324
臺南州	1223	1039	590	449
高雄州	1168	949	563	386
臺東廳	465	366	256	110
花蓮港廳	552	442	256	87

※此表根據日本公文書館藏檔：《臺灣總督府警察官及司獄練習所官制中的改正》的《內地人本島人別巡查數》整理而成。

　　另外，朝鮮與臺灣有所不同，朝鮮在合併以前，日本就已經派駐憲兵，合併以後憲兵制度又長期存在。其「軍事警察制度」是在社會基本安定後

〔註11〕 （日）進藤一：《太平洋戰下の朝鮮及び臺灣》，友邦協會，昭和 35 年，第 2 頁。

才廢止的，是故警察在人數上，朝鮮人遠遠多於日本人，特別是作為基層的執行者的巡查大部都是由朝鮮人擔任。其對比如下表：

	警察部長	警　視	警　　部	警部補	巡　查	總　計
日本人	13	62	394	752	3099	1992
朝鮮人		9	89	156	8542	8946

※此表根據日本公文書館藏檔：《朝鮮警察概要》中的《警察官配置表（昭得十四年到昭和十五年）而整理製成。

從對行政的參預上，朝鮮警察也沒有臺灣警察那樣以「警察」作為行政的主要行使力量，更沒有形成臺灣所獨有的「警察政治」。

從委任事項來看，朝鮮的警察也參與行政的事務。但與臺灣是有本質區別的。臺灣在前二十五年，巧妙地以「警察管區」作為「行政管區」，其支廳長全部由警察來擔任。各種行政事務全部要借助警察之手來進行推廣。後二十五年，郡市長又兼有警察權，是故對行政事務的參與並沒有減輕。

朝鮮的警察管轄與臺灣不同，是以行政區域作為基礎的。朝鮮原則上在每一個府郡設置一個警察署，但根據地方情況，設置兩個警察署以上的也有。當時朝鮮有 238 個府郡島，設置有警察署 255 個。警察署管內設置警察官派出所、同駐在所及出張所。派出所設置在警察署所在地，駐在所設置在警察署所在地以外，大體上一個方位一所駐在所。但依據土地的情況，一個方位也可能設置兩個以上。出張所主要是依據國境地方的警備，或者是鐵道工事及其它需要特別警戒的特種事務，道知事認為必要時臨時設置的。

從以上兩點分析看來，朝鮮的警察與臺灣的警察無論從制度層面上，還是從執掌層面上都有所不同，其最大的差異就在於朝鮮警察沒有像臺灣警察的那種對行政事務具有強力干涉能力，基本上處於警察的本職。

二、「滿州國」警察與臺灣警察的對比

（一）雄厚完備的警察基礎

滿州早在以前的清朝時期，就已經建立了相當完備的警察制度。

清朝的警察制度，建立於 1900 年義和團事件以後，當時八國聯軍在北京各占領區內設立安民公所，召募中國人充當巡捕，以維持治安。鑒於日本軍佔領區軍事警察的成績卓著，慶親王向日方請求招聘日本人警察，決心創立警察機關。這是中國設置正規警察的開始。當時先是在北京城內設立了北城警務處。同時，興辦了作為巡捕教育機關的警務學堂，設置了警察機構。繼之，接辦了聯合軍在各占領區設置的安民公所，改稱為善後協巡分局，與上述警務處並存。1902 年，由直隸總督袁世凱奏請，進行了以《警務章程》為基礎的警察制度改革，將上述兩個警察機關合而為一，改稱工巡局，掌管警務與土木工事，並改任肅親王為工巡局管理事務大臣。1905 年，為統轄全國的警察事務，中央政府設立了巡警部。巡警部的組織，由警政司（行政科）、警法司（司法科、國際科）、警保司（保安科、營業科）、警學司（課程科）構成。同時，各省也以中央為準，設置了警察組織，從綠營兵中挑選素質好的充任巡警。巡警部於次年 9 月進行改革，改為民政部，部內分為五司（民治、警政、疆理、營繕、衛生），五司之一的警政司，統轄以北京為首的全國警察事務。

滿州的行政當然是以中央為準。1901 年，將軍增祺對捕盜營進行整頓，改設保甲局。次年仿傚中央的警政改革，組成了巡捕游擊隊，劃奉天省為六個路，將其分散配置，負責緝捕盜賊。這是滿州的警察機關的嚆矢。1905年盛京將軍趙爾巽將警察改稱工巡局，又設警務學堂，開始培訓警察。1907年廢將軍，置東三省總督，警察事務合併於民政部，7 月奉天省設立了巡警道，制定了《巡警道官制》和《釐定巡警統一章程》，形成了東三省警務行政的基礎。〔註12〕

辛亥革命後，隨著各中央政務機關的變動，警務機關也有所變化。1912年 8 月，根據內務部官制，部內設置民政司、職方司、考績司。在 1914 年 7 月，再次進行改正，內務部設置總務廳、民治司、職方司、典禮司、考績司。與此相伴，發佈了一系列與警察相關的條文，如《現行地方警察官廳組合令》、《地方警察廳官制》、《縣警察所官制》、《水上警察廳官制》、《籌擬各省整頓警政辦法大綱》、《礦場警察局所組織章程》等。

伴隨著中央的各種改革，東北四省的警察制度逐步建立起來。1913 年

〔註12〕 吉林省公安廳公安史研究室、東北淪陷十四年史吉林編寫組編譯：《滿州國警察史》，吉林省內部資料准印證第 90097 號，1990 年，第 25 頁。

各省地方民團改組為警察。1914 年，地方根據警察廳官制及各縣警察所官制，各省前後制定了自己的警察單行章程。特別是在 1915 年根據籌擬各省整頓警政辦法大綱特設了警務處。此大綱規定了各省警察局等的名稱，作為各省警務處及警察廳，掌理警政併兼掌各縣保甲衛團事務。1929 年 1 月，根據中央政府的命令，各省之保甲及保衛團改編為警察公安隊，各省警務處改稱為公安管理處，各警察廳改為省會公安局。將縣警察所改變為縣公安局，各區警察分署改為各區公安分局。東北四省由於邊境相鄰，其情況特殊，以中央認可，稱為全省警務處，警務處以下的警察機關以「公安」文字冠之。〔註 13〕當時各級公安機關的組織情況，大致如下：

全省警務處：置處長 1 名、秘書 1 至 3 名、督察長 1 至 3 名、督察員 8 至 12 名；處內設四科，置科長 1 名、技正 1 至 2 名，以及科員、技士、辦事員、雇員若干名。

第一科——公安官吏的任免賞罰，警察隊的配置調動，警察的教育、紀律及成績的考查等。

第二科——集會結社、宗教、勞工、選舉、出版、軍事、國防、戶籍、司法、行政處分、違警罪等。

第三科——航空、水上、建築、消防、風俗、衛生、交通、農林、漁牧、墾務、移民、鹽務、礦產、爆炸物製造搬運販賣及危險物品的檢查取締等有關事項，警察經費、文書、印刷、被服、軍械、庶務、會計。

第四科——官印的保管、文件的收發及其它各種不屬於他科的事務。

省會公安局：省會公安局直接隸屬於全省警務處；設局長 1 名、秘書 1 名、勤務督察長 1 名、督察員若干；局內與警各處對口，分為四科，各科設科長 1 名、技正 1 名、技士 1 至 3 名、科員、翻譯員、辦事員、雇員各若干名；必要時得設分局及分所。〔註 14〕

當時警察系統圖如下：

〔註 13〕 （日）《滿州國警察概要》，公文書館藏檔：A05020355600。
〔註 14〕 吉林省公安廳公安史研究室、東北淪陷十四年史吉林編寫組編譯：《滿州國警察史》，第 31 頁。

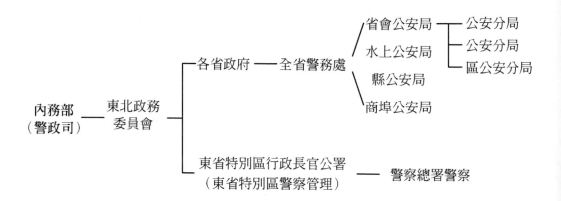

另外，此時還有以滿鐵附屬地和領事管轄區為基礎的日本方面的警察機關以及東省特別區警察管理處。

「滿州國」建立後，為了達成所謂的「日滿兩國一體」，依照當時的舊制度，作為各省城最高公安機關，設置了全省警務處，掌理全省的水陸公安行政事務，另外在各省城分別設置省會局，專門處理治安相關事項。各縣設置公安局；各區設置公安分局，以保證治安的穩定。此外在山林地區設置了山林警察；水路要塞設置了水上公安局，管理水上公安事務；在商埠設置商埠公安局，管理一切公安行政事務。

當時全省警察劃分四科：

第一科掌理：警察法規、警政計劃、公安機關的設置、公安官吏的任免、賞罰、警察隊的配置移動、警察的教育、紀律及成績考查等。

第二科掌理：集會結社、宗教、勞工、選舉、出版、軍事、國防、戶籍、司法、行政處分、違警罪等。

第三科掌理：航空、水上、建築、消防、風俗、衛生、交通農林、漁牧、墾務、移民、鹽務、礦產及爆炸物的製造搬運、販賣危險物的檢查取締管理等相關事項。

第四科掌理：警察經費、文書打印、被服、兵器、庶務、會計、官印的保管、文書的收發及其它不屬於他科之事。〔註15〕

從以上資料分析來看，「滿州國」與臺灣雖都屬於日本的殖民地，但由於時間的先後及「領有」方式不同，其警察體系建構的基礎完全不同。臺灣是日本的第一塊殖民地，其領有時間較早，當時臺灣還沒有建立自己的

〔註15〕 （日）《滿州國警察概要》，公文書館藏檔：A05020355600。

近代警察，因此，警察體系完全建立於空白狀態，且可任憑殖民者操縱組建。而滿州國由於其「領有」方式是從勢力範圍逐漸轉向殖民地，而此塊「殖民地」不是以領土割讓方式得到的，是假借「傀儡皇帝」建立所謂「新國家」，其警察體系也是建立於原有的基礎之上的，此點與臺灣完全不同。「滿州國」建立之初，其警察已經自成體系，且分類齊全，掌理明析，人員充足。

（二）軍警合一的一元化警察體系

為了加強日本對東北的控制，滿州國建立後即開始著手對原有的警察制度進行改革，除興安河以外，全國警察機構以「中央——省——縣」的一元化的指揮體制為原則，這是既仿傚日本內地又仿傚了第一個殖民地臺灣的警察系統，當時在滿州國的中央民政部設立警務司，地方設置四個省，即奉天、黑龍江、吉林、熱河各省設置警務廳，省下之縣設置警務局。另外在當時的特別市新京設置民政部直轄警察廳；在管轄東支鐵道沿線的特別區域內，特別區長官之下設置特別警察總隊；就蒙古地方的行政，在興安總署蒙政部行政司設置警務一科，實行特別的行政管理。另外為維持治安，在滿洲里、黑河、綏芬河、山海關、瓦房店及古北口各地設置國境警察隊；在新京、哈爾濱設置流動警察隊，在營口設置海邊警察隊。在 1933 年 3 月，哈爾濱從北滿特別區中分離出來，新設置了屬於民政部直轄的警察廳，1934 年 12 月，由於地方制度的改革，將以前的四個省變為十個省，即奉天、安東、錦州、濱江、三江、間島、黑河、龍江、吉林、熱河，同時各省設置警務廳。

1937 年 7 月，滿州國中央地方行政機構進行改革，將軍政部與民政部的一部分統合成為警務司，組建了新的治安部，在治安部內設置了軍政司、參謀司、警務司。同時也將蒙古地區警察部門收歸屬於治安部警務司。在地方上各省設置警務廳。另外廢止了特殊警察官制，廢止了國境警察隊，改由各縣警察機關統一領導，海邊警察隊改名為海上警察隊，黃海、勃海沿岸警察機關移交到縣警察管轄。特別是同年 12 月，滿州國撤廢了治外法權，滿鐵附屬地行政權全部移交，在滿日本警察機構也全部得以接收。為此，在治安部以外，又新設置保安局，隸屬於治安大臣，成為掌握著特別事項的特別機關。1938 年 1 月，又將鐵道總局警察處的路警歸屬於治安部下，創建了鐵道警護總隊，由於其業務的特殊性，設置於警務司機構以外。

　　根據以上的一系列改革，「滿州國」警察的一元化體系得以建立完成。此系統如下圖所示：

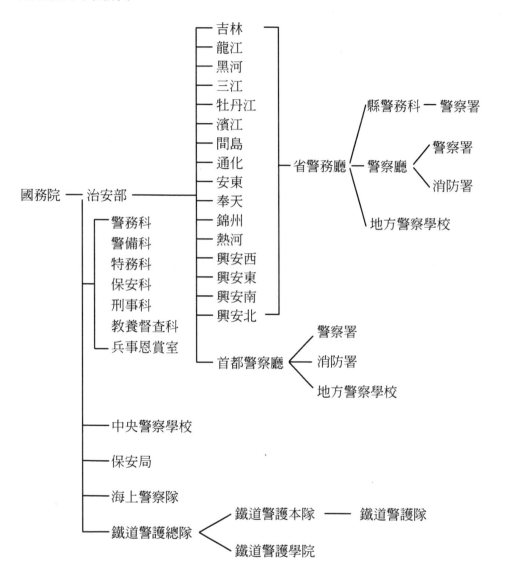

　　從上圖上可見，滿州國的警察與朝鮮都是建構在原有的警察機關基礎之上的，雖然從系統上與臺灣一樣，呈一元化體系。但實際上，由於滿州的領土面積遠遠大於臺灣，加之不像臺灣那樣屬於條約割讓，從法理上屬於自己的領土，同時，滿州國也不同於朝鮮，朝鮮是對一個本來獨立、具有主權的國家進行合併而形成。而「滿州國」建立於一個「獨立的主權國

家」內部，且不被國際社會所認同，所以其防範功能最爲重要，因此，「滿州國」的警察系統龐大而繁雜，雖然沒有經過憲兵警察階段，但從它一成立，就是一個軍警合一的體系。當時治安部設置的理由爲：掃滅國內急激的匪禍，保持社會的安定；北對蘇聯，南對抗日反滿，爲求軍警完全聯絡共助；求得國軍、憲兵、治安隊、警察及保甲自衛團的合理組織配備及運用。〔註16〕

從以上內容分析來看，滿州國的警察系統與其說是依照臺灣建立，不如說是將海陸軍省及內務省警保局合併爲一，這是一種非常特殊的、一種未完全穩定的殖民地軍警合一的警察體系。這一特點從治安部的組織架構中也能看出來。

治安部大臣作爲軍政及警政的行政長官，輔助「皇帝」的統帥權，具有軍令長官的地位，由現役將官來擔任。時治安部下分爲官房、參謀司、軍政司、警務司。官房主要處理日常秘書事務。參謀司主要掌理軍隊的統帥練成及警察協力相關事務，司長由滿系武官擔任。軍政司掌理參謀司以外的一般軍政，司長亦爲滿系武官擔任。警務司掌理警察行政諸般事務，司長由日系文官擔任。〔註17〕從警察機構的最高負責人選來看，此點與臺灣相同，亦是由現役將官來擔任。但臺灣的警視總長與滿州國治安大臣其責任對象不同，臺灣爲單純的警察機構的長官，上對總督府負責，而滿州國則爲軍政及警政長官，對所謂的「皇帝」負責，實質其權力及地位可能高於「皇帝」。

（三）警政重點的差別

警察機構，或警察方針，總是要適應警察對象的變化，而經常規劃，隨時設置。此點在日本的三塊殖民地上都是如此。「滿州國」建立於匆忙之間，沒有得到國際社會的任何承認，各方反對、反抗勢力強大，所以建國初期，其行政的重點是對「國內惡劣治安的整肅。亦即，把建設近代國家所謂行政警察的這一方面放到第二位，組織強大的武裝警察執行治安警察的任務」、「各種治安工作便主要以警察爲中心而實行。」〔註18〕此點也與

〔註16〕（日）《滿州國警察概要》，公文書館藏檔：A05020355600。
〔註17〕（日）《滿州國警察概要》，公文書館藏檔：A05020355600。
〔註18〕吉林省公安廳公安史研究室、東北淪陷十四年史吉林編寫組編譯：《滿州國警察史》，第34～35頁。

臺灣不同，日本統治臺灣初期，其治安的維持與確保是由憲兵來完成的，形成「軍警察」時期。滿州國則沒有這樣階段。滿州國在建國時期其警察力量充足。軍方雖然協助進行討伐「土匪」，但其主力是警察。

由於滿州國的特殊情況，治安整肅是其警政重點。但形成治安混亂的原因卻不完全是由於有武裝的「匪徒」，而是那些「力圖依幕後活動顛覆國家根基的謀略分子的存在。」〔註19〕因此，在重組創建警察之初，就在警察組織中設置了督察室，用作內部監察之用，與此同時還在特務科之外設置了偵緝室，進行廣泛的調查活動，而這些都是配合討伐從事廣義的治安工作的措施。1935 年廢止了外事科，將其業務移交給特務科，在加強特務警察陣容的同時，將原來的偵緝室升格為科，以應付複雜的國內外形勢。另外，又將保安科所管的分出一部分，新設了司法科，將警備警察、刑事警察與一般保安警察分離出來，使其活動更加全面徹底，進而又新設規劃科，以使警察業務具有計劃性。

1937 年 7 月成立了治安部，12 月隨著「治外法權的全面廢除及附屬地行政權的移交」，5,000 名日本警察又移交給「滿州國」。另一方面，是年 6 月干岔子島事件、6 月的蘆溝橋事變、次年 7 月的張鼓峰事件、1939 年 5 月的諾門罕事件等，都使「滿州國」警察不得不加強國防體制，特別是蘆溝橋事變後，中日全面戰爭的爆發，使滿州自然成為日本兵站基地。伴隨日軍駐屯配置諸般措施的實施而進行的諸如軍隊的整頓和齊備、國境警備的加強、北部邊區振興工作及開拓政策的大規模進行、國內治安的確立、防衛計劃和熟練工作的勵行、計劃經濟的加強、交通通訊設施的整備等等。伴隨這些工作的開展，警察方面也將重點開始轉向建立國境警察、特務警察的擴充，經濟警察和勞務警察的整備，對重要產業的警備和管理、刑事警察的加強，以及伴隨建立戰時防衛計劃對警護事務的整備等，從而形成了一些特殊的警察機構。

「滿州國」特殊的警察機構主要是指保安局、鐵道警護總隊、海上警察隊、國境警察、森林警察隊等。

保安局成立於 1937 年 12 月。滿州國中央地方行政機構大改革時，由於滿鐵附屬地行政權全部移交，在治安部以外，又新設置保安局，隸屬於治安大臣，成為掌握著特別事項的特別機關。

〔註19〕吉林省公安廳公安史研究室、東北淪陷十四年史吉林編寫組編譯：《滿州國警察史》，第 37 頁。

　　鐵道警護隊源自於原路警處的警察隊。1932 年 3 月，在奉天設置鐵路總局，該局內設置警察處，掌理有關鐵路和警務。成立不久就已經具備了相當的實力。1937 年 12 月 27 日，以敕令第 473 號，宣佈由政府接收鐵路總局所屬的警務及其人員，新設「鐵道警護總隊」，鑒於其業務的特殊性和當時的國內外形勢，與一般警察組織分開，歸治安部大臣直接管轄，主要掌管指定的鐵道、船舶、自動車及港灣警護相關事務。其總監部設立在奉天，在警護部之下設置「鐵道警本隊」，本隊之下設「鐵道警護隊」，掌理上述事務。

各鐵路警察處及警察隊（1932 年 11 月）

	路　警　處		警察隊	總　計	槍　支	彈　藥	備　考
	職員	警長警士					
奉山	99	1,610	—	1,709	1,369	95,057	國有
四洮	68	1,002	22	1,070	1,257	195,327	國有
洮昂	19	342	—	361	309	69,072	國有
吉長	81	580	—	661	720	125,943	國有
瀋海	22	190	133	344	239	14,305	省有
吉海	4	83	—	87	42	5,170	省有
呼海	27	152	—	179	25	1,799	省有
齊克	11	258	—	269	248	62,328	省有

※此表轉引自日本公文書館藏檔 A05020355600：《滿州國警察概要》。

　　「滿州國」建國後，鑒於國境和海邊的警備以及取締非法入境和偷運等，對國內治安和財政有很大影響，1932 年 6 月 15 日，以教令第 32 號公佈了《特殊警察隊官制》，在國境和海邊樞要地區設置民政部直轄的國境警察隊和海上警察隊，承擔警務和取締任務。同時設立遊動警察隊，完成管內警戒任務。〔註 20〕

　　海上警察隊原係 1932 年 4 月根據《特殊警察隊官制》而成立的屬於民

〔註 20〕吉林省公安廳公安史研究室、東北淪陷十四年史吉林編寫組編譯：《滿州國警察史》，第 49 頁。

政部總長管轄下的特殊警察隊。後根據 1937 年 6 月 27 日敕令第 186 號公佈的《海上警察隊官制》而改稱海上警察隊，並置於治安部大臣管轄之下。其本部設在營口，在沿岸樞要地區設 7 個分隊，並配備了警備船和飛機，負責警戒作爲管轄區域的渤海和黃海沿岸及海上，監視和取締非法入境，秘密輸出輸入，秘密捕漁和維持海上治安外，還承擔當時海邊警察隊的臨時性任務。1938 年 9 月，根據官制規定，將沿岸警察事務移交給沿岸各縣廳管理。

國境警察隊是警務司接收國境監視隊而編成的。1938 年 4 月 1 日，接收了間島省琿春，牡丹江省東寧、綏芬河、平陽鎮、黑河等 5 處國境警察隊，全部沿襲了原有的管轄區域。1938 年 12 月 1 日，以敕令第 270 號發佈了《國境警察隊官制》。此後，經過不斷努力，在東北 7 省的 2 市、19 縣、7 旗設置了國境警察隊，擔任著監視警戒蜿蜒 5,000 公里的滿蘇滿蒙國境線，警備和取締非法入境以及秘密輸出輸入任務。

特殊警察隊（1932 年 11 月）

	隊　　員		總　計	槍　支	彈　藥	備　考
	職員	警長警士				
山海關國境警察隊	12	149	161	236	23,450	
滿州里國境警察隊	18	142	160	238	32,600	
綏芬河國境警察隊	10	109	119	169	24,560	愛河駐屯
瓦房店國境警察隊	10	91	101	117	11,600	
安東國境警察隊	13	124	143	158	21,600	
遊動警察隊	18	186	204	222	31,580	新京駐屯
海上警察隊	7	27	33	211	31,320	營口駐屯
計	88	827	915	1,351	176,710	

※此表轉引自日本公文書館藏檔 A05020355600：《滿州國警察概要》。

深山密林地帶從來都是集團「土匪」的盤踞地。因此，該地帶的治安工作是最爲重要的，由於地形關係，日滿軍警的積極討伐也是難於達到目

的。爲了從根本上消滅此地帶的「土匪」，促進木材資源的開發，中央治安維持會和實業部進行協議，於 1935 年 12 月，以民政部訓令成立了森林警察，主要目的是爲了剿滅藏於深山密林中的抗日義勇軍，同時也兼有爲木材資料開發業者的警備作用，以期滅絕「土匪」，使產業開發走向合理化。

　　從以上內容分析來看，滿州與臺灣的警政重點有很大的不同。臺灣雖在初期時警政的重點在於維持治安，但在 1902 年以後，其警政開始以治安與行政雙重爲重點，形成典形的「警察政治」，普通行政一般都要借助警察的力量來進行推進，後期高等警察雖有所發展，但並沒有成爲警察行政中最重要的部分。觀滿州國警察行政，由於國內國際形勢的影響，其重點不得不放在特務警察，即重點在於類似於臺灣的高等警察工作上，其對民政事務的參與較臺灣弱，並沒有顯現出明顯的特徵。

「滿洲國」警察職員一覽表（除興安河）1932 年 11 月

	警務局及其它		警察隊	計	槍　支	彈　藥	備　考
	職員	警長警視					
奉天省	2,894	20,894	18,766	42,554	34,469	1,403,422	58 縣
吉林省	2,334	12,916	14,148	29,398	19,223	2,319,407	42 縣
黑龍江省	1,182	6,264	2,371	9,817	4,122	不明	36 縣
熱河省	529	5,414	不明	5,943	不明	不明	15 縣
東省特別區	601	2,874	872	4,347	2,432	不明	—
特別警察隊	88	827	915	921	1,351	175,988	—
路警	774	6,459	437	7，670	6,271	906,440	—
總計	8,314	54,821	37,509	100,650	67,868	4,805,257	—

※此表轉引自日本公文書館藏檔 A05020355600：《滿州國警察概要》。

　　綜上，臺灣的警察制度即不同於朝鮮，也不同於滿州，其軍事警察的特點並不明顯，而呈現最明顯的是「行政警察」的特徵。

結束語

　　通過以上幾個章節的分析論述，可以得出這樣的結論：日據臺灣時期的
警察制度即不同於殖民母國日本，更不同於後來建立的兩個殖民地朝鮮和滿
洲。臺灣的警察制度，高度統一，其組織結構嚴密而完整，人員主要以日本
人為主，裝備十分精良先進，加之控制著嚴密的保甲組織，使警察對普通行
政事務具有極強的干涉能力，形成了典型的「警察政治」。這種警察制度是以
反動的地緣政治學和反動的人種學為理論基礎，由專制的政治體制和當時先
進的科學技術手段相結合，雜交出來的具有法西斯性質、典型的殖民地警察
體系。其具體的表現是，在理念上視殖民地人民為劣等民族，賦予警察以無
限的權力，隨意侵犯民眾個人的一切領域，公民的一舉一動都在警察的監督
和干預範圍之內。從臺灣的歷史進程來看，日據時期的警察，承擔著推進殖
民地近代化的尖兵作用；從日本對臺灣的殖民統治歷程來看，警察又承擔著
殖民統治者權力意志代表者的作用。警察的觸角深入到社會的各個層面上，
其使命和運用，大大超過了「警察的目的與界限」，成為總督權力的直接代言
人與執行者。這種無視臺灣民眾人權的法西斯警察制度，是日本殖民臺灣成
功的關鍵所在。日據臺灣時期的警察制度，在政治、經濟、思想、文化上所
發揮的作用，是日本殖民統治臺灣最顯著的特點。所以，殖民者後藤新平才
露骨地說：「即從事實上，警察是總督府的手足，直接與人民接觸的、人們耳
聞目睹的官吏都是警察。這也是因為臺灣人的普遍的文化素質低下，社會狀
態幼稚而不得不採取的制度，也可以說是最行之有效的組織。」這一語道破
了日本統治臺灣的殖民地性質，即是日本統治臺灣的歷史，就是日本殖民者
以法西斯警察機器作為權力行使的高壓手段，奴役臺灣人民、控制臺灣人民、

同化臺灣人民的歷程。我們研究它，最主要的目的，是讓後人瞭解這一警察制度的性質及對日本殖民臺灣的作用，同時，它對我們理解臺灣民族解放運動的走向、臺灣殖民地經濟現代化的奠定、原住民的開發歷史、殖民地文化的殘存及今天的「臺獨意識」，都有著深刻的歷史與現實意義。我們不否認其對殖民統治的作用，但也堅決反對美化它，從而企圖否認日本對臺灣的殖民統治，否認殖民統治者蹂躪臺灣人民的做法。

參考書目

原始檔案：

日本國立國會圖書館藏：

1.（日）《後藤新平文書》：水澤市立後藤新平紀念館編集膠片資料。

日本國立公文書館藏：

1.（日）臺灣總督府下ヘ召集ノ警察官ニ要スル諸費ヲ軍資金ヨリ支出ス

2.（日）臺灣阿片令中ヲ改正ス

3.（日）臺灣總督府警察官及司獄官練習所ニ巡查及看守ヲ置ク

4.（日）臺灣總督府警察官及司獄官練習所練習生ノ俸給ニ關スル件ヲ定ム

5.（日）臺灣家屋建築規則ヲ定ム

6.（日）臺灣總督府警察官吏ノ職務應援ニ關スル件ヲ定ム

7.（日）臺灣警察共濟組合令ヲ定ム

8.（日）臺灣總督府警部・警部補特別任用ノ件

9.（日）臺灣總督府警視特別任用令

10.（日）蕃務ニ徒事スル臺灣總督府警視特別任用令改正ノ件

11.（日）臺灣總督府警部・警部補特別任用令

12.（日）臺灣總督府警視特別任用令

13.（日）臺灣巡查警部召募の件に付電報・臺灣千々岩

14.（日）警察強化幹事會關係書類編

15.（日）外地に於ける警察組織

16.（日）韓國並合始末ノ件

17.（日）警察研究資料・臺灣地方警察實務要論（第三版）

18.（日）臺灣地方警察實務要論

19.（日）特二臺灣警察處對策利用ノ件

20.（日）臺灣總督府生蕃討伐に關する件

21.（日）《行政諸法規／行政警察規則》

22.（日）地方官官制

23.（日）各省官制——內務省

24.（日）講和條約

25.（日）臺灣憲兵隊條例

26.（日）臺灣民政支部處務細則

27.（日）臺南民政支部處務細則其它報告

28.（日）警察署外二警察部課ヲ置カサル內訓

29.（日）內務部處務細則

30.（日）臺灣總督府地方廳分課規程準則

31.（日）臺灣總督府官制及臺灣事務局官制中ヲ改正ス

32.（日）臺灣總督府評議會章程中ヲ改正ス

33.（日）保甲制度論送付の件（第三）

34.（日）臺灣總督府地方官官制

35.（日）經濟警察所管事項

36.（日）警保局經濟保安課ノ事務分掌

37.（日）臺灣總督府部內臨時職員設置制中ヲ改正ス

38.（日）臺灣總督府部內臨時職員設置制中ヲ改正ス

39.（日）臺灣總督府民政官等臨時設置制

40.（日）臺灣總督府地方官官制

41.（日）朝鮮的警察概要

42.（日）朝鮮總督府警察官署官制

43.（日）朝鮮總督府事務公掌規程

44.（日）朝鮮警察概要

45.（日）滿州國警察制度概要

46.（日）滿州國警察制度概要

47.（日）警察職務規程施行細則

48.（日）臺灣總督府警察官及司獄官練習所官制中ヲ改正ス

49.（日）臺灣總督府官制中○臺灣總督府地方官官制中ヲ改正ス

50.（日）拓務省所管臨時警察費外一件ヲ臺灣總督府特別會計第二予備金ヨリ支出ス

51.（日）拓務省所管地方警察費外四件臺灣總督府特別會計同上

52.（日）臺灣總督府部內臨時職員設置制中ヲ改正ス

53.（日）臺灣總督府地方官官制中ヲ改正ス

54.（日）臺灣警察共濟組合令中ヲ改正ス

55.（日）臺灣總督府警察官服制ヲ改正ス

56.（日）臺灣警防團令ヲ定メ○臺灣消防組規則ヲ廢止ス

57.（日）臺灣ニ於ケル警防團員ノ職務應援ニ關スル件ヲ定ム

58.（日）臺灣總督府警察官及司獄官練習所舍監任用ニ關スル件

59.（日）臺灣總督府官制中改正ノ件

60.（日）蕃務ニ徒事スル臺灣總督府警視特別任用令

61.（日）臺灣總督府廳事務官及廳警視特別任用令

62.（日）蕃務ニ徒事スル臺灣總督府警視特別任用令改正ノ件

63.（日）奏任文官特別任用令中改正ノ件（臺灣）

64.（日）臺灣總督府廳警視特別任用令

65.（日）臺灣總督府官制中改正ノ件及臺灣總督府地方官官制中改正ノ件

66.（日）朝鮮總督府官制中改正ノ件外九件

67.（日）馬匹ノ輸出ヲ禁スルノ件

68.（日）臺灣總督府事務官特別任用令

69.（日）道廳府縣事務官特別任用ノ件

70.（日）臺灣總督府地方職員特別任用令中改正ノ件及臺灣總督府警部警部補特別任用令中改正ノ件

71.（日）臺灣總督府港務官特別任用令

72.（日）臨時臺灣總督府工事部事務官特別任用ニ關スル件

73.（日）朝鮮總督府警察官署官制廢止ノ件

74.（日）朝鮮總督臺灣總督等ノ發スル命令ノ罰則ニ關スル件

75.（日）明治三十三年勅令第十四號中改正ノ件

76.（日）臺灣總督府專賣局事務官特別任用令中改正ノ件

77.（日）府縣事務官補特別任用ノ件

78.（日）臺灣總督府官制中改正ノ件

79.（日）臺灣總督府地方官官制中改正ノ件

80.（日）關東廳官制中改正ノ件

81.（日）臺灣總督府警察官及司獄官練習所併諸學校ノ整理八第三期二延期ノ件依命通牒

82.（日）警察犯處犯令罰則の件・臺灣

83.（日）警察強化幹事會關係書類編

84.（日）臺灣において戰死せる警察官等合祀に關する件

85.（日）御署名原本・明治二十九年・勅令第二百三十二號・臺灣憲兵隊條例

86.（日）御署名原本・明治三十年・勅令第三百三十二號・憲兵條例改正臺灣憲兵隊條例廢止

87.（日）御署名原本・明治三十一年・勅令第百十二號・臺灣總督府警察官及司獄官練習所官制

88.（日）制定臺灣總督府巡查看守教習所官制廢止

89.（日）御署名原本・明治三十一年・勅令第百十三號・臺灣總督府職員官等俸給令改正臺灣總督府醫院高等官官等俸給ノ件廢止

90.（日）御署名原本・明治三十一年・勅令第百十七號・臺灣總督府巡查及看守手當支給規則改正

91.（日）御署名原本・明治三十一年・勅令第百十八號・臺灣總督府警察官及司獄官練習生二手當金及旅費支給ノ件

92.（日）臺灣人籍規則ヲ定ム

93.（日）臺灣地籍規則ヲ定ム

94.（日）御署名原本・明治三十一年・勅令第二百五十九號・內務省官制改正臺灣事務局官制及明治二十七年勅令第六十六號

95.（日）臺灣船籍規則ヲ定ム

96.（日）御署名原本・明治三十一年・勅令第三百三十七號・憲兵條例改正

97.（日）御署名原本・明治三十二年・勅令第四百號・臺灣總督府警察官及司獄官練習所二巡查及看守ヲ置クノ件

98.（日）御署名原本・明治三十二年・勅令第四百一號・臺灣總督府警察官及司獄官練習所練習生ノ俸給二關スル件

99.（日）御署名原本・明治三十三年・勅令第二十二號・臺灣總督府警察官及司獄官練習所官制中改正削除

100.（日）御署名原本・明治三十三年・勅令第三百八號・臺灣總督府職員官等俸給令中追加

101.（日）御署名原本・明治三十三年・勅令第三百十號・臺灣總督府警察官及司獄官練習所舍監任用ノ件

102.（日）御署名原本・明治三十三年・勅令第三百五十七號・臺灣總督府地方官官制中改正削除

103.（日）御署名原本・明治三十四年・勅令第十二號・警察賞與規則中追加

104.（日）御署名原本・明治三十四年・勅令第二十九號・憲兵條例中改正削除

105.（日）御署名原本・明治三十四年・勅令第九十四號・臺灣總督府警部警部補特別任用令

106.（日）御署名原本・明治三十五年・勅令第二百十四號・臺灣總督府稅關官制中改正追加

107.（日）御署名原本・明治三十六年・勅令第百四十五號・臨時臺灣總督府ノ防疫事務二徒事スル職員ノ件

108.（日）御署名原本・明治四十年・勅令第百十九號・臺灣總督府警察官及司獄官練習所官制中改正

109.（日）御署名原本・明治四十二年・勅令第二百七十號・臺灣總督府官制中改正

110.（日）御署名原本・明治四十二年・勅令第二百七十八號・臺灣總督府警察官及司獄官練習所官制中改正

111.（日）御署名原本・明治四十四年・勅令第二百六十號・臺灣總督府官制中改正臨時臺灣糖務局官制廢止

112.（日）御署名原本・明治四十五年・勅令第百四十五號・臺灣總督府廳警察醫ノ給與二關スル件

113.（日）御署名原本・大正四年・勅令第百三十五號・臺灣總督府蕃務警視特別任用二關スル件制定明治四十四年勅令第百九十五號

114.（日）御署名原本・大正七年・勅令第三百四號・臺灣總督府官制中改正

115.（日）御署名原本・大正八年・勅令第三百九十七號・憲兵條例中改正朝鮮駐箚憲兵條例廢止

116.（日）御署名原本・大正九年・勅令第五百五十三號・臺灣總督府警察官吏ノ職務應援二關スル件

117.（日）御署名原本・大正十年・勅令第二百六號・臺灣消防組規則

118.（日）御署名原本・大正十一年・勅令第二百二十號・臺灣總督府警察官及司獄官練習所官制中改正

119.（日）御署名原本・大正十一年・勅令第五百二十一號・質屋取締法外十六件施行二關スル件

120.（日）御署名原本・大正十四年・勅令第九〇號・臺灣總督府警察官及司獄官練習所官制中改正

121.（日）御署名原本・昭和四年・勅令第四〇二號・臺灣警察共濟組合令

122.（日）御署名原本・昭和十二年・勅令第六四三號・防空法臺灣施行令

123.（日）御署名原本・昭和十二年・勅令第六九三號・兵役法施行令中改正

124.（日）御署名原本・昭和二十年・勅令第一〇一號・臺灣總督府文官等服制戰時特例

125.（日）御署名原本・昭和十六年・勅令第一一六號・資源調查令中改正ノ件

126.（日）御署名原本・昭和十八年・勅令第一九四號・臺灣警防團令

日本中央大學圖書館藏：

1.《臺灣民報》，1～166 號。

外文圖書：

1.（日）臺灣總督府警務局編：《臺灣總督府警察沿革誌》（全五編），南天書局，1995 年覆刻版。

2.（日）中島利郎、吉原大司：《鷲巢敦哉著作集》（全五卷），綠陰書房、2000 年覆刻。

3.（日）持地六三郎著：《臺灣殖民政策》，南天書局，1998 年。

4.（日）J・コートマン著，小掘憲助訳：《警察》，鳳舍，1969 年。

5.（日）戒能通孝編：《警察権》，岩波書店，1960 年。

6.（日）大日方純夫著：《日本近代國家の成立と警察》，校倉書房，1992 年。

7.（日）井上清：《日本の警察》，《天皇制》，東京大學出版會，1953 年。

8.（日）《岩波講座日本歷史》近代 4，岩波書店，1962 年。

9.（日）黃文雄：《捏造された近現代史》，德間書店，2002 年。

10.（日）鶴見祐輔編著：《後藤新平伝》（全三卷），後藤新平伯伝記編纂會，昭和 12 年。

11.（日）山元一雄：《日本警察史》，東京松華堂，1934 年。

12.（日）《官僚制──警察》，岩波書店，1990 年。

13.（日）阪上孝：《1848 國家裝置と民眾》ミネルバ書房，1985 年。

14.（日）信夫清三郎：《日本近代政治史》（第二卷），東京松華堂，1934 年。

15.（日）《日本庶民生活史料集成》（第 21 卷），三一書房，1979 年。

16.（日）《警務要書》，內務省警保局編，博聞社出版，明治 18 年。

17.（日）大野達三：《日本の警察》，新日本出版社，1995 年。

18.（日）大霞會編：《內務省史》（第二卷），地方財務協會出版，1970 年。

19.（日）石川中一著：《臺灣警察要論》，新高堂書店，1915 年。

20.（日）井出季和太：《南進臺灣史考》，誠美書閣，1943 年。

21.（日）《臺灣始政四十年史》，日本殖民地批判社，1935 年。

22.（日）臺灣憲兵隊編：《臺灣憲兵隊史》，龍溪書舍，昭和 7 年複製。

23.（日）田崎治久：《日本之憲兵》（全二卷），福山製版，昭和 46 年。

24.（日）《臺灣總督府例規類抄》，臺灣總督府民政局文書課，1896 年。

25.（日）井出季和太著：《臺灣治績誌》，臺灣日日新報社刊行，1937 年。

26.（日）鶴見祐輔：《正伝・後藤新平》，藤原書店，2005 年。

27.（日）竹越與三郎：《臺灣統治誌》，南天書局，1997 年。

28.（日）杵淵義房著：《臺灣社會事業史》，南天書局有限公司，1991 年覆刻版。

29.（日）伊藤博文編：《秘書類纂臺灣資料》，原書房，1977 年覆刻版。

30.（日）臺灣總督府警務局編：《臺灣警察法規》（上），昭和 13 年。

31.（日）石川忠一：《臺灣警察要論》，新高堂書店，1915 年。

32.（日）臺灣總督府：《臺灣統治概要》，昭和 20 年。

33.（日）《官僚制——警察》（日本近代思想大系 3），岩波書店，1990 年。

34.（日）黃文雄：《《日本殖民地の眞實》，德間書店，2005 年。

35.（日）條約局法規課編：《日本統治下五十年の臺灣》，昭和 39 年。

36.（日）高濱三郎：《臺灣統治概史》，東京新行社，1936 年。

37.（日）《理蕃志稿》，臺灣總督府警察本署，1918 年。

38.（日）小森德治：《佐久間馬太》，臺灣總督府警務局內財團法人臺灣救濟團，1933 年。

39.（日）丸井圭治郎：《撫蕃意見書》，臺灣總督府民政部蕃務本署，1914 年。

40.（日）東鄉實、佐藤四郎：《臺灣殖民發達史》，南天書局有限公司，1996 年覆刻版。

41.（日）《陸海軍幕僚歷史草案》（全二卷），臺灣總督府陸軍軍幕僚編，捷幼出版社，1991 年。

42.（日）臺灣警察局編：《臺灣衛生要覽》，大正 14 年。

43.（日）中村新太郎：《日本と朝鮮の二千年》（下），東邦出版，昭和 56 年。

44.（日）中冢明：《近代日本と朝鮮》，三省堂，1994 年。

45.（日）近藤一編：《太平洋戰下の朝鮮及び臺灣》，友邦協會，昭和 35 年。

46.（日）春山明哲：《岩波講座近代日本と殖民地4》，岩波書店，1995 年。

47.（日）稻田周之助、綾川武治：《現代社會問題研究第六十卷——殖民地問題》，同文館，昭和 2 年。

48.（日）山本美越乃：《殖民地政策研究》、弘文堂書房、昭和 2 年。

49.（日）上沼八郎監修：《臺灣協會會報》（第 1 卷），東ゆまに書房，昭和 62 年。

50.（日）中村哲：《殖民地統治法の基本問題》、日本評論社、昭和 18 年。

51.（日）臺灣總督府：《臺灣二施行スベキ法令二關スル法律》、大正 10 年。

52.（日）小林啓治：《國際秩序の形成と近代日本》，株式會社吉川弘文館，2002 年。

53.（日）原奎一郎編：《原敬日記》（全五卷），東京乾元社、昭和 25 年。

54.（日）外務省條約局編：《外地法制志——外地法令制度の概要》，文生書院，平成 2 年。

55.（日）小林啓治：《國際秩序の形成と近代日本》，株式會社吉川弘文館，2002 年。

56.（英）R.H. Iangworthy and L.P.Travis Ⅲ : Policing in America, A Balance of Forces.

57.（英）Ching-chih chen, Police and Community Control Systems in the Empire, in Ramon H, Myers and Mark R, Peattie, ed.The Japanese Colomial Empire, 1895～1945. Princeton University Press, 1984.

碩士論文：

1. 李崇禧：《日本時代臺灣警察制度之研究》，國立臺灣大學法律學研究所論文，1996 年。

2. 李文藝：《日據時期臺灣的警察與警察政治》，廈門大學碩士學位論文，2004 年。

3. 陳煒欣：《日治時期臺灣「高等警察」之研究（1919～1945）》，國立成功大學歷史學研究所碩士論文，1998 年。

4. 曹大臣：《日本據臺時期鴉片政策研究》，南京大學碩士論文電子稿。

5. 焦萍：《「治警事件」——日據時期首例「政治案件」之研究》，廈門大學碩士論文電子稿。

國內及港臺參考書目：

1.（臺）王詩琅著：《臺灣社會運動史》，稻鄉出版，1988 年。

2. （臺）矢內原忠雄著、周憲文譯：《日本帝國主義下之臺灣》，帕米爾書店，
　　年。

3. （臺）《臺灣總督府檔案中譯本》（第三輯），臺灣省文獻委員會，1994 年。

4. （臺）伊能嘉矩著、臺灣省文獻會編譯：《臺灣文化誌》，臺灣省文獻委員
　　會，1991 年。

5. （臺）黃昭堂著：《臺灣總督府》，前衛出版，1994 年。

6. （臺）井出季太和著、郭輝譯：《日據下之臺政》，臺灣省文獻委員會，1956
　　年。

7. （臺）黃昭堂著：《臺灣總督府》，教育社，1981 年。

8. （臺）程大學編譯：《臺灣前期武裝抗日運動有關檔案》，臺灣省文獻會，
　　1977 年。

9. （臺）《臺灣總督府民政事務成績提要》（第二篇），成文出版社，1985 年。

10. （臺）周憲文編著：《臺灣經濟史》，開明書店，1980 年。

11. （臺）王曉波：《臺灣的殖民地傷痕》，帕米爾書店，1985 年。

12. （臺）林獻堂紀念集編纂委員會：《林獻堂先生紀念集》（全三卷），1960
　　年。

13. （臺）史明：《臺灣人四百年史》，蓬島文化公司，1980 年。

14. （臺）林士賢：《臺灣警政》，發行者：卜疑之，1951 年。

15. （臺）藤井志津枝：《日治時期臺灣總督府理蕃政策》，文英堂出版社，1997
　　年。

16. （臺）徐國章譯注：《臺灣總督府警察沿革誌》（第一篇），國史館臺灣文
　　獻館編印，2005 年。

17. （臺）徐宗懋著：《日本情緒——從蔣介石到李登輝》，天下文化出版股份
　　公司，1997 年。

18. （臺）Rapport Sur Formose, Reginald Kann：《福爾摩莎考察報告》，鄭順德
　　譯，中央研究院臺灣史研究籌備處，2001 年。

19. （臺）簡後聰著：《臺灣史》，五南圖書出版公司印行，2001 年。

20. （臺）許錫慶編譯：《臺灣總督府公文類纂衛生史料彙編》，臺灣省文獻委
　　員會，2001 年。

21. （臺）戴國輝著：《清代臺灣之鄉治》，臺北：聯經出版公司，1979 年。

22. （臺）周憲文編著：《臺灣經濟史》，臺灣開明書店印行，1980 年。

23. 《馬克思恩格斯全集》（第 9 卷），人民出版社，1961 年。

24. 陳孔立主編：《臺灣歷史綱要》，九州島圖書出版社，1996 年。

25. 張洪祥：《近代日本在中國的殖民統治》，天津人民出版社，1996 年。

26. 塞繆爾·沃克：《美國警察》，群眾出版社，1988 年。

27. 李道剛：《歐洲：從民族國家到法的共同體》，山東人民出版社出版發行，2003 年。

28. 湯子炳著：《臺灣史綱》，海峽學術出版社，1996 年。

29. 黃靜嘉：《春帆樓下晚濤急──日本對臺灣的殖民統治及其影響》，商務印書館，2003 年。